BIEN MONTER À CHEVAL

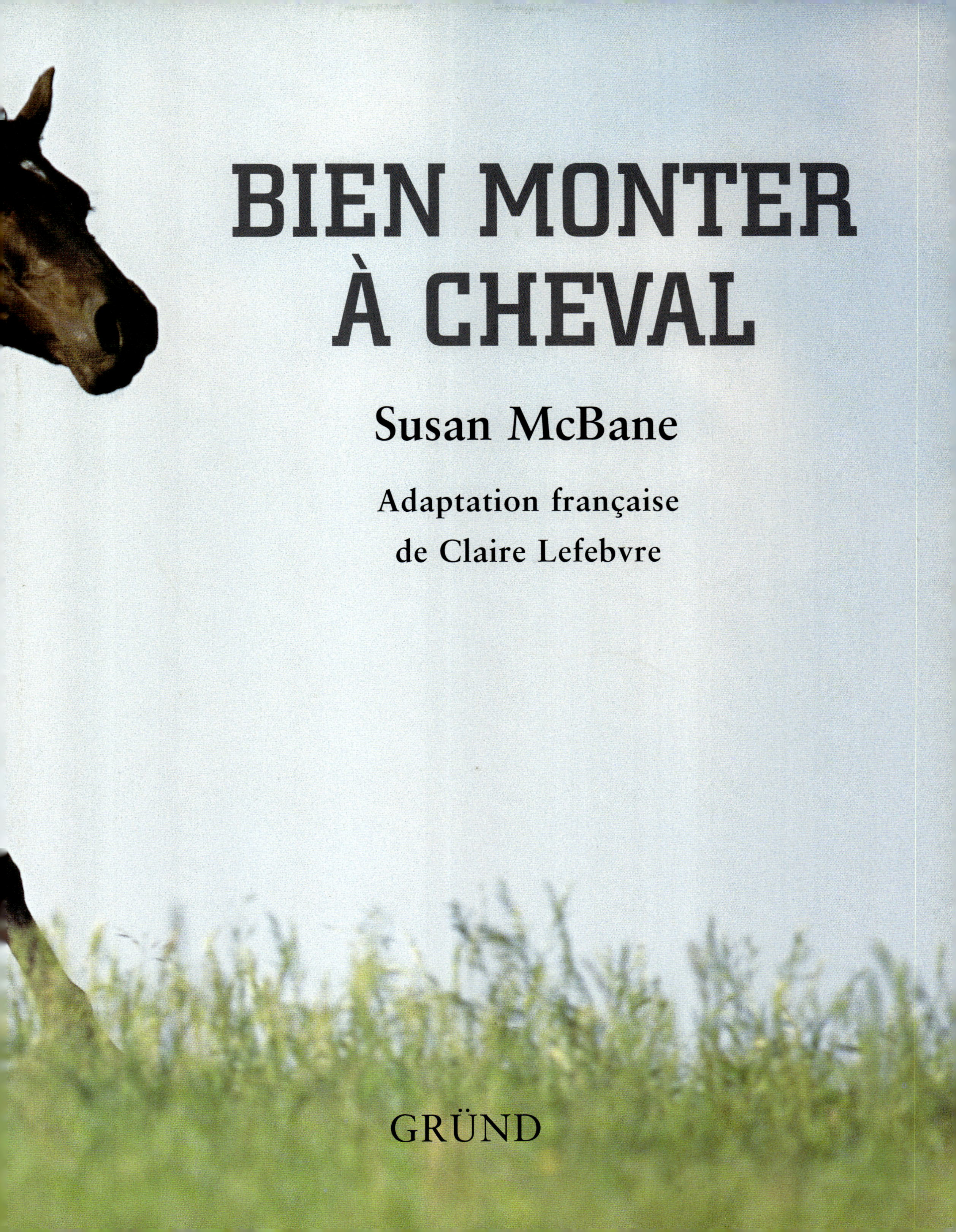

BIEN MONTER À CHEVAL

Susan McBane

Adaptation française
de Claire Lefebvre

GRÜND

Adaptation française : Claire Lefebvre
Réalisation : Dédicace, Villeneuve-d'Ascq
Secrétariat d'édition : Élodie Chaudière

ISBN 978-2-7000-1613-0
Dépôt légal : mars 2007
Imprimé à Chine

GARANTIE DE L'ÉDITEUR
Malgré tous les soins apportés à la fabrication, il est malheureusement possible que cet ouvrage comporte un défaut d'impression ou de façonnage. Dans ce cas, il vous sera échangé sans frais. Veuillez à cet effet le rapporter au libraire qui vous l'a vendu ou nous écrire à l'adresse ci-dessous en nous précisant la nature du défaut constaté. Dans l'un ou l'autre cas, il sera immédiatement fait droit à votre réclamation.
Éditions Gründ – 60, rue Mazarine – 75006 Paris
www.grund.fr

Cet ouvrage donne des conseils pour prodiguer des soins à son cheval, mais en aucun cas il ne peut remplacer la visite d'un vétérinaire.

SOMMAIRE

INTRODUCTION

Le cheval fut l'un des animaux les plus utiles à l'homme. Sans lui, le développement et l'expansion des populations humaines, des sociétés et des cultures auraient été beaucoup plus lents et très certainement différents. Les loisirs et les sports ne seraient pas ce qu'ils sont aujourd'hui, et l'industrie n'aurait pas fait les mêmes progrès. Enfin, sans le cheval, le transport, les voyages et les échanges auraient été très compliqués.

Bien que le cheval fût et soit encore un animal de labeur, il inspira aussi beaucoup d'affection et de fascination. La complicité entre le cheval et le cavalier est grande.

Monter à cheval permet non seulement d'entretenir sa forme physique, mais aussi de tisser une véritable relation de confiance avec l'animal. Le bénéfice mental et physique que les chevaux nous apportent est indéniable. L'équitation est un vrai remède contre le stress. Le cheval nous aide à oublier nos problèmes et à nous concentrer sur son bien-être et le nôtre. Les corvées quotidiennes demandent certes du temps, parfois au détriment d'autres activités, mais, en fin de compte, ce sport nous apporte de grandes satisfactions et beaucoup de fierté.

Avec l'avènement des engins motorisés, le cheval a perdu son rôle utilitaire. Au cours des dernières décennies, le besoin d'une vie plus proche de la nature a toutefois ressuscité notre intérêt pour cet animal noble, puissant et d'une grande beauté.

Dans la perspective d'une équitation pratiquée avec intelligence, cet ouvrage, qui s'adresse aussi bien aux propriétaires qu'aux débutants, tente de réunir l'ensemble des connaissances que tout amoureux des chevaux se doit de posséder.

L'HISTOIRE DU CHEVAL

Au cours de son histoire, le cheval ne cessa jamais d'évoluer, d'abord comme animal sauvage puis, plus récemment, en tant qu'animal domestique. À partir de son ancêtre le plus direct, un animal de la taille d'un renard habitant les marais et les forêts tropicales, le cheval passa par différents stades de développement pour devenir plus grand, plus puissant et plus rapide. Progressivement, il abandonna son régime de feuillage – que les chevaux modernes consomment encore parfois – pour un régime d'herbe, et son camouflage passif pour la fuite active. L'étape finale de son évolution fut celle qui l'attacha à l'homme ; un lien étrange si l'on considère que ce dernier est un prédateur qui appréhende le monde d'une façon radicalement différente de celle du cheval.

L'évolution du cheval

Si le premier ancêtre identifié du cheval vivait il y a environ 50 millions d'années, le cheval moderne ne fut domestiqué qu'entre 6 000 à 5 000 ans avant notre ère. Des millions d'années avant l'homme, il avait donc déjà acquis un type déterminé, avec des caractères bien enracinés. Et malgré cela, nous attendons de lui qu'il s'adapte à notre mode de vie sans problèmes.

En bref

- ✓ Les chevaux primitifs
- ✓ Le développement des caractéristiques
- ✓ L'émergence d'*Equus*
- ✓ La dispersion géographique
- ✓ L'adaptation au climat
- ✓ Les chevaux sauvages aujourd'hui

Le premier « cheval »

Eohippus, ou « cheval de l'aube », aussi appelé *Hyracotherium*, fit son apparition au début de l'éocène, il y a environ 55 millions d'années, dans l'actuelle Amérique du Nord, qui était alors couverte de forêts tropicales humides.

Hyracotherium était de la taille d'un renard et avait un dos voûté. Ses petites dents étaient adaptées à la consommation de feuilles et de fruits. Il avait quatre doigts aux antérieurs et trois aux postérieurs, terminés par un petit sabot corné. Chaque patte reposait sur un coussinet. Farouche et solitaire, il devait échapper à ses prédateurs en se cachant dans la végétation et non en fuyant. Son pelage était sans doute rayé ou tacheté, de façon à le camoufler dans la lumière tamisée et mouvante de la forêt.

L'aspect trapu et les crins fournis de ce cheval suggèrent que certains de ses ancêtres évoluèrent dans des régions froides de la planète.

Un cheval pour chaque climat

Les premiers chevaux développèrent des caractéristiques adaptées aux régions dans lesquelles ils vivaient. Ainsi, sous les climats froids, ils acquirent une peau épaisse, un pelage dru, des crins abondants, une grosse tête pour réchauffer l'air inspiré, un corps trapu et une encolure courte limitant la déperdition de chaleur. En revanche, dans les régions chaudes, ils se dotèrent d'une peau fine couverte d'un poil soyeux, de crins clairsemés, d'une petite tête et de membres plus longs pour favoriser la circulation de l'air autour de leur corps.

Moins de doigts et des dents plus grosses

Au cours des millénaires, le climat de la Terre se refroidit et s'assécha. Les forêts humides régressèrent, faisant place à de vastes zones de plaines tempérées. Peu à peu, à travers différents types primitifs, le cheval perdit ses doigts pour n'en conserver qu'un à chaque membre. Pour broyer cette végétation herbacée et plus coriace, ses dents se fortifièrent. Il grandit et se mit à ressembler de plus en plus aux chevaux que nous connaissons.

Les représentants de la famille *Equus* se caractérisaient par des sabots adaptés à la course, une encolure plus longue, un crâne allongé et lourd, doté de puissantes mâchoires portant de grosses dents faites pour brouter. De la taille d'un petit poney, ils possédaient déjà tous les instincts des équidés modernes. Finalement, le genre *Equus*, tel que nous le connaissons aujourd'hui – chevaux, ânes, onagres et zèbres –, émergea il y a environ un million d'années.

Le cheval aime se dépenser et courir. En tant que proie, la vitesse est chez lui une nécessité vitale pour fuir le danger.

Les derniers chevaux sauvages

Le cheval de Przewalski (*taki* ou *tachis*, en mongol) est le seul vrai cheval sauvage ayant survécu jusqu'à aujourd'hui. Il doit son nom à son découvreur, un explorateur russe. Après avoir frôlé l'extinction, il fut réintroduit dans son habitat naturel, la Mongolie. Les autres chevaux dits « sauvages » sont en fait des chevaux « marron », c'est-à-dire retournés à la vie sauvage (Mustangs américains et Brumbies australiens). Le Tarpan polonais, un poney préhistorique, a été « reconstitué » après complète disparition à partir de descendants métissés.

Le cheval de Przewalski est un type primitif de climat froid.

La répartition des différents types

Durant des millions d'années, l'Amérique du Nord fut reliée à l'Europe et à l'Asie par une bande de terre émergée (à l'emplacement du détroit de Béring). Au cours de l'éocène, des chevaux primitifs migrèrent par ce « pont » vers l'Asie et l'Europe. Il y a 3 millions d'années s'organisèrent d'importants flux migratoires d'*Equus*. Les chevaux se répandirent alors dans l'Ancien et le Nouveau Monde.

Un peu avant la fin du pléistocène, deux événements se produisirent : l'arrivée de l'homme en Amérique (il y a 15 000 ans), suivie de la disparition du cheval dans son berceau d'origine pour des raisons encore obscures. Les terres émergées qui avaient rendu possibles les migrations furent recouvertes par la mer, il fallut alors attendre le début du XVIe siècle pour que le cheval fasse sa réapparition sur le continent américain avec les conquistadors. *Equus* se développa en Eurasie et en Afrique pour donner naissance à des chevaux en Europe, des chevaux, des ânes et des onagres en Asie, des ânes et des zèbres en Afrique.

La domestication

L'impact de la domestication du cheval sur la société humaine peut être comparé à celui de la découverte de la machine à vapeur dans l'industrie. Cette véritable révolution se déroula dans quelques régions d'Asie, entre 6 000 et 5 000 ans avant notre ère. La mobilité de l'homme s'en trouva accrue et son expansion accélérée au-delà de toute espérance. L'utilisation du cheval à la guerre et pour le transport bouleversa également le monde.

En bref

- ✓ Quand l'homme rencontra le cheval
- ✓ Premières relations
- ✓ Monté ou attelé ?
- ✓ Et les cousins du cheval
- ✓ Les effets de la domestication

À l'origine

Le cheval n'était pour l'homme qu'une proie parmi d'autres, qu'il chassait pour se nourrir. Les hommes préhistoriques tuèrent de nombreux chevaux, mais épargnèrent sans doute des jeunes qu'ils dressèrent. À l'instar des Aborigènes d'Australie, qui capturent certains animaux pour en faire des animaux de compagnie, les premiers hommes modernes purent sans doute « apprivoiser » des chevaux. Ce fut le premier pas vers la domestication.

Les premiers captifs devaient être enfermés dans des enclos et progressivement habitués à être manipulés, attachés, touchés et nourris. Nerveux et farouches par nature, certains devaient résister et subir des mauvais traitements. De telles méthodes basées sur la brutalité sont malheureusement encore vivaces dans certains pays. Pour empêcher les chevaux de s'éloigner, l'attache fut sans doute pratiquée dès les débuts. Attachées, des juments en chaleur pouvaient être saillies par des étalons sauvages, et leurs poulains augmentaient ainsi le cheptel domestique.

De proches cousins

Au cours des siècles, l'homme tenta de domestiquer ânes, onagres, zèbres et chevaux, mais seuls les chevaux (et les poneys) et les ânes montrèrent un tempérament adapté au travail. Les onagres sont réputés pour mordre et botter dès qu'ils en ont l'occasion, c'est pourquoi ils étaient autrefois manipulés avec un anneau dans les naseaux, comme les bœufs, ce qui est extrêmement douloureux. Rien de surprenant donc à ce qu'ils se soient défendus !

Au XIXe siècle, une diligence privée, tirée par quatre zèbres, circulait dans Londres, et une redoutable Anglaise chassait sur son zèbre ! Récemment, une équipe dirigée par l'éthologiste britannique Marthe Kiley-Worthington a capturé un zèbre africain et l'a dressé sans difficulté notable.

Le cheval fut-il d'abord monté ou attelé ?

Cette question soulève encore la controverse de nos jours. Les tout premiers chevaux domestiqués ne devaient servir qu'à donner leur viande, leur sang, leur lait, leurs crins et leur peau. Jusqu'à l'invention de la roue, vers 3500 avant J.-C., il paraîtrait logique que les chevaux fussent plutôt utilisés pour le bât, puis montés, peut-être, à l'origine, simplement par des enfants qui jouaient. Puis, au cours de leurs déplacements, les hommes purent placer sur leur dos des personnes âgées ou affaiblies et du matériel.

La première invention qui mena à l'attelage fut le travois, sorte de traîneau fait de perches attachées de chaque côté d'un cheval à l'aide d'un harnais simple et reliées par un cadre en peau ou des branches tressées. Des traîneaux sur patins virent le jour sous les climats froids et enneigés. L'apparition de la roue changea radicalement la face du monde. Vers 2000 avant J.-C., le char s'imposa comme l'arme de guerre la plus redoutable. C'est ainsi que les Hyksos envahirent l'Égypte, qui ignorait alors la roue. La cavalerie finit par dominer les champs de bataille.

Les effets de la domestication

Force est de constater que la plupart des maladies dont souffrent les équidés domestiques sont inexistantes chez les chevaux vivant à l'état sauvage. Fourbure, bronchite chronique, maladie naviculaire, myoglobinurie ou coliques (voir pages 184-185) sont engendrées par des conditions de vie et de travail inappropriées.

La recherche équine est en constant progrès et nous nous occupons de mieux en mieux des chevaux, sur les plans physique et éthologique. Cette nouvelle approche du cheval n'est pas seulement plus humaine, mais aussi économiquement avantageuse. Notre fascination pour cet animal ne s'éteindra jamais et la domestication perdurera donc, mais nous devons nous assurer qu'elle est désormais à l'avantage du cheval et non à son détriment.

Ci-dessus *Dans certains pays, des chevaux de trait lourds sont encore utilisés aux travaux agricoles et forestiers et au transport.*

Ci-dessous *Garder le bétail est l'une des plus anciennes tâches du cheval monté. L'utilisation de véhicules sur les élevages extensifs ne s'avère pas aussi efficace.*

Le saviez-vous ?

À l'exception de l'Antarctique, l'Australasie est le seul continent qui n'a pas de chevaux indigènes. S'étant détaché de la masse des continents bien avant les autres, les chevaux n'avaient pu l'atteindre.

Ces territoires offrent pourtant un environnement idéal pour les équidés. Des chevaux furent ainsi introduits en Australie par les colons au XVIIIe siècle et y prospérèrent. Certains, retournés à la vie sauvage, donnèrent naissance aux brumbies.

La Nouvelle-Zélande abrite les chevaux de Kaimanawa, peu nombreux et moins connus.

Le développement des races

Dès que l'homme comprit l'utilité du cheval, il s'aperçut que certaines races étaient plus aptes à des tâches particulières que d'autres. Quelques-uns étaient bons sous la selle, d'autres meilleurs à l'attelage. Il y avait les rapides et légers, et les lents et forts. Les progrès des voyages permirent aux gens de découvrir les chevaux de régions éloignées, possédant des qualités différentes des leurs.

En bref

- ✓ Le cheval et le commerce
- ✓ L'évolution naturelle des types
- ✓ L'obtention des qualités désirées
- ✓ Deux extrêmes : course et trait

Les voyages et le commerce

En fonction du mode de voyage, le type de cheval sera différent. Les peuples anciens migraient au cours des saisons avec leurs troupeaux (rennes, bovins, moutons, chèvres ou dromadaires) dont ils dépendaient pour se nourrir et se vêtir. Ils emportaient souvent tous leurs biens avec eux. Ceux qui partaient en éclaireurs à la recherche de nouveaux pâturages avaient besoin de chevaux rapides et vigoureux. D'autres, montés sur des chevaux plus lents, assuraient la garde du bétail et des biens, tandis que les chariots étaient tirés par des animaux lourds et puissants.

Les gens qui voyageaient près des frontières et sur les routes commerciales ne troquaient pas uniquement des marchandises et de la nourriture, mais aussi des animaux et des chevaux. Ils obtenaient ainsi des caractéristiques particulières qui servaient à améliorer leur cheptel.

Les types d'origine

Les spécialistes distinguent généralement quatre types de chevaux de base ayant évolué sous différents climats :

• Le poney de type 1, originaire du Nord-Ouest de l'Europe, prospéra sous un climat froid et humide. Il ressemblait sans doute à l'Exmoor et à l'Islandais.

• Le poney de type 2, du Nord-Est de l'Europe et d'Asie, était rustique et lent. Il engendra les chevaux lourds modernes (cheval de Przewalski, Fjord et Highland).

• Le cheval de type 3, originaire d'Asie, était plus grand mais légèrement charpenté, avec un poil fin et une encolure

Capable de supporter les rigueurs de l'hiver en Europe du Nord, le poney Shetland dérive probablement du poney de type 1.

longue. Il supportait la chaleur et la sécheresse, comme l'Akhal-Téké. Les chevaux ibériques dérivent probablement de ce type.

• Le cheval de type 4 vivait en Asie occidentale. Petit et plus raffiné, il avait le poil fin et la queue attachée haut. Son descendant le plus proche est le petit cheval de la Caspienne. Il donna naissance au Tarpan et à l'Arabe.

Les chevaux ayant évolué sous un climat froid ont généralement un tempérament placide, tandis que ceux des climats chauds sont plus émotifs et nerveux. Au cours du temps, ces types se métissèrent et engendrèrent les quelque 300 races présentes aujourd'hui dans le monde.

Des qualités sur mesure

Un spécialiste sait sélectionner des individus particuliers pour produire un animal combinant les caractéristiques de ses géniteurs. La reproduction équine est une science complexe. Le choix des reproducteurs, mâles ou femelles, capables de transmettre régulièrement leurs qualités à leurs petits, est primordial. Ces individus sont dits « prépotents ».

Ils rendirent possible le développement de lignées possédant des traits fixes. C'est ainsi que furent créés des races de course, de saut d'obstacles, de trait, d'attelage, des poneys pour les enfants et bien d'autres équidés.

Le cheval céleste de Chine – de nos jours, on le qualifierait de race – est l'un des plus anciens types. Les Arabes, en particulier les Bédouins, avaient fait de l'élevage un art. Les races enregistrées dans des livres généalogiques, ou *studbooks*, ne remontent pas à plus de trois siècles. Auparavant, les pedigrees se transmettaient de bouche à oreille. Leur fiabilité laissait donc à désirer !

Deux extrêmes

De toutes les races créées par l'homme, il n'en existe pas de plus dissemblables que le Pur-Sang et le Shire. Exportés dans le monde entier, ces deux chevaux britanniques influencèrent largement de nombreuses autres races.

• Le Pur-Sang fut exclusivement développé pour les courses. Sélectionné pour sa rapidité, au détriment d'autres qualités, il est doté d'un tempérament instable. Parfois de santé fragile, il a de mauvais pieds et, chez certaines lignées, une tendance à brûler de l'énergie par nervosité et anxiété. Mais il est aussi réputé pour son courage et sa détermination (voir pages 166-167).

Trapus et musclés, comme l'Ardennais ci-dessus, les chevaux lourds, de sang froid, aiment aussi galoper, mais ils sont lents et placides.

Dès leur plus jeune âge, les Pur-Sang, « sangs chauds » par excellence, font preuve de leur rapidité, comme ces poulains galopant dans leur pâture.

• Le Shire est originaire des Midlands, en Angleterre. La race fut développée pour les travaux agricoles et pour tracter de lourds véhicules, parfois en paire ou à quatre. Ce grand cheval puissamment musclé a une large tête au profil convexe et une encolure courte et massive. Ses membres sont ornés de fanons touffus et ses sabots ont la taille d'une assiette. Encore présenté dans des exhibitions et utilisé pour effectuer des livraisons, il peut travailler toute la journée à des allures lentes.

L'équitation à travers l'histoire

Le cheval est le seul animal ayant un dos suffisamment confortable et solide pour s'y asseoir. Monter à cru n'étant guère pratique, toutes sortes de selles furent élaborées au fil des siècles. À l'origine, la selle était une simple peau, elle se transforma en tapis rembourré, puis en cadre tendu de cuir constituant un vrai siège. L'invention de l'étrier apporta une plus grande stabilité et transforma radicalement la façon de se tenir en selle.

En bref

- ✓ Les chevaux de bétail
- ✓ L'évolution du cheval de guerre
- ✓ Les chevaux de labeur

Des chevaux pour garder le bétail

Le Moyen-Orient abrita sans doute les premières cultures développées autour du cheval. Les traces écrites (souvent des tablettes d'argile) témoignant de la façon de monter à l'époque sont toutefois rares. De nos jours, les peuples du nord et de l'est des steppes d'Asie sont les seuls héritiers de ce mode de vie nomade. Dans les montagnes du Caucase, en Europe de l'Est, chez les tribus vivant de leur bétail, le Kabardin, cheval indigène, est toujours au centre de la vie quotidienne. En Hongrie, les Csikos, des éleveurs, sont toujours de formidables cavaliers, dresseurs et entraîneurs.

Le travail de gardien de bétail implique de passer de longues heures en selle. Une selle confortable, une bride et un mors pour contrôler les montures sont pour ces personnes absolument indispensables. Et, selon la région, différents harnachements virent le jour.

Le cheval de guerre

Quoi qu'il en soit, l'utilisation du cheval à la guerre changea le cours de l'histoire. Pendant des millénaires, les chevaux servirent à transporter les guerriers et leurs armes sur les champs de bataille où ils combattaient à pied.

Selles et étriers permirent de passer de longues heures en selle confortablement.

Le harnachement

Selon les spécialistes, l'invention des étriers ne remonterait qu'à environ 2 000 ans. À l'origine, ils étaient faits d'une boucle en cuir cru, puis ils évoluèrent vers des modèles en bois et en métal. Les étriers modernes, en acier inoxydable, sont pratiquement inusables. Les nouveaux matériaux synthétiques sont eux à la fois légers et solides. Les étriers légers peuvent cependant être dangereux. S'ils glissent des pieds sur un cheval en mouvement, ils sont en effet difficiles à rechausser.

La florissante industrie des courses exploite la rapidité et le courage du Pur-Sang.

Les premiers guerriers montés furent les archers assyriens de la région du Tigre, en Mésopotamie (actuel Irak). Ils montaient sans selle, assis sur l'arrière de leur monture, les jambes relevées ; pour se stabiliser, ils utilisaient des rênes raides et courtes, faciles à saisir. Leurs chevaux étaient d'un type semblable à l'Akhal-Téké ou aux Turkmènes des steppes d'Asie. Endurants, résistants et rapides, ils ont certainement influencé l'Arabe et le Pur-Sang. Issu des lignées turkmènes, le Turkoman, un cheval de course, fait toujours l'objet d'un élevage en Iran.

Les premières représentations artistiques montrent des soldats assis sur la croupe de montures de la taille d'un poney. Bien que cette position place le poids du cavalier sur une zone solide de l'anatomie du cheval, elle ne permettait pas un bon contrôle. Vers le Ve siècle avant J.-C., Xénophon (430-356 avant J.-C.), un général de la cavalerie grecque, jeta les bases de l'équitation classique. Ses soldats montaient sans étriers, mais dans une position plus en avant.

Au Moyen Âge, l'apparition de l'armure nécessita des chevaux plus grands et plus forts, capables de porter un cavalier caparaçonné. Les chevaux portaient d'ailleurs souvent eux-mêmes une armure. Des reconstitutions permirent de démontrer que les puissants destriers étaient d'un type cob et ne toisaient pas plus de 1,52 m, ce qui était grand pour l'époque. Contrairement à la légende, l'énorme Shire britannique ne descend donc pas du Great Horse, le cheval de guerre médiéval.

Le cheval continua longtemps de jouer un rôle dans les guerres. Avec la disparition de l'armure et l'avènement des armes à feu, il devint plus grand, plus léger et plus rapide.

L'équitation moderne, entre plaisir et travail

De nos jours, le cheval est davantage utilisé pour notre plaisir que pour le labeur, bien que cela ne fasse pas de différence pour lui ! Dans de nombreux pays, les chevaux restent toutefois un instrument traditionnel de travail. Ils servent au bât, à la garde du bétail ou à l'attelage. Dans les pays les moins industrialisés, ils sont plus importants que les véhicules motorisés et les machines.

Pour certaines tâches (police montée, travaux forestiers en terrain accidenté, livraisons sur de courtes distances, gardiennage des troupeaux), le cheval demeure plus pratique et économique que ses équivalents mécaniques. Certains pays entretiennent une cavalerie de cérémonie, pour la tradition et l'image positive qu'elle véhicule.

Le saviez-vous ?

Au tout début de la Seconde Guerre mondiale, des chevaux furent utilisés pour le bât et le transport de matériel. Dans les régions reculées du monde, ils servent d'ailleurs toujours lors de conflits. Ils payèrent et payent encore un lourd tribut à la folie des hommes.

Le tour du monde des styles d'équitation

Différents styles d'équitation se développèrent. L'exemple le plus stupéfiant de la naissance d'une culture équestre est celui des Indiens d'Amérique. Avant l'arrivée des conquistadors, les Indiens n'avaient jamais vu de chevaux, et pourtant, si l'on en croit le général Custer, ils devinrent « la meilleure cavalerie légère du monde », et ceci en un temps record.

En bref

- ✓ Les premiers styles d'équitation
- ✓ L'origine de la « haute école »
- ✓ L'équitation classique
- ✓ La monte « en extension »
- ✓ Les influences américaines

Les premiers cavaliers

Les peuples d'Asie orientale – Mongols, Japonais, etc. – montaient, et montent encore, avec des étriers courts en s'aidant durement des rênes pour s'équilibrer et contrôler leur monture. Certains guerriers avaient la réputation de se battre debout dans leurs étriers, au grand galop, dirigeant leur cheval avec les genoux et se servant des deux mains pour manier arc, lance et épée.

Les Romains et les Grecs anciens montaient à l'origine sans étriers, et, à en juger par l'attitude de détresse des chevaux des fameuses statues de la place Saint-Marc de Venise, et de ceux gravés sur les bas-reliefs de la frise du Parthénon, ils manipulaient leurs montures avec brutalité. Xénophon (voir pages 16-17) voulait corriger cela, et l'équitation dite « classique » dérive de ses enseignements.

Des chevaliers dans leur armure

Les airs (ou mouvements) dits de « haute école » trouvent leur origine au Moyen Âge. Ils dérivent des manœuvres de bataille exécutées par les destriers, dressés à protéger les chevaliers, à démonter ou tuer les ennemis. Au XIVe siècle, l'invention d'arcs plus meurtriers contraignit les chevaliers à abandonner les cottes de mailles pour des armures plus encombrantes et à se hisser sur des chevaux plus lourds, ce qui fit d'eux des cibles moins agiles.

Le saviez-vous ?

Les premiers livres traitant des chevaux et de l'équitation sont toujours d'actualité. Ils furent écrits il y a près de 2 500 ans, dans la Grèce antique, par le général Xénophon. Intitulés *Hippike* et *Hipparchikos*, ils sont aujourd'hui disponibles en un volume, *L'Art de l'équitation*. Traduit en de nombreuses langues, ce livre a encore beaucoup à nous apprendre.

Une équitation de travail

L'équitation western moderne développée aux États-Unis dérive du travail au ranch avec le bétail. Elle est directement issue de l'équitation pratiquée en Espagne au contact d'un bétail agressif. Le principe est la recherche de légèreté. Agile, réactif et équilibré, le cheval bien dressé est monté rênes longues.

L'équitation élevée au rang d'art

L'équitation devint réellement un art à la Renaissance. L'éducation des nobles n'était alors parfaite que lorsqu'ils étaient devenus des cavaliers émérites. L'Europe vit alors fleurir un peu partout des manèges baroques et élégants destinés à accueillir les carrousels et autres représentations équestres données par les aristocrates.

Cependant, malgré la redécouverte des textes de Xénophon, le dressage était toujours basé sur la brutalité et la contrainte. Sous l'influence de François Robichon de la Guérinière (1688-1751), une approche plus humaine de la relation homme-cheval s'initia en Europe. Cette meilleure compréhension de l'animal et le développement d'exercices d'assouplissement transformèrent l'équitation classique. Ces enseignements constituèrent la fondation des méthodes modernes.

L'équitation américaine

Les enseignements de La Guérinière ne furent pas suivis partout. L'équitation western dérive d'une équitation encore pratiquée de nos jours, en particulier dans la péninsule Ibérique. Elle fut exportée en Amérique par les conquistadors et les colons, et évolua sensiblement pour s'adapter au travail avec le bétail. Le cavalier est assis un peu en arrière du centre de gravité du cheval, avec les jambes tombant naturellement et les étriers chaussés longs. Le cheval place sa tête dans une position naturelle, c'est-à-dire l'encolure dans le prolongement du garrot, et les allures recherchées sont souples et rasantes.

À droite *Plus confortable et équilibrée que la position verticale, la monte « en extension » révolutionna le saut d'obstacles et le galop.*
Ci-dessous *L'équitation western de haut niveau est proche du dressage classique.*

Le saut d'obstacles et la chasse

En France, la chasse à courre vit le jour à l'époque gauloise, mais c'est à la Renaissance, sous l'impulsion de la noblesse, que son rigoureux cérémonial fut défini. En Angleterre et en Irlande, la chasse à courre au renard se développa au XVIIIe siècle. L'équitation jusque-là académique se transforma alors en sport de vitesse et d'endurance.

À l'origine, l'assiette utilisée à la chasse et pour les courses était encore verticale avec des étriers chaussés longs. Le jockey américain Tod Sloane (1874-1933) popularisa l'assiette très en avant et en équilibre, désormais utilisée en course : étriers très courts et cavalier en suspension au-dessus des épaules du cheval.

Officier de la cavalerie italienne, le capitaine Federico Caprilli (1868-1907) révolutionna le saut d'obstacles et le cross-country avec la monte « en extension ». Au cours d'un saut ou d'un galop en terrain accidenté, le cavalier prend appui sur les étriers et se penche en avant, au-dessus des épaules du cheval, de façon que son poids se porte le plus possible sur le centre de gravité de l'animal et n'entrave pas son mouvement.

En dressage et pour le travail sur le plat, l'assiette classique, où le haut du corps du cavalier reste vertical, demeure la plus pratique.

Le cheval de labeur

Il est curieux de constater qu'encore de nos jours, un siècle après l'invention du moteur à combustion interne et deux siècles après celle de la machine à vapeur, la puissance d'un moteur est toujours mesurée en « chevaux-vapeur ». Il est vrai que jusqu'à la fin du XIXe siècle, le cheval était à peu près la seule force motrice disponible.

En bref
- ✓ Le cheval de bât
- ✓ Les carrossiers
- ✓ La conquête de l'Ouest
- ✓ Des chevaux pour toutes sortes de travaux
- ✓ À la ferme et dans les forêts
- ✓ Loisirs, plaisir et compétitions
- ✓ Cérémonies et traditions

Le cheval de bât

Le bât fut le premier travail du cheval. Pendant la Préhistoire, il servait au transport, des paniers de tourbe aux animaux tués à la chasse. Des millénaires plus tard, en Amérique, les trappeurs l'utilisaient pour acheminer les fourrures vers les négoces. Dans les Highlands, en Écosse, des Shetlands transportent toujours la tourbe qui sert de combustible aux fermiers et les Highlands descendent encore les carcasses de daims des montagnes.

Les véhicules hippomobiles

Le joug, qui permettait aux chevaux de tirer davantage de poids qu'ils ne pouvaient en porter, fut le premier harnais.

L'invention du char révolutionna la guerre. Utilisé en courses, il servait aussi au transport des personnalités. Au Moyen Âge, de lourds chariots étaient tractés par de puissants chevaux qui s'accommodaient des ornières et de la boue des chemins. L'amélioration du réseau routier entraîna l'apparition de chevaux d'attelage plus légers.

Les progrès du XVIIIe siècle

L'invention des suspensions à ressorts permit de voyager plus agréablement. Il devint alors possible de voyager rapidement sur de longues distances. Diligences, voitures particulières et malles-poste se développèrent rapidement. Avec la création de la Royal Mail en 1784, le système britannique ouvrit la voie à l'Europe qui se dota bientôt d'un réseau de malles-poste. Cette époque fut également l'âge d'or du halage. Le long des voies d'eau, de gros chevaux tiraient des barges lourdement chargées loin à l'intérieur des terres.

Le XIXe siècle

Le XIXe siècle fut marqué par la conquête de l'Ouest, en Amérique du Nord, avec ses chariots bâchés, ses cow-boys, ses Indiens et le Pony Express. En Occident, des milliers de chevaux travaillaient dans les villes et les embouteillages faisaient déjà partie du paysage urbain.

Les chevaux servaient à tous les travaux. Ils étaient indispensables aux nouveaux services et aux forces de police. Certaines races capables d'assurer des transports sur

Ces deux chevaux lourds participent à une compétition de trait. Les chevaux labourent la terre plus profondément que les tracteurs, tout en la fertilisant.

La police montée canadienne donne des représentations dans le monde entier, captivant la foule avec leurs exhibitions harmonieuses et leur travail d'équipe.

de longues distances, comme le Norfolk Roadster britannique, étaient demandées dans le monde entier.

À cette époque, les chevaux étaient maltraités et leur espérance de vie très courte – souvent pas plus de quatre ans. *Black Beauty*, le roman d'Anna Sewell, contribua à attirer l'attention sur leur triste sort et initia un mouvement qui œuvra à l'amélioration de leurs conditions de vie.

Le cheval dans l'agriculture

En Occident, les chevaux vaquèrent aux travaux agricoles jusqu'à l'avènement des tracteurs, au XXe siècle. En Europe de l'Est et dans de nombreux pays asiatiques, le cheval fut toujours indispensable au transport et à l'agriculture et y est encore largement employé.

De nos jours, dans nos pays développés, on peut encore apercevoir quelques chevaux lourds dans les champs, ou attelés à des voitures de livraison. En Finlande, par exemple, on estime à 150 000 le nombre de chevaux travaillant dans les fermes et les forêts.

Dans certaines régions, l'industrie du bois les emploie de plus en plus au débardage dans les zones accidentées.

Le rôle du cheval dans notre société

Le milieu du XXe siècle vit l'essor de l'équitation de loisir. Les sports équestres les plus populaires sont le saut d'obstacles, le dressage, le concours complet, le polo, l'attelage, la chasse à courre et le rodéo. Les compétitions de modèles et allures, l'équitation western, les courses montées et attelées et l'endurance sont aussi très prisées dans de nombreux pays. Mais la compétition n'attire pas tous les cavaliers. Beaucoup recherchent simplement le plaisir de monter dans un centre équestre ou de s'occuper de leurs chevaux.

Certains pays entretiennent pour le prestige une unité montée de chevaux de parade, comme la Garde républicaine française.

ANATOMIE, PHYSIOLOGIE

Dans notre société moderne, les chevaux sont presque toujours des animaux athlétiques, destinés à des performances sportives. Pour demeurer en bonne santé, ils doivent être manipulés et montés avec un minimum de connaissances de leur anatomie et de leur fonctionnement à la fois physique et mental. En apprenant à les comprendre, nous leur offrons des conditions de vie adéquates pour qu'ils se sentent bien dans leur corps et dans leur tête. En contrepartie, nous pouvons leur demander un travail régulier tout en minimisant les risques de blessures et les problèmes de comportement.

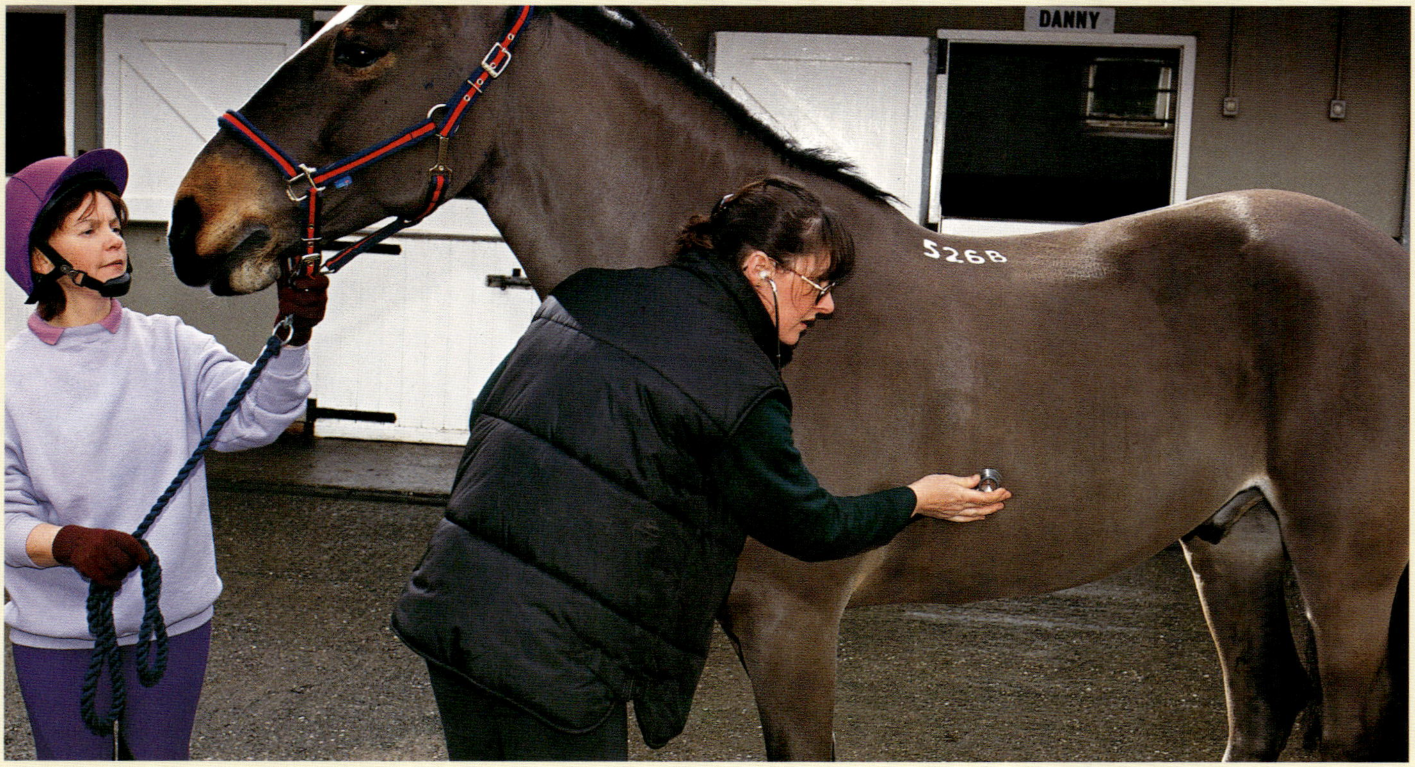

ET COMPORTEMENT

Le corps du cheval

Les amoureux des chevaux les trouvent beaux. En bonne santé, ce sont des animaux robustes, rapides et agiles, mais comme tous les êtres vivants, ils souffrent de maladies ou de blessures, et vieillissent. Se nourrissant d'herbe, les chevaux sont des animaux de proie adaptés à la course. Alors que la plupart des animaux de grande taille ne sont ni rapides ni athlétiques, les chevaux allient à la perfection une anatomie idéale à une vivacité hors du commun.

En bref
- ✓ Le squelette
- ✓ Ligaments, muscles et tendons
- ✓ Le sabot, une adaptation efficace à la course
- ✓ Une denture spécialisée
- ✓ Une locomotion économe en énergie

Le squelette

Le squelette est la charpente qui soutient le corps du cheval. Il protège ses organes vitaux et lui permet de se mouvoir. Les os stockent des minéraux et leur moelle fabrique les cellules sanguines.

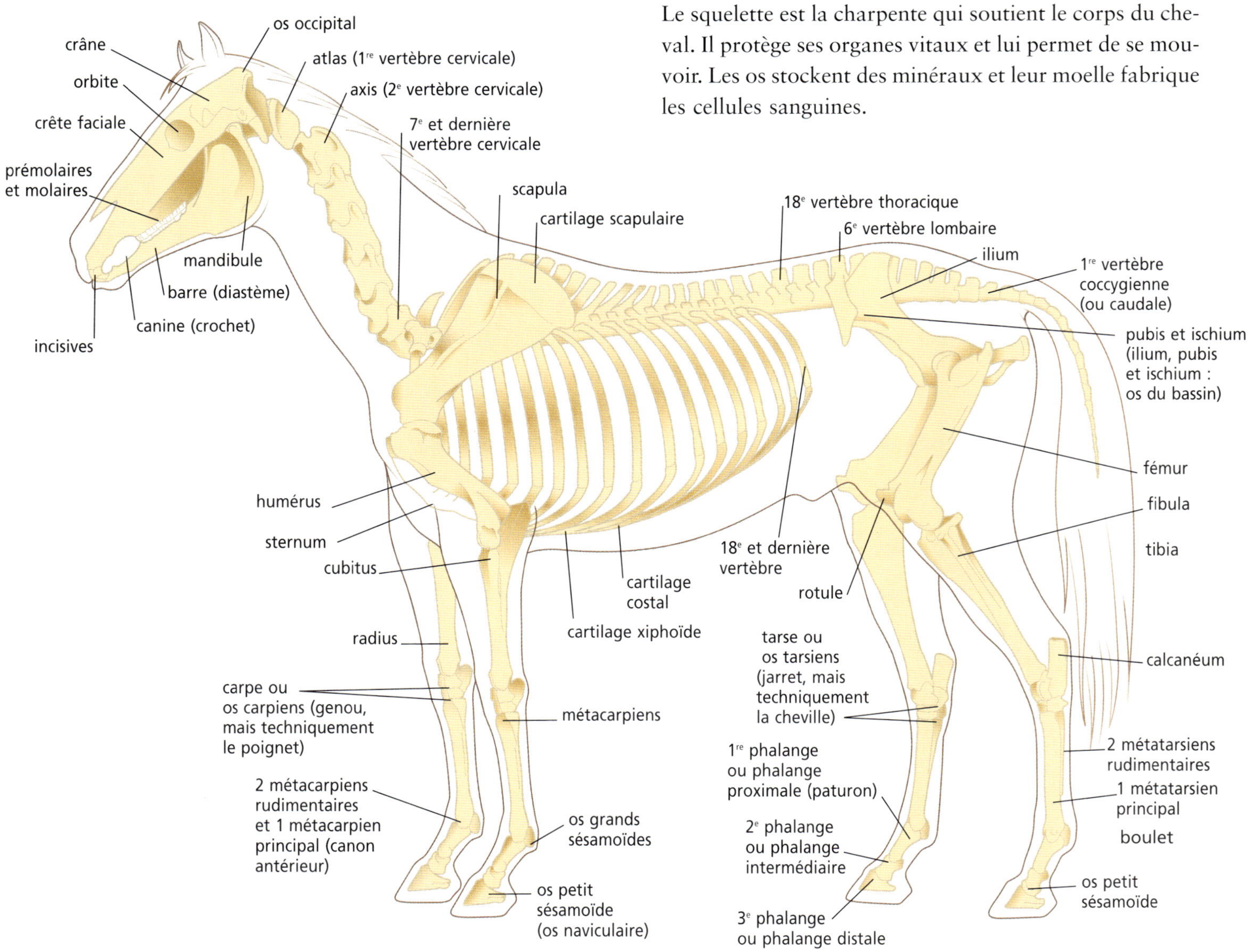

Le tissu osseux est formé d'une matrice organique chargée de substances minérales. Composée d'une substance fondamentale protéinée et de fibres collagènes, la matrice fixe rapidement les sels minéraux. La partie minérale est composée de phosphate tricalcique (environ 85 %), de carbonate de calcium (10 %) et de phosphate de magnésium (5 %). Les extrémités des os sont protégées par du cartilage. L'os est un tissu vivant, capable de répondre à une blessure ou à un stress dû à l'effort, en se réparant lui-même. Les os sont parcourus par un réseau de canaux étroits qui abritent les vaisseaux sanguins et lymphatiques et les nerfs.

Les ligaments

Constitués d'un tissu fibreux et résistant, les ligaments unissent les os des articulations. Très innervés, ils sont sensibles. En revanche, peu vascularisés, ils guérissent lentement.

Les muscles et les tendons

Les muscles sont responsables des mouvements du squelette. Ils sont reliés aux os par des tendons, cordes fibreuses résistantes. Les os sont joints par des articulations. Lorsqu'un muscle se contracte, il tire sur le tendon, ce qui contraint l'os auquel il est attaché à se déplacer, fléchissant l'articulation.

Parcourus par un réseau dense de vaisseaux sanguins et de nerfs, les muscles ont une grande sensibilité. Blessés, ils cicatrisent rapidement. Les tendons, mal irrigués, sont longs à guérir.

Une locomotion économe

- Contenant une grande quantité de fluides, les tissus musculaires sont lourds. Le cheval est toutefois dépourvu de muscles dans la partie inférieure de ses membres. Cette légèreté, alliée à celle de ses pieds, lui permet donc d'utiliser moins d'énergie lorsqu'il court. C'est un avantage essentiel pour un animal qui doit sa survie à son instinct de fuite.
- Les tendons ont une certaine élasticité. Pendant un effort, ils s'étirent un peu. Lors du relâchement, ils se rétractent, ce qui permet au cheval de rebondir pratiquement sans effort à chaque foulée.

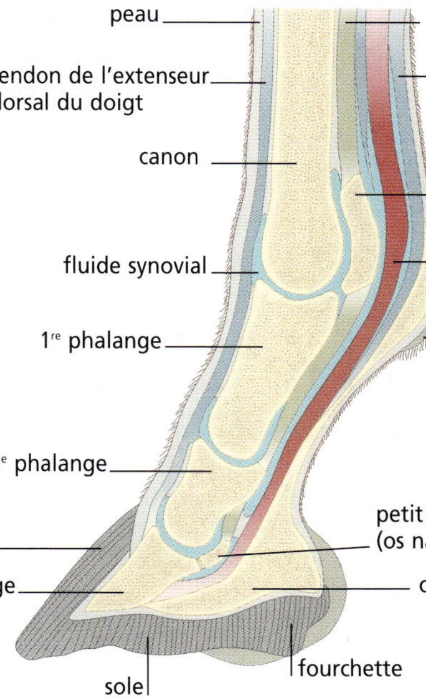

Les pieds

Les membres du cheval reposent sur un seul doigt – correspondant au majeur chez l'homme –, le sabot, constitué d'une structure complexe d'os, de corne, de tissus sensibles et fibreux, de sang et de nerf. La corne pousse à partir d'un bourrelet, la couronne, en haut de la paroi. En fonction des individus et du régime alimentaire, il faut à peu près un an à la paroi pour se renouveler entièrement.

Irrégulière, la sole permet au sabot de s'agripper au sol. Au centre, la fourchette, constituée d'un tissu caoutchouteux, sert d'amortisseur. En s'écrasant à chaque foulée, la fourchette et le talon contribuent à pomper le sang dans le pied et le bas du membre (voir aussi pages 74-75).

Les dents

La tête du cheval est suffisamment grande pour contenir les grosses dents nécessaires à la mastication de l'herbe, son aliment naturel. Comme tous les mammifères, les chevaux ont une denture de lait et une denture permanente.

Les incisives servent à couper l'herbe, tandis que les prémolaires et les molaires la broient. Les mâles, étalons et hongres, et certaines juments, dites bréhaignes, ont derrière les incisives des canines appelées crochets.

L'espace dépourvu de dents, appelé barre ou diastème, entre les incisives et les prémolaires, est l'endroit où repose le mors.

Le cœur et les poumons

Les systèmes cardiaque et pulmonaire transportent l'oxygène, les nutriments, les hormones et les substances chimiques à travers l'organisme. Ils se chargent aussi de l'élimination des toxines fabriquées par le métabolisme. Comparativement au nôtre, le système circulatoire du cheval est plus performant. Rien d'étonnant à ce qu'il soit naturellement un athlète. Mais ses poumons sont sensibles et la domestication l'a rendu sujet aux maladies et aux allergies.

En bref

- ✓ Le cœur et la circulation
- ✓ Le système lymphatique
- ✓ La respiration
- ✓ Les effets de la poussière et de la pollution
- ✓ La prévention des problèmes respiratoires

Le cœur

Le cœur est un muscle contenant quatre cavités, ou chambres. Celles du haut sont les oreillettes droite et gauche et celles du bas, les ventricules droit et gauche. La paroi du cœur est faite de cellules musculaires spéciales. Le cœur bat régulièrement d'une manière involontaire et n'a pas besoin de repos, pompant le sang dans tout l'organisme. Lorsque les chambres se contractent à tour de rôle, des valves empêchent le sang de refluer. Une paroi sépare le cœur droit du cœur gauche. Le sang sort du cœur par les artères et y entre par les veines. En s'enfonçant dans les tissus, les vaisseaux s'amenuisent jusqu'à former une arborescence de capillaires. Les substances traversent les capillaires pour entrer dans les cellules.

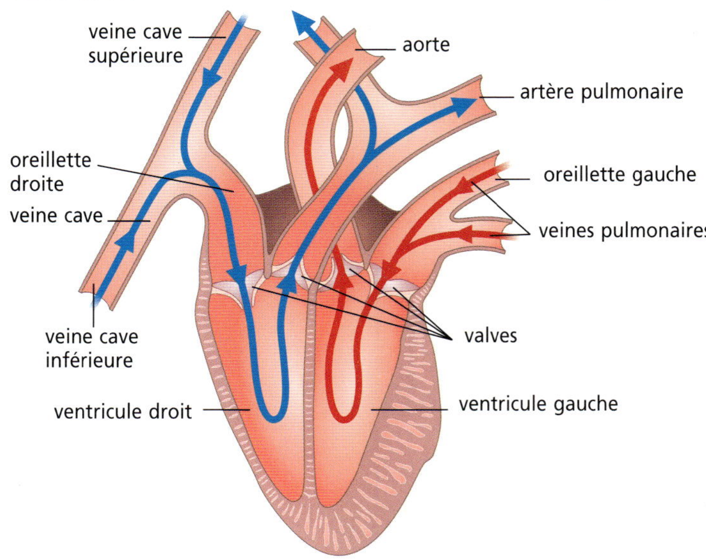

Le tracé bleu est celui du sang qui arrive du corps et part vers les poumons ; le rouge celui du sang oxygéné qui vient des poumons et repart vers l'organisme.

Le sang

Le sang est constitué de plasma, de cellules sanguines et de plaquettes. Le **plasma** est un sérum contenant 90 % d'eau, des nutriments et du fibrinogène, une protéine. Sur une blessure, le fibrinogène se transforme en fibrine, responsable de la formation des caillots.

Les **globules rouges** (hématies) et les blancs sont les cellules sanguines. Les hématies contiennent de l'hémoglobine, un pigment à base de fer capable de transporter l'oxygène entrant dans les poumons. Le réseau des capillaires est le siège des échanges gazeux : l'oxygène passe dans les tissus et le gaz carbonique retourne dans le sang et se dissout dans le plasma. Dans les poumons, le gaz carbonique est expiré. Les globules blancs, de cinq types, réparent les tissus morts ou endommagés et combattent les infections.

Les **plaquettes** sont de petites cellules sans noyau. En cas de blessure, elles déclenchent la coagulation du sang en sécrétant une substance qui transforme le plasma en fibrine.

Le saviez-vous ?

L'organisme du cheval fabrique plus de 35 millions de globules rouges par jour. Ils sont stockés dans la rate, organe qui fabrique également les lymphocytes. Sous l'influence de l'adrénaline, la rate peut libérer les globules rouges nécessaires au transport de l'oxygène supplémentaire lors d'un effort.

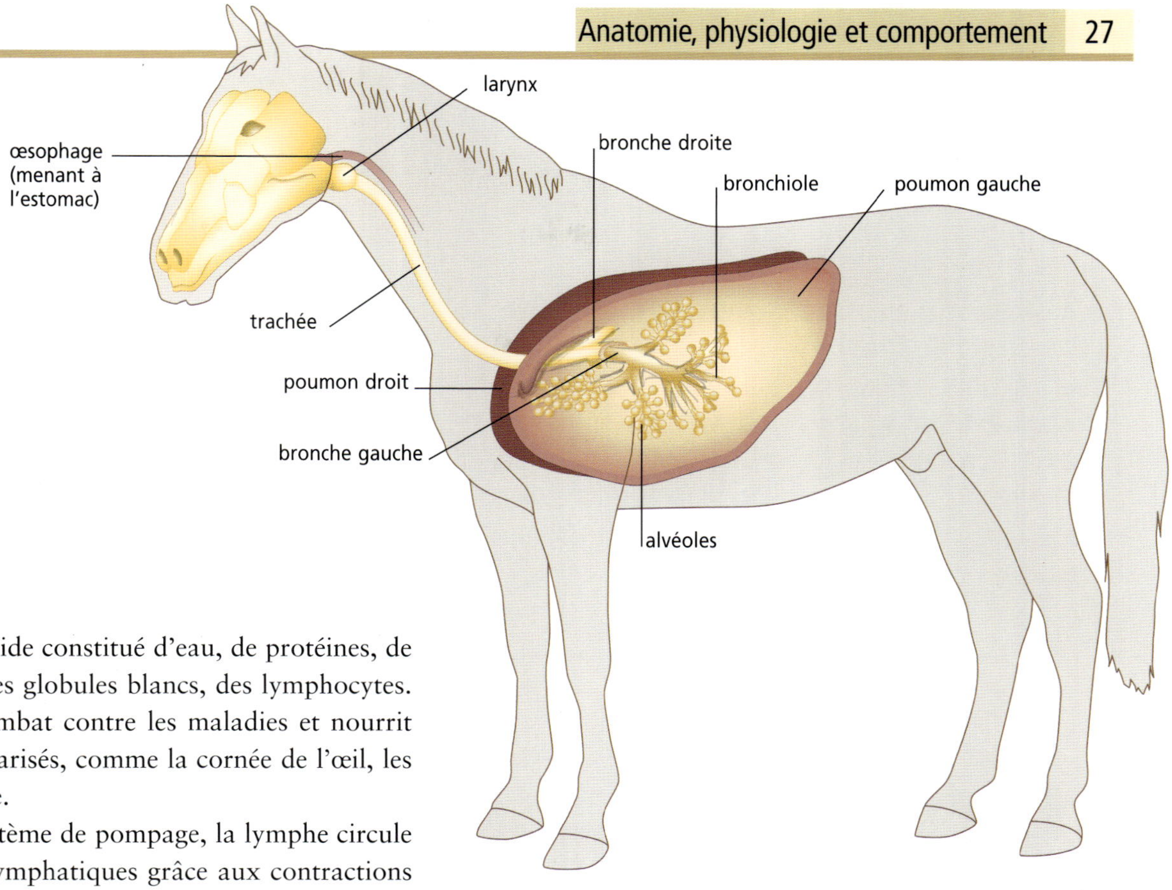

Les poumons et le cœur remplissent la cavité thoracique. Ils sont séparés de la cavité abdominale par une solide paroi musculaire voûtée, le diaphragme.

La lymphe

La lymphe est un fluide constitué d'eau, de protéines, de graisse et de quelques globules blancs, des lymphocytes. Elle participe au combat contre les maladies et nourrit les tissus non vascularisés, comme la cornée de l'œil, les cartilages et la corne.

Dépourvue de système de pompage, la lymphe circule dans les vaisseaux lymphatiques grâce aux contractions des muscles et d'autres tissus au cours de l'exercice. Le manque d'exercice se manifeste par des membres engorgés. Il peut compromettre la santé des tissus et l'efficacité du système immunitaire.

Les poumons

Le système respiratoire procure l'oxygène nécessaire au fonctionnement de l'organisme. L'air entre par la bouche, passe à travers le larynx, puis par la trachée qui pénètre dans les poumons.

La trachée se divise en deux bronches : l'une conduit au poumon droit et l'autre au gauche. Les bronches se divisent à leur tour en bronchioles à l'extrémité desquelles se trouvent des grappes d'alvéoles, de minuscules sacs entourés de capillaires qui se gonflent d'air. C'est au niveau des alvéoles que l'oxygène passe dans le sang et que le gaz carbonique en sort.

À chaque inspiration, de la poussière entre par le nez. Un mucus produit par certaines cellules qui tapissent les voies respiratoires empêche cette poussière de pénétrer dans les poumons. Le long des voies respiratoires, des filaments minuscules, ou cils, font remonter les poussières qui sont alors expulsées par la toux et les éternuements.

Fragile, le système respiratoire des chevaux est affecté par la poussière des litières, des fourrages, des aliments secs ou du pansage s'il est effectué à l'intérieur de l'écurie. Les gaz d'échappement et l'ammoniac issu de la décomposition de l'urine des litières mal entretenues irritent aussi les tissus sensibles de leurs poumons.

Prévenir les maladies respiratoires

- À chaque fois que cela est possible, panser son cheval à l'extérieur.
- Utiliser des aliments et de la litière dépoussiérés.
- Humidifier légèrement les aliments.
- Ne pas garder son cheval près d'une route à fort trafic ou d'un parking.
- Placer le tas de fumier assez loin des écuries.
- Sortir son cheval tous les jours et le monter en extérieur autant que possible.
- Si son cheval souffre de problèmes respiratoires, demander conseil à son vétérinaire.

Les systèmes nerveux et endocrinien

La transmission d'informations internes et externes est fondamentale à la survie d'un organisme. Celui du cheval a besoin de savoir ce qui se passe à l'extérieur et pourrait affecter son confort et sa sécurité, comme ce qui se passe à l'intérieur et agit sur son fonctionnement. Ces tâches sont assurées par les systèmes nerveux et endocrinien (hormonal), responsables des réactions instantanées du cheval aux stimuli externes et du contrôle des fonctions de son organisme.

En bref

- ✓ Comment fonctionnent les nerfs
- ✓ Les messagers de l'organisme
- ✓ Les messages d'alerte
- ✓ Se préparer à l'action et… à l'inaction
- ✓ Hormones, métabolisme et comportement
- ✓ Les dérèglements hormonaux

Le système nerveux

Le système nerveux central (SNC), constitué par le cerveau et la moelle épinière, est le principal centre de contrôle du cheval. Issue du cerveau, la moelle épinière se prolonge dans la colonne vertébrale. Le système nerveux périphérique (SNP) forme un réseau très complexe de nerfs qui se ramifient à partir de la moelle épinière en passant par des sillons entre les vertèbres.

Lorsque le cheval ressent une douleur ou une irritation, les nerfs sensoriels du SNP envoient des messages, sous forme d'impulsions électriques, au SNC. Ce dernier interprète les messages et répond *via* les nerfs moteurs du SNP. Le cheval bouge alors pour soulager la douleur, se gratte ou agit d'une autre façon.

Lorsque le système nerveux détecte une chaleur excessive par une journée torride, ou si le cheval est enfermé dans un van, il réagit en commandant la dilatation des vaisseaux cutanés. Arrivé en surface, le sang trop chaud peut alors se refroidir dans l'environnement. De même, les poils se plaquent et les glandes sudoripares sécrètent de la sueur qui, en s'évaporant, refroidit la peau du cheval. Si le cheval a froid, le processus est inversé.

Action et inactivité

Une partie du système nerveux est autonome, c'est-à-dire qu'il travaille d'une façon inconsciente. Il comprend deux parties : le sympathique, qui prépare le corps à l'action (par exemple, pour prévenir le cheval d'un danger), et le parasympathique (système nerveux végétatif), qui le prépare à la relaxation, à l'alimentation et au sommeil.

Question/Réponse

Q Sachant que le cheval est très sensible – il peut, par exemple, sentir une mouche se poser sur sa peau –, pourquoi ne réagit-il pas toujours aux aides des jambes, alors qu'il les sent parfaitement ?

R Dans bien des circonstances, le cheval peut décider de répondre ou non aux aides des jambes, des mains ou autre, et de passer outre ses messages internes. Ainsi, un cavalier qui donne des jambes ou les serre à chaque foulée, sature les capacités de réponse du cheval. Les aides deviennent en quelque sorte un « bruit de fond » qu'il subit à chaque fois qu'il est monté et qu'il finit par ignorer complètement.

Le système endocrinien

Le système endocrinien gère la production et la distribution des hormones dans l'organisme. Il travaille avec le système nerveux, mais plus lentement, et ses effets ont une durée plus longue, parfois considérable.

Des glandes endocrines, dispersées dans l'organisme, constituent ce système. Elles produisent des messagers chimiques, les hormones, qui circulent dans le sang. Les hormones contrôlent les fonctions vitales du cheval (digestion, lactation, excrétion, croissance et développement, et bien d'autres fonctions de son métabolisme), ainsi que ses émotions et donc son comportement. Un cheval peut souffrir d'un dérèglement hormonal, léger ou sévère et, dans les cas extrêmes, fatal.

Située sous le cerveau, l'hypophyse est la glande la plus importante. Elle sécrète plusieurs hormones, dont l'hormone de croissance. Son rôle est aussi de contrôler les autres glandes endocrines. Elle est elle-même sous l'emprise de l'hypothalamus. Les glandes surrénales, au-dessus des reins, produisent l'adrénaline, une hormone libérée sous l'effet de la peur et de la colère et qui accroît les rythmes cardiaque et respiratoire.

Soumises à un cycle hormonal de reproduction, les juments sont en chaleur tous les 21 jours environ. Un cycle annuel affecte les juments comme les étalons, qui cherchent à s'accoupler au printemps et en été plutôt qu'en automne et en hiver. Chez les mâles, la testostérone est responsable d'un comportement distrait et d'une grande excitabilité. Chez les femelles, les œstrogènes jouent ce rôle dans une moindre mesure.

Au printemps et au début de l'été, les mâles s'affrontent dans des simulacres de combat. À l'état sauvage, les étalons se battent furieusement pour leur harem.

Les hormones sont responsables de l'instinct maternel de la jument et de l'attachement du poulain à sa mère. Ce lien se relâche, mais ne disparaît pas.

Connaître les chevaux

On estime qu'environ les trois quarts des hongres (mâles castrés) conservent des caractères d'étalons, particulièrement s'ils ont été castrés après la puberté ou s'ils ont sailli préalablement. C'est pourquoi le comportement de certains hongres se modifie au printemps, à l'instar de celui des juments et des étalons dont les hormones de reproduction commencent à circuler dans le sang.

La peau, les crins et la corne

La peau, les poils et la corne recouvrent entièrement le cheval, à l'exception des yeux, protégés par les paupières et les cils. L'état de la peau, du pelage et de la corne est le reflet de la santé du cheval. Une alimentation équilibrée, une exposition raisonnable aux éléments naturels, le toilettage et le massage mutuels effectués avec le museau et les dents entre individus amis y contribuent largement. À l'extérieur, les chevaux entretiennent leur peau en se roulant et en se frottant.

En bref

- ✓ La peau, un organe sensible
- ✓ Les mues et les saisons
- ✓ Les fonctions de la crinière et de la queue
- ✓ Les « antennes » du cheval
- ✓ La protection de la corne
- ✓ Les effets de l'alimentation

La peau

La peau est l'enveloppe élastique qui protège l'organisme vulnérable des agressions extérieures. Elle est constituée de deux couches principales, l'épiderme recouvert de cellules mortes, et le derme, très sensible. Chez un cheval en bonne santé, la peau est souple et élastique et ne doit pas présenter de bosses, de zones enflées ou irritées, de plaies ni de crevasses.

Les cellules de la peau se renouvellent continuellement à partir des couches inférieures de l'épiderme. Les cellules mortes superficielles tombent. Dans le pelage du cheval, elles apparaissent sous forme de petites pellicules. Les poils et les glandes sudoripares prennent racine dans le derme et percent la surface de l'épiderme. Le derme contient aussi les capillaires et les nerfs, mais l'épiderme est si fin que la peau reste très sensible en surface.

La peau du cheval est plus épaisse dans sa partie supérieure, exposée aux intempéries, que sous le ventre et sur les membres, souvent protégés par des poils longs, ou fanons, dans leur partie inférieure.

Les chevaux au pelage fin ont besoin d'une couverture par temps froid, venteux ou humide, mais ceux dont les poils sont très denses s'accommodent parfaitement du mauvais temps.

Les fonctions de la peau

- Elle protège les tissus sous-cutanés des intempéries, des toxines, des germes infectieux, des blessures mineures, de l'excès d'humidité ou de sécheresse.
- Elle régule la température du corps.
- Elle élimine certains déchets organiques par la sueur.
- Grâce à son réseau de nerfs, elle capte des informations sur l'environnement, comme la température, la pression, l'irritation ou la douleur.
- Elle contribue à la synthétisation de la vitamine D dans l'organisme.
- Elle contient des glandes sébacées qui sécrètent du sébum, lubrifiant les poils et sa surface.
- Elle contient de la mélanine, un pigment foncé, qui joue un rôle protecteur et contribue à la fortifier.

Ce poney a une crinière et un toupet abondants pour se protéger du froid ; ses vibrisses, qui lui servent à percevoir son environnement proche, sont bien visibles.

Le pelage

Le pelage du cheval est court et fin en été et long et épais en hiver. Deux fois par an, au printemps et en automne, le cheval change de pelage. Cette mue dure plusieurs semaines. Cependant, les chevaux vivant dans les régions équatoriales, non soumis au cycle des saisons, conservent un pelage d'été et peuvent se reproduire toute l'année.

Bien que l'augmentation de la température et une bonne alimentation jouent un rôle important dans la mue de printemps, le principal facteur déclenchant est l'exposition de l'animal à la lumière. Ainsi, dès que les jours rallongent, le poil d'hiver tombe, même si le temps est froid et l'herbe rare. Un pelage lustré est un signe de bonne santé.

La crinière et la queue

Les crins ne tombent pas comme les poils, sauf chez quelques races comme le Bashkir. Ils renforcent l'isolation au niveau de l'encolure et entre les cuisses, où la peau est très fine, et apportent une certaine protection contre les insectes. Le cheval doit néanmoins bénéficier d'un abri frais lorsque ceux-ci abondent.

Les moustaches ou vibrisses

Situés autour du menton et des yeux, ces poils très sensibles agissent comme des « antennes ». Le cheval s'en sert pour explorer son environnement immédiat. Chez certaines races, il est désormais interdit de les raser lors d'une exhibition, ce qui se pratique encore couramment. Autour des yeux, ils aident le cheval à protéger sa tête, et autour du menton à trouver sa nourriture.

La corne

La corne est faite de la même substance protéinée et dure que les poils, la kératine. Formant le sabot, elle protège les structures internes du pied. Une alimentation équilibrée et saine est très importante dans la formation d'une corne de qualité, d'une peau et d'un pelage sains. Ainsi, un supplément administré pour renforcer l'état de la corne améliorera aussi la qualité de la peau et des poils. L'extérieur du sabot est recouvert d'une pellicule protectrice qui ne doit pas être râpée lors du ferrage. La corne doit être graissée régulièrement avec un onguent à pieds pour lui garder sa souplesse.

Les sens

Les sens du cheval lui donnent une perception du monde différente de la nôtre. Ils lui permettent de survivre en tant qu'animal de proie herbivore dans son habitat naturel de plaines herbeuses. Certains comportements qui peuvent nous paraître déconcertants sont le produit de sa vision, ou de sa capacité à sentir et entendre des choses que nous sommes incapables de percevoir.

En bref

- ✓ Le monde selon le cheval
- ✓ Une ouïe très performante
- ✓ Une vision panoramique
- ✓ Un odorat développé
- ✓ Un goût sélectif
- ✓ Un toucher très sensible

L'ouïe

Les oreilles du cheval peuvent bouger indépendamment, et pivoter sur un arc de presque 180 degrés, de façon à capter le moindre bruit. Un environnement bruyant est une source d'angoisse et d'inattention pour les chevaux.

Le cheval peut percevoir des sons inaudibles à l'oreille humaine. Ainsi, en liberté ou monté, un cheval peut soudain se figer et regarder fixement dans une direction, sans que nous ayons perçu quoi que ce soit. Il semble alors fasciné, avant de reprendre le cours de son activité.

Particulièrement réceptif aux sonorités, un cheval apprendra facilement à réagir aux aides vocales de son entraîneur. Cela se révèle très utile pour le dressage des jeunes chevaux.

Les oreilles servent aussi à exprimer ses humeurs. Avec un peu d'observation, il est facile de savoir si un cheval est en colère, enthousiaste, joyeux, lassé, agressif, ou simplement détendu.

Des oreilles placées de côté, un peu tombantes, indiquent généralement la relaxation.

Inaudibles vibrations

Les spécialistes admettent que les chevaux sont capables de percevoir les vibrations du sol à quelque distance et ainsi d'être avertis de l'approche d'autres animaux. À l'état sauvage, leurs prédateurs sont les canidés et les grands félins, dont les déplacements sont généralement très discrets. Chez les Amérindiens, les pisteurs mettaient l'oreille au sol pour écouter, ou « sentir », s'ils étaient suivis. Les chevaux utilisent sans doute une stratégie similaire.

Les chevaux sentent toujours leur nourriture avant de la prendre dans leur bouche et refuseront de manger si l'odeur leur paraît suspecte.

Question/Réponse

Q Mon cheval de compétition transpire beaucoup pendant l'exercice. J'essaie de lui donner des sels minéraux dans ses aliments ou son eau pour remplacer ceux qu'il perd. Mais, en règle générale, il les refuse. Il ne semble pas boire non plus suffisamment et cela me soucie.

R Les sels minéraux n'ont pas un goût salé, et certains chevaux les refusent car ils n'y sont pas habitués. Tentez de les mettre dans de l'eau sucrée qui dissimulera leur goût. Pour l'habituer, vous pouvez aussi essayer de les intégrer à l'eau et à la ration que vous lui donnez chez vous, après un exercice intense. Si ces ruses ne fonctionnent pas, parlez-en à votre vétérinaire. Il pourra, si nécessaire, lui administrer en intraveineuse.

La vue

Écartés et placés haut sur la tête, les yeux du cheval lui permettent un champ visuel panoramique de 340 degrés. En revanche, il ne dispose d'une vision binoculaire frontale que sur un angle de 20 degrés environ et possède deux angles morts : l'un au bout de son nez et l'autre derrière lui. Des expériences ont montré qu'il perçoit les couleurs atténuées. Il voit les rouges et les bleus, mais moins distinctement les autres couleurs.

L'odorat

Un cheval refuse de manger des aliments ayant une odeur suspecte. C'est aussi grâce à l'odeur que les chevaux créent des liens entre eux, entre juments et poulains par exemple, ainsi qu'avec les gens.

Le goût

Lié à l'odorat, le goût est très important. Il aide le cheval à sélectionner sa nourriture et lui évite de consommer des plantes toxiques, qu'il laisse dépérir. Généralement amères, il n'y goûtera pas, à moins d'être affamé ou de s'ennuyer dans un paddock sans herbe. D'ailleurs, chez les chevaux, les intoxications ne sont pas si fréquentes qu'on pourrait l'imaginer.

Les chevaux peuvent aussi faire preuve de gourmandise et apprécient les friandises, comme les pommes, les carottes ou le pain sec.

Le toucher

Les terminaisons nerveuses de la peau détectent la pression, la douleur, l'irritation, le chaud et le froid. Très sensible au toucher, le cheval sent immédiatement la mouche qui se pose sur sa peau, le brin de paille coincé sous son tapis de selle, ou la caresse de son soigneur. Certains chevaux, surtout ceux qui ont une peau fine, peuvent adopter un comportement dangereux s'ils sont soumis au harcèlement des insectes ou subissent l'irritation d'un harnachement sale ou mal ajusté.

Le système digestif

L'évolution n'a pas donné au cheval un système digestif parfait. Les chevaux sont des herbivores ; ils ne consomment que des végétaux, généralement peu nutritifs. Pour absorber l'énergie nécessaire à leur survie, ils doivent donc en absorber de grandes quantités et, en conséquence, passer le plus clair de leur temps à brouter.

En bref
- ✓ Un système très sensible
- ✓ Le travail des dents
- ✓ Le besoin de fourrage
- ✓ L'apport en céréales
- ✓ Les micro-organismes qui digèrent les fibres
- ✓ Changement d'alimentation et coliques

Les dents

En dépit des changements de régime, le système digestif du cheval n'a guère évolué au cours du temps. Il est le même que celui de ses ancêtres. Les lèvres et les incisives sélectionnent et coupent les aliments, tandis que les molaires les mâchent, initiant ainsi le processus digestif.

Le cheval mastique avec application, avec des mouvements réguliers. La mâchoire supérieure étant légèrement plus large que la mâchoire inférieure, la mastication engendre la formation de bords coupants et de pointes appelés surdents, qui peuvent occasionner des blessures dans la bouche. La denture d'un cheval doit être inspectée au moins une fois par an par un dentiste équin ou un vétérinaire, voire plus souvent chez un jeune animal (voir pages 188-189). Certains problèmes de comportement peuvent être imputés à une bouche douloureuse.

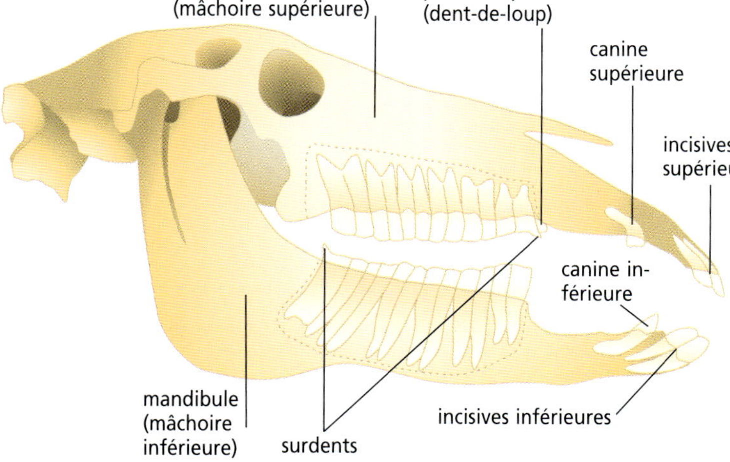

L'estomac

La nourriture avalée par le cheval passe dans l'œsophage et descend dans l'estomac. Relativement petit, l'estomac du cheval contient environ 2,5 kg d'aliments. Il travaille mieux lorsqu'il n'est plein qu'aux deux tiers et ne doit pas être surchargé. C'est pour cela que le cheval doit être nourri souvent, mais par petites quantités (voir pages 66-67). À l'intérieur de l'estomac, la nourriture est malaxée par les parois musculeuses, tandis que les sucs digestifs, les enzymes et quelques bactéries commencent à la décomposer.

L'intestin grêle

Les aliments concentrés, comme les granulés et le grain, sont digérés dans l'intestin grêle. Les nutriments traversent les parois. L'intestin grêle est un conduit mince de 21 m de long, dans lequel glucides, amidons, protéines, graisses, minéraux et vitamines sont décomposés et passent dans le sang au niveau du réseau de capillaires.

Le gros intestin ou côlon

C'est la plus grosse section du système digestif. Il comprend le cæcum, poche où les fibres contenues dans les fourrages (herbe, foin, paille) sont dégradées et procurent au cheval la plus grande partie de son énergie.

Le système digestif du cheval ne peut pas décomposer les fibres. Ce travail est assuré par fermentation grâce aux bactéries et autres micro-organismes qui tapissent le côlon. Le résultat de ce processus est une excellente source d'énergie naturelle pour le cheval : des acides gras volatils. La flore microbienne doit s'adapter à un changement de régime, et donc, si celui-ci est trop rapide, il

CE QU'IL FAUT FAIRE

- Ne distribuer que des aliments propres et de bonne qualité. Les aliments de mauvaise qualité peuvent provoquer des coliques (douleurs abdominales aiguës).
- Les fibres, contenues dans le foin et l'herbe, doivent représenter la partie la plus importante de la ration.
- Ne donner des céréales que si c'est vraiment nécessaire.
- Établir un régime approprié et ne pas le modifier. Tout changement de régime doit s'effectuer lentement, si possible sur plusieurs semaines.
- Distribuer plusieurs repas par jour, à heures fixes.

CE QU'IL NE FAUT PAS FAIRE

- Nourrir son cheval d'une façon irrégulière, en changeant les ingrédients de sa ration au hasard, ou en lui donnant des aliments de mauvaise qualité.
- Limiter l'apport en fibres, à moins qu'il ne mange trop ou sur conseil du vétérinaire.
- Donner des compléments, des additifs ou des aliments se targuant de pouvoir faire de votre cheval un champion.
- Utiliser des ustensiles ou des conteneurs sales, où des bactéries nocives peuvent proliférer et provoquer des infections intestinales graves.

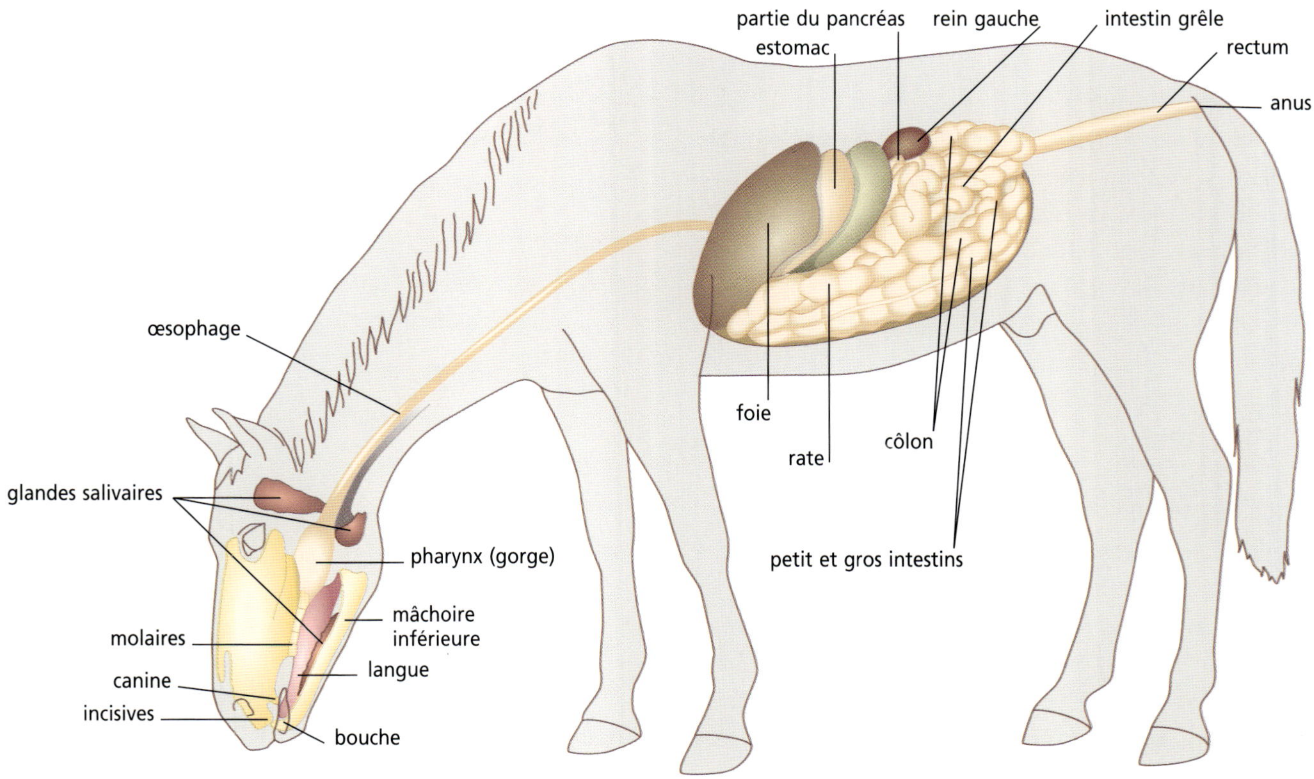

en résulte des désordres intestinaux induits par la présence de bactéries inappropriées.

La fermentation qui se produit dans le cæcum est comparable à la rumination chez les bovins, mais chez ces animaux, le processus intervient plus tôt dans la digestion, et se révèle plus efficace que chez les équidés. Chez les chevaux souffrant de problèmes digestifs, l'administration de probiotiques et de prébiotiques est très bénéfique.

Une mauvaise alimentation

Les particularités anatomiques du système digestif du cheval le rendent sensible, et les problèmes dus à des erreurs d'alimentation (trop de concentrés, pas assez de fibres, distribution irrégulière des rations) sont fréquents. Ainsi, les coliques d'obstruction intestinale surviennent lorsque le cheval consomme des aliments indigestes, comme du foin de mauvaise qualité ou trop de paille.

Le système urinaire

Le corps du cheval contient à peu près 70 % d'eau et l'équilibre de ses fluides est vital à sa santé. S'attendre à ce qu'un cheval boive semble évident. Cependant, selon le dicton populaire : « Vous pouvez mener un cheval à l'abreuvoir, mais vous ne pouvez pas le forcer à boire. » L'eau est indispensable à l'organisme, plus encore que la nourriture, et pourtant la plupart des propriétaires, qui passent beaucoup de temps à mettre au point une ration, n'y accordent que peu d'attention.

En bref

- ✓ Les reins : des filtres
- ✓ La régulation des fluides corporels
- ✓ Les effets des toxines et des déchets organiques
- ✓ Le fonctionnement des reins
- ✓ L'élimination des urines

Les reins

Les reins filtrent le sang et la lymphe pour en extraire les déchets, les toxines et l'urée, issue de la décomposition des acides aminés, qui passent ainsi dans les urines. Certaines substances utiles sont réabsorbées et utilisées par l'organisme. Les reins éliminent aussi l'eau en surplus ou la retiennent en cas de besoin, jouant un rôle important dans l'équilibre des fluides. Ils contribuent également à maintenir l'équilibre chimique corporel.

Ce rôle de régulation est facilité si le cheval s'abreuve normalement et régulièrement. Épuisé ou malade, s'il ne boit pas suffisamment, la filtration se fait moins bien et les urines, plus épaisses, contiennent un taux élevé de toxines.

Le fonctionnement des reins

Comme les autres mammifères, le cheval possède deux reins protégés par une épaisse couche de graisse et de muscle, situés dans la région lombaire, à l'arrière de l'emplacement de la selle. Chaque rein est relié à un tube, l'uretère, qui achemine l'urine à la vessie. De la vessie, un autre canal, l'urètre, débouche sur l'extérieur (près du vagin chez les juments et à travers le pénis chez les mâles).

Le point d'insertion, ou hile, des vaisseaux, des nerfs et du conduit excréteur se trouve dans la partie creuse du rein. Le bassinet est entouré par la substance médullaire qui renferme de petites unités, les néphrons. Chaque néphron, formé d'un tube et d'une unité filtrante, le glomérule, se prolonge dans le cortex. Le glomérule est formé de vaisseaux sanguins enfermés dans une capsule, la capsule de Bowman. À l'intérieur des capsules de Bowman se déroule l'épuration du sang et la réabsorption des substances réutilisables.

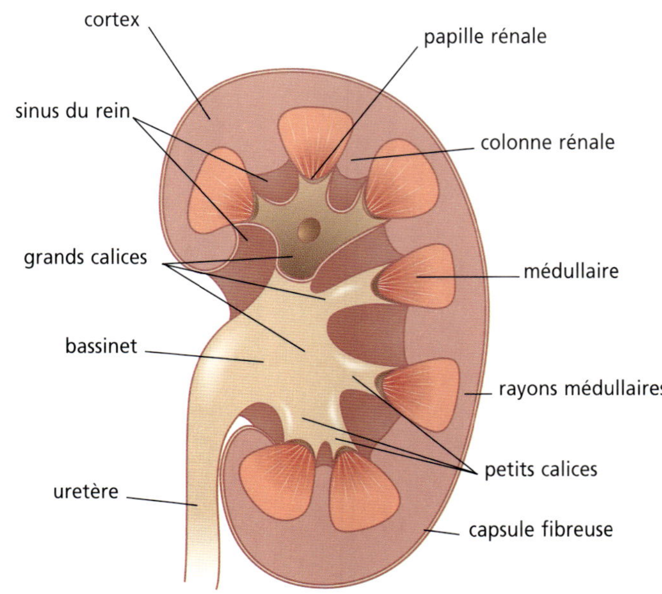

La surveillance du système urinaire

- Vérifier l'urine de son cheval et sa façon d'uriner.
- L'urine, d'une couleur jaune pâle, peut être claire ou trouble.
- Lorsqu'un cheval tente fréquemment d'uriner, avec peu ou pas de succès, il peut avoir une infection et doit être vu par un vétérinaire.
- Certains problèmes rénaux produisent des symptômes similaires à ceux des coliques (voir pages 184-185).

L'urine collectée par le bassinet transite par l'uretère pour rejoindre la vessie, où elle est stockée. Lorsque la vessie se remplit, la pression sur les terminaisons nerveuses déclenche l'envoi d'un message vers le système nerveux central. La réponse, ordonnant aux muscles de la vessie de se contracter pour la vider, est véhiculée par les nerfs moteurs.

Les problèmes rénaux

La myoglobinurie est une maladie qui endommage les tissus musculaires. De la myoglobine, le pigment du muscle, est alors libérée. De grosses particules tissulaires libérées dans le sang et passant dans le système de filtration peuvent altérer les reins. Dans ce cas, l'urine prend une couleur lie-de-vin.

Certaines maladies engendrent des taux excessifs de toxines et de déchets dans le flux sanguin, ce qui peut aussi abîmer les reins. Si un cheval épuisé et déshydraté n'est pas soigné, ses reins peuvent également en pâtir.

Les chevaux doivent toujours avoir de l'eau propre à leur disposition. Il faut la changer régulièrement et nettoyer abreuvoirs et cuves de toutes les saletés qui y macèrent. Il est à noter que certains chevaux refusent de boire dans des conteneurs en plastique ou en caoutchouc.

Le saviez-vous ?

Dans des conditions normales, un cheval urine 4 à 6 fois par jour et élimine environ 10 litres d'urine en 24 heures. Une telle quantité peut vite détremper la litière d'un box. Il est donc recommandé de curer l'écurie quotidiennement.

Le besoin d'uriner

Le cheval contrôle bien ses fonctions urinaires et choisit généralement où et quand il urine. Une mauvaise manipulation peut cependant entraîner la rétention des urines jusqu'à l'inconfort. C'est souvent ce qui se passe lors d'un voyage. Le cheval n'urine pas tant que le véhicule est en mouvement. Il faut donc prévoir des arrêts fréquents, au moins toutes les deux heures et, si nécessaire, décharger le cheval sur un terrain souple pour qu'il puisse se soulager.

Les chevaux détestent s'éclabousser et préféreront donc uriner sur un sol absorbant, terre, herbe ou litière. La récente mode de garder des chevaux sans litière, sur un sol synthétique ou un tapis en caoutchouc, relève du mauvais traitement. En effet, les animaux se retiennent jusqu'à ce qu'ils soient forcés de se soulager.

Observez comment votre cheval urine. Tout signe d'inconfort lorsqu'il se positionne peut indiquer un problème de dos ou une blessure, ce qui peut l'empêcher de se soulager normalement.

La reproduction

Naturellement très développé, l'instinct sexuel du cheval est souvent refréné drastiquement par la domestication. Les chevaux vivant à l'état sauvage, ou ceux dont la reproduction est gérée naturellement, ont un meilleur taux de fécondité que ceux que l'on accouple en main, la jument entravée et l'étalon n'étant pas autorisé à la courtiser. De nombreux éthologues recommandent la monte en liberté, qui est plus économique et réduit le risque d'accident (ruades, morsures).

En bref

- ✓ La fertilité de l'étalon
- ✓ Le cycle de reproduction de la jument
- ✓ La reproduction naturelle
- ✓ La reproduction assistée
- ✓ Le poulinage
- ✓ Monorchides et cryptorchides

L'étalon

L'étalon atteint normalement ses capacités reproductives maximales vers 4 ans. Jusqu'à l'âge de 20 ans, la production quotidienne de sperme par les testicules reste constante.

Le pénis est protégé par le fourreau. Des sécrétions glandulaires et de la peau tapissant les muqueuses s'accumulent et forment une substance graisseuse épaisse appelée smegma, à l'intérieur du fourreau et sur le pénis. Il est recommandé de laver à l'eau tiède le pénis et le fourreau deux fois par mois pour ôter le smegma. Cette mesure d'hygiène s'applique aussi aux hongres.

Monorchidie et crytorchidie

Un étalon monorchide n'a qu'un testicule descendu dans le scrotum. La cryptorchidie est l'absence des deux testicules, retenus dans l'abdomen. Ces chevaux ont un comportement d'étalon, car leur production hormonale est normale. Ils sont généralement écartés de la reproduction et castrés, car dans la cavité abdominale, les testicules sont à une température supérieure à celle du scrotum, ce qui engendre souvent le développement de tumeurs.

Il peut arriver qu'un étalon monorchide soit mal castré et que seul le testicule visible soit retiré. Son comportement reste alors celui d'un étalon, difficile à manipuler et imprévisible. Un tel cheval est dit « pif ». Un test sanguin met en évidence un taux de testostérone élevé.

Isolés de leurs congénères, les étalons domestiques vivent souvent dans des conditions artificielles. La solitude, source de peur, de frustration et de détresse pour les chevaux, peut rendre un étalon agressif et incontrôlable.

La jument

La jument atteint sa maturité sexuelle vers 2 ans, parfois plus tôt. Il est déconseillé de mettre à la reproduction une pouliche de moins de 3 ans, car ses cycles sont encore irréguliers, ce qui rend sa fécondation difficile. De plus, n'ayant pas achevé sa croissance, elle pourrait être épuisée par la gestation et donner naissance à un poulain chétif.

Stimulés par l'allongement des jours, les cycles de la jument commencent au printemps et durent jusqu'en automne. Chez certaines, le cycle se poursuit même en hiver. La gestation dure environ 11 mois, la plupart des juments poulinant au printemps et au début de l'été.

Le cycle est de 21 jours en moyenne et peut être plus long au printemps et plus court en été. Il comprend une période de chaleur, ou œstrus (phase folliculaire) de 6 jours, et un intervalle de 15 jours. L'ovulation a lieu à la fin de l'œstrus, mais la jument est réceptive à l'étalon pendant toute cette phase. Elle se campe, la queue rejetée de côté et « cligne » de la vulve.

La saillie

Dans la nature, l'accouplement est un acte naturel, que les jeunes apprennent en regardant les adultes.

Au sein d'un harem, l'étalon courtise généralement la jument un jour ou deux. Pour s'assurer qu'elle est prête, il l'approche sur le côté, évitant ainsi un éventuel coup de pied. Si elle accepte ses avances, elle se campe en rejetant la queue de côté et il la monte. Ils peuvent s'accoupler plusieurs jours de suite, jusqu'à la fin de la période d'œstrus.

Chez les chevaux domestiques, la reproduction, gérée par l'homme, peut être beaucoup plus stressante. La jument est généralement testée par un « souffleur », un étalon qui détermine si elle est prête et reste frustré, puis elle est entravée. L'étalon reproducteur est amené en longe et la saillit sans préambule.

Le poulinage

La plupart des juments mettent bas de nuit, au calme. Le poulinage peut se dérouler à l'extérieur, au pâturage, ou dans un box garni d'une épaisse couche de paille propre (ne pas mettre de copeaux car ils adhèrent).

La jument peut retarder un peu sa mise bas jusqu'à ce qu'elle soit seule. Ainsi, elle pourra attendre que la personne qui la surveille s'absente un moment pour donner naissance à son poulain.

Le poulain naît enveloppé dans une membrane, l'amnios. Les antérieurs apparaissent généralement en premier. L'amnios se rompt et le poulain prend sa première respiration. Certains recommandent de laisser la mère et le petit allongés un moment pour qu'ils se reposent pendant que le sang continue de circuler dans le cordon ombilical. Quand cette circulation s'arrête, le cordon casse tandis que la jument se relève. Un accouchement se déroule en moyenne en 15 minutes (entre 5 et 45 minutes). La jument doit délivrer le placenta et les membranes dans les 2 heures qui suivent.

La monte naturelle aboutit à un taux de conception supérieur à la monte artificielle, en main.

Après s'être assuré que le poulain nouveau-né et sa mère sont en bonne santé, mieux vaut les laisser un peu seuls pour qu'ils puissent s'imprégner mutuellement de leur odeur et créer un lien affectif.

Comportement des chevaux en liberté

Les préoccupations principales d'une harde sont l'alimentation et la reproduction pour la perpétuation de l'espèce. Dans la nature, les chevaux passent le plus clair de leur temps à brouter. Leur nombre assure leur sécurité. Leur principale défense contre les prédateurs est la fuite. Ce sont donc des animaux de proie sociables et grégaires. Depuis des millénaires, leur comportement a été le garant de leur survie.

En bref

- ✓ La structure de la harde
- ✓ Les bandes de célibataires
- ✓ La suprématie de l'étalon
- ✓ La hiérarchie
- ✓ La communication entre individus
- ✓ Le langage corporel
- ✓ Le cycle de vie de la harde

Les chevaux se sentent plus en sécurité dans un environnement ouvert et spacieux. Ces chevaux sauvages camarguais disposent d'espace et de la sécurité du groupe.

Le saviez-vous ?

Les étalons sauvages ne s'approprient pas autant de juments qu'ils le pourraient. Souvent, lorsqu'une jument étrangère tente de se joindre à une harde, c'est l'étalon qui la rejette et non les autres juments. En fait, un étalon saurait d'instinct combien d'individus une zone de pâture peut accueillir et combien de juments il est capable de retenir et de saillir.

La composition d'une harde

Une harde sauvage se compose souvent de quelques juments suitées de leurs poulains de différents âges et d'un étalon, bien que la présence de ce dernier ne soit pas indispensable toute l'année. L'étalon à la tête d'un harem défend sa position quelques années, avant d'être supplanté par un étalon plus jeune ou plus fort.

À leur maturité sexuelle, les poulains sont chassés par l'étalon. Les pouliches finissent aussi par quitter le groupe, bien que l'étalon se montre plus tolérant envers elles. Cependant, il ne s'accouple généralement pas avec ses filles.

Certaines pouliches sont parfois « kidnappées » par d'autres étalons cherchant à se constituer un harem ou partent spontanément pour les rejoindre.

Pour assurer leur sécurité, les poulains sevrés ou les étalons sans harem forment des bandes de célibataires. Ils se tolèrent plutôt bien, jusqu'à ce que des juments entrent en scène. Les combats qui s'ensuivent, ponctués de hennissements terribles, de coups et de morsures, peuvent être très violents, durer des heures et aboutir à de sérieuses blessures, voire à la mort du vaincu.

La hiérarchie

Bien que le sujet continue de soulever la polémique, la plupart des spécialistes et des éthologues s'accordent à dire qu'il existe une hiérarchie naturelle au sein d'une harde. L'étalon n'est généralement pas le chef, ce terme n'étant d'ailleurs guère approprié. En effet, le groupe est généralement mené par une jument sage et expérimentée, connaissant parfaitement les meilleurs pâturages, les lieux abrités, les points d'eau et les zones de repos. Les autres la suivent instinctivement. Ce comportement étant vital pour la harde, les chevaux ont besoin de connaître leur place pour être rassurés et « testent » parfois les autres membres. La hiérarchie peut alors être remise en question.

Une prise de pouvoir violente

Lorsqu'un nouvel étalon prend le pouvoir dans une harde, il peut tuer les poulains issus de l'étalon précédent. Aussi cruel et contre-productif que ce comportement puisse paraître, c'est un moyen pour le nouvel arrivant d'éliminer les gènes de son prédécesseur et de promouvoir sa propre lignée. Les poulains déjà grands sont chassés du groupe. En revanche, il ne s'attaque pas aux pouliches.

La communication

Les chevaux communiquent par un langage corporel et émettent aussi toutes sortes de hennissements de contact. Leurs postures, leurs vocalises et leurs signaux sont instinctifs et innés, c'est-à-dire que les chevaux du monde entier sont capables de se comprendre. Ils n'apprennent pas un langage au sens où nous l'entendons.

Un cheval chasse un congénère de son espace vital ou protège un poulain en :

- couchant les oreilles en arrière ;
- fronçant les naseaux ;

Naseaux contre naseaux, ces chevaux se « parlent ». Il peut s'agir d'une invitation à un toilettage mutuel ou un avertissement à se tenir à l'écart des poulains.

Le cycle de vie de la harde

Printemps Accouplements, reconstitution des forces après l'hiver, formation de nouvelles hardes pour le brassage génétique naturel. Sevrage des poulains d'un an des juments gestantes, début des poulinages.

Été Accouplements, poulinages, relaxation, recherche de lieux abrités du soleil et des insectes.

Automne La période des chaleurs tire à sa fin. Les poulains prennent un peu d'indépendance, mais ne quittent pas leur mère. La nouvelle poussée de l'herbe après l'été aide les chevaux à se constituer des réserves de graisse pour affronter l'hiver.

Hiver La harde tente de survivre, recherchant les lieux protégés des intempéries pour économiser son énergie. Les chevaux passent beaucoup de temps à glaner une maigre pitance. Les juments allaitent moins leurs poulains.

- abaissant et tendant l'encolure ;
- montrant les dents ;
- fouaillant de la queue.

Ces attitudes signifient clairement : « Déguerpis ! » Si le cheval indésirable se sent en état d'infériorité, il obtempère. Sinon, il réplique avec des signaux similaires et l'affrontement peut dégénérer en coups de pied et de morsures.

D'autres postures signifient l'acceptation ou encore la bienvenue :

- oreilles dressées ;
- regard adouci ;
- naseaux décontractés ;
- queue détendue.

Le cheval peut aussi émettre un hennissement de contact doux.

L'alarme et la peur se traduisent par :

- la tête dressée ;
- les oreilles dressées et dirigées vers la source de danger ;
- les yeux grands ouverts et le regard sauvage ;
- la queue dressée et les allures fringantes ;
- dans le pire des cas, la fuite éperdue au galop.

Le comportement des chevaux domestiques

Les chevaux domestiques conservent tous les instincts de leurs cousins sauvages, mais il serait dangereux de les laisser y obéir. Dans une pâture, la harde est formée artificiellement. Les juments ne cohabitent pas avec les étalons. Les chevaux gardés à l'écurie ont une vie qui n'a plus rien de naturel, mais s'ils n'y sont pas confinés à longueur de temps, ils peuvent associer leur box à un abri, à la sécurité, à la nourriture et à l'eau.

En bref

- ✓ Problèmes de comportement
- ✓ Les comportements stéréotypés
- ✓ Comprendre les besoins du cheval
- ✓ Les relations avec l'homme

Les comportements stéréotypés

Ces comportements aberrants ne concernent que les chevaux domestiques et ne sont jamais observés chez les chevaux libres. Ils comprennent :

- le tic rongeur (grignoter toutes sortes de surfaces) ;
- le tic aérophagique (souvent associé au tic à l'appui – déglutir de l'air) ;
- le tic à l'appui ;
- arpenter le box ;
- le tic de l'ours (balancement) ;
- l'automutilation ;
- la langue pendante ;
- le piétinement du sol ;
- les coups de pied dans les parois du box ;
- les vêtements déchirés, en particulier les couvertures.

Ces comportements, ou « vices d'écurie », n'ont aucune fonction, mais altèrent les capacités du cheval. Liés au stress de conditions de vie inappropriées (confinement, ennui, manque d'exercice...), ils ne sont qu'un exutoire pathologique, difficile à corriger une fois installé.

Observation

En observant comment un cheval se comporte avec ses congénères, vous pouvez en apprendre beaucoup sur sa façon de réagir à différentes situations.

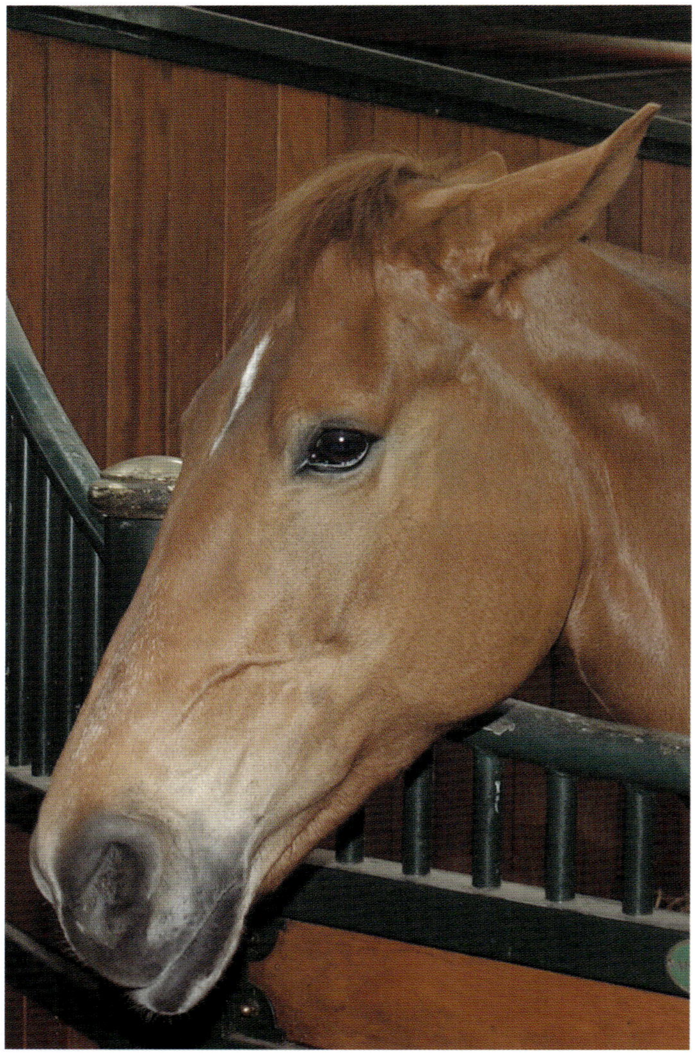

Le confinement excessif à l'écurie, la privation de contact avec ses congénères ou un apport insuffisant en fourrage sont les principales causes du mal-être des chevaux domestiques.

Exubérance printanière

Au printemps, avec le réveil des hormones, tous les chevaux, y compris les hongres, se mettent à se comporter comme de joyeux poulains. Ce phénomène annuel est normal et généralement facile à gérer avec un peu de tolérance et une certaine discipline. Les chevaux resteront toujours des chevaux et doivent être considérés et compris comme tels.

Ces comportements assez fréquents incluent des attitudes naturelles accomplies d'une façon irrationnelle. Les éthologues et les spécialistes reconnaissent désormais que c'est un moyen pour les chevaux d'exprimer leur mal-être et la détresse psychologique et physique dans laquelle les plongent les conditions de vie artificielles que l'homme leur impose.

Les moyens coercitifs (muselières, grilles échancrées, colliers anti-tiqueur, traitements médicaux) employés pour tenter d'y remédier sont tout aussi contre-productifs.

Comment y remédier

Une fois établis, ces comportements sont presque impossibles à éradiquer. Même si les conditions de vie du cheval sont améliorées et que le comportement indésirable semble disparaître, il réapparaîtra à la moindre occasion. Certains chevaux seraient d'ailleurs génétiquement prédisposés à développer de tels comportements.

Toutefois, il ne fait aucun doute qu'un mode de vie approprié – contacts sociaux fréquents, apport généreux en fourrage, suffisamment d'espace et de moments de liberté – réduit sensiblement ces comportements indésirables.

Les relations avec l'homme

Les chevaux ont tendance à considérer les hommes et certains autres animaux comme des congénères. Ils utilisent le même langage corporel et les mêmes sons, qu'il est facile d'apprendre. Pour échapper à une contrainte, à l'inconfort, à la peur ou à la détresse induits par le travail ou les manipulations que nous leur imposons, ils peuvent se défendre, en bottant ou en mordant. Et nous trouvons ces comportements irrationnels, alors qu'ils ne sont que le reflet de nos erreurs.

Pour établir une relation de confiance qui permet au cheval de donner le meilleur de lui-même, il est donc indispensable que tout propriétaire, entraîneur ou cavalier, apprenne à s'occuper correctement de l'animal dont il est responsable, en fonction de son type et de son caractère.

Les chevaux sont des animaux routiniers. Ils apprennent par la répétition d'ordres vocaux ou d'aides physiques. Il est plus facile d'obtenir quelque chose d'un cheval par la persuasion et la récompense que par la force et la brutalité. La punition, toujours modérée, ne doit être appliquée qu'à bon escient et immédiatement. Le cheval fait rapidement la différence entre une intonation de voix douce et une réprimande et comprend ce qu'on attend de lui.

Dans de telles écuries, les chevaux peuvent se voir, mais cela n'est pas suffisant. Les chevaux amis doivent se côtoyer et pouvoir se toucher et se sentir, au moins le nez. Le contact physique est indispensable à leur bonne santé mentale.

AVOIR UN CHEVAL

Quel cavalier, montant régulièrement dans un club hippique, n'a jamais rêvé d'avoir son propre cheval ? Certains franchissent le pas en devenant propriétaire, tandis que d'autres hésitent pour diverses raisons. En effet, l'achat d'un cheval n'est pas une décision à prendre à la légère. Cela implique des moyens financiers, de la disponibilité, une véritable passion, et, à moins de laisser son cheval en pension, une lourde responsabilité.

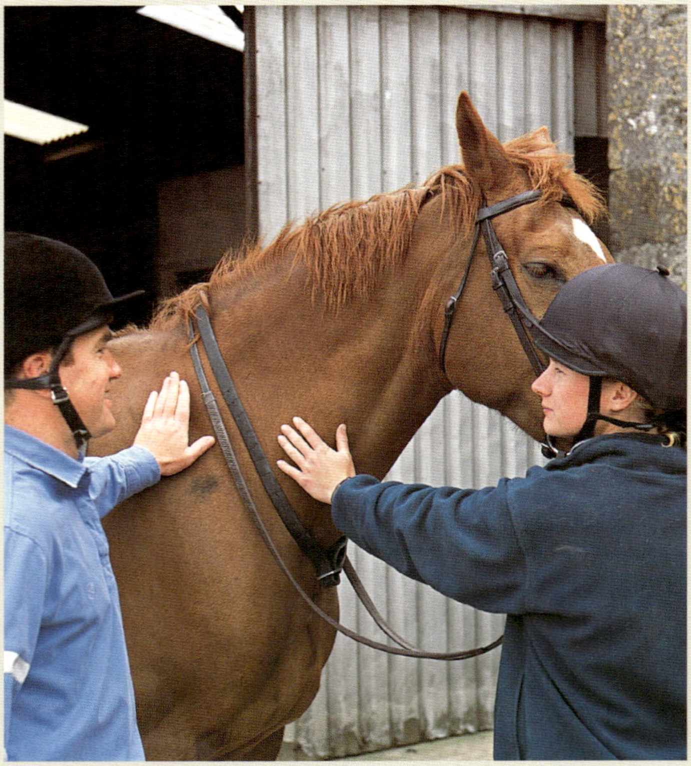

Êtes-vous prêt à acheter un cheval ?

Acheter un cheval et le gérer au quotidien n'est pas si simple. Pourtant, si vous planifiez correctement votre projet, que vous disposez de temps et d'un budget adéquat, avoir votre propre cheval sera une expérience extrêmement gratifiante. Les chevaux sont des animaux fascinants, mais les nouveaux propriétaires sont souvent déroutés par le temps qu'il faut leur consacrer et le coût de leur entretien.

En bref

- ✓ Quel est votre niveau d'équitation ?
- ✓ De combien de temps disposez-vous ?
- ✓ Votre budget est-il suffisant ?
- ✓ Faites un choix réaliste
- ✓ Où mettre votre cheval ?

Quel est votre niveau d'équitation ?

C'est la première question à laquelle vous devez réfléchir. En effet, rien n'est plus décourageant qu'un cheval que vous redoutez de monter. L'équitation est un sport potentiellement dangereux, mais en suivant quelques consignes de sécurité, les risques sont réduits. La première est d'acheter un cheval que vous côtoyez sans appréhension, bien éduqué, et que vous pouvez maîtriser à la fois en main et sous la selle.

De combien de temps disposez-vous ?

Temps et argent sont inextricablement liés lorsqu'il s'agit de chevaux. Si vous voulez gagner du temps mais que vous n'avez pas de famille ou d'amis pouvant vous aider dans votre tâche, vous devez payer une tierce personne ou une pension pour s'occuper de votre cheval. Sachez que si vous décidez de vous en occuper vous-même, vous devez lui consacrer au moins 2 heures par jour, toute l'année, sans compter le temps que vous passez à le monter.

Observation

Le meilleur moyen d'estimer votre niveau d'équitation est de prendre quelques leçons dans un centre équestre. Cela permet de vous mettre à l'épreuve et de vous améliorer. Demandez à votre instructeur ce qu'il en pense, et quel genre de cheval il vous conseillerait. Si votre expérience des chevaux est modeste, prenez des leçons de soins. Les nouveaux propriétaires sont souvent dépassés par les connaissances qu'il faut avoir pour s'occuper correctement d'un cheval.

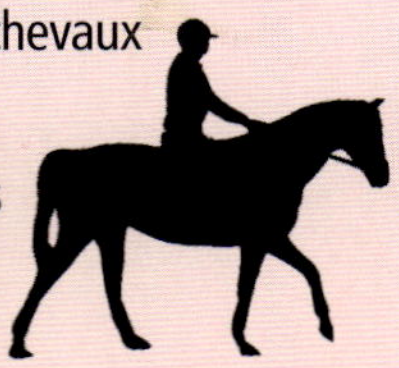

Avec votre cheval, que vous pouvez monter en toute tranquillité, vous partagez des moments d'un bonheur intense.

Votre budget est-il suffisant ?

Si votre cheval est en pension ou en demi-pension, hormis le coût de celle-ci, il vous faut prévoir un budget pour le harnachement, le maréchal-ferrant, le vétérinaire, les déplacements, les compléments alimentaires, ainsi que votre tenue d'équitation. Soyez réaliste, vous aurez à faire des sacrifices pour réaliser votre rêve !

Les tâches quotidiennes

- Sortir son cheval au pré le matin et le rentrer le soir.
- Curer le box et le pailler avec de la litière propre.
- Panser son cheval.
- Harnacher et retirer la selle et le filet.
- Mettre et ôter la couverture en hiver.
- Composer une ration, laver les mangeoires et les seaux, nourrir le cheval.
- Donner le foin, dans un filet ou un râtelier.
- Remplir les seaux et les abreuvoirs d'eau propre.

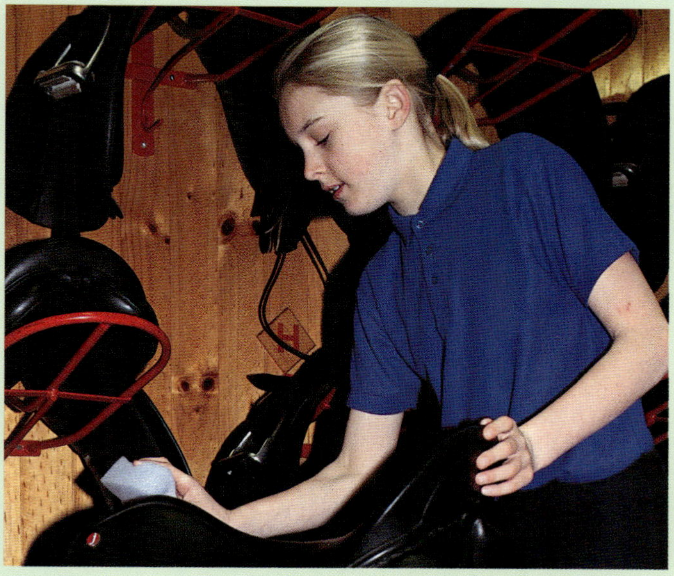

Nettoyer et graisser le harnachement est l'une des multiples tâches du propriétaire d'un cheval. La plupart l'envisagent comme une facette de leur passion.

Quel genre de cheval voulez-vous ?

Ne soyez pas tenté par un cheval de race, trop beau, trop fougueux et trop cher, et que vous ne pourrez ni maîtriser au sol, ni monter tranquillement. Choisissez un cheval confortable, sur lequel vous serez à l'aise, ni trop grand ni trop petit (en selle, la sole de vos chaussures doit se trouver à peu près au niveau de son sternum). Si le cheval est trop large, ou trop étroit, pour la longueur de vos jambes, vous ne serez pas à l'aise. Si son comportement laisse à désirer, vous perdrez vite votre calme. N'oubliez pas que le cheval que vous déciderez d'acheter deviendra votre ami et qu'il vous faudra l'aimer.

Où allez-vous le garder ?

Si vous êtes peu expérimenté et que c'est votre premier cheval, envisagez plutôt de le mettre en pension dans un bon centre équestre. Vous y trouverez des professionnels et d'autres propriétaires prêts à vous conseiller et à vous aider si nécessaire.

Garder son cheval à la maison n'est pas recommandé aux débutants. À moins que vous ayez des personnes d'expérience dans votre entourage pour vous donner un coup de main en cas de problème, vous pourriez avoir du mal à gérer votre cheval au quotidien et à vous occuper de lui correctement.

Si vous aimez les chevaux, avoir le vôtre, avec lequel vous vous entendez bien, est une expérience merveilleuse et enrichissante.

Le cheval en pension

De nombreux propriétaires ne disposent pas des infrastructures convenables ni du terrain leur permettant d'avoir un cheval chez eux. La pension est souvent la solution idéale, bien qu'elle puisse être fort onéreuse. Il existe cependant diverses sortes de pensions, adaptées à toutes les bourses, en fonction de l'utilisation du cheval (promenade ou concours), et des services proposés.

En bref
- ✓ Les pensions
- ✓ Les services proposés
- ✓ Choisir sa pension
- ✓ Louer ou acheter ses propres infrastructures
- ✓ Partager les responsabilités

Il est vital pour le bien-être des chevaux d'être libérés à l'extérieur quelques heures par jour. Avant de choisir une pension, renseignez-vous sur les services proposés et les infrastructures disponibles.

La pension complète

C'est la plus coûteuse, et les services proposés sont très variables d'un centre équestre à l'autre. Ce type de pension comprend généralement le box, la pâture (sauf peut-être en hiver), le foin et la litière, ainsi que les services de base : distribution des rations, de l'eau, pansage quotidien, inspection des pieds, changement de couverture en hiver et curage du box. Votre cheval doit aussi disposer d'une aire de détente à l'extérieur quelques heures par jour et, pour les bonnes pensions, d'un pâturage où brouter. Vous aurez à payer en plus les soins vétérinaires et le maréchal-ferrant.

La demi-pension

Ce type de pension fournit le box, le paddock de détente, le foin et les aliments matin et soir, ainsi que l'eau. Le personnel peut sortir et rentrer votre cheval et curer son box.

La pension économique

Cette pension fournit le box et la possibilité de mettre votre cheval au paddock/pré et d'avoir du foin, mais pas d'autres services. Dans ce type de pension, les différents propriétaires peuvent s'entraider, lorsque l'un d'eux est absent ou malade par exemple. Si votre centre équestre ne dispose pas de ce système, vous devez vous occuper de votre cheval tous les jours.

Les autres types de pension

La pension pré Votre cheval est gardé au pré toute l'année, avec généralement un abri. Ce type de pension ne convient pas aux animaux fragiles, car les conditions de vie peuvent être difficiles. En effet, l'état du sol varie au fil des saisons. Dur en été, il peut devenir boueux et détrempé en hiver. Les insectes et les intempéries (soleil brûlant, vent, pluie, froid) peuvent aussi rendre la vie pénible.
La pension travail Votre cheval est utilisé par les clients du centre équestre. En fonction du niveau des cavaliers, cela peut ou non être bénéfique pour lui. Pensez à bien déterminer les jours où il est disponible pour vous.
La pension débourrage/entraînement Votre cheval est débourré/entraîné pendant un certain temps, mais il n'est pas utilisé par les clients. C'est une pension qui revient cher, mais qui est indispensable si vous avez un jeune cheval, ou un cheval ayant un niveau de dressage médiocre.

La porte de ce box est trop haute pour ce pauvre poney. Assurez-vous que le box de votre cheval est suffisamment grand et que celui-ci peut voir à l'extérieur.

L'intérieur de ce box est très sombre, ce qui indique qu'il n'y a pas d'autre ouverture ou fenêtre pour la lumière et l'aération.

Évaluer et choisir une pension

Lorsque vous visitez un centre équestre, le point le plus important à vérifier avec attention est la condition physique et l'entretien des chevaux. Si vous voyez des chevaux se livrer à des comportements stéréotypés (voir pages 42-43), abattus ou trop excités dans leur box, ce n'est pas bon signe.

Observez bien les chevaux ; ils doivent avoir l'air heureux, satisfaits et bien entretenus. L'atmosphère régnant dans le club doit être calme et détendue, sans cris ni précipitation.

Si un peu de peinture est écaillée, que des brins de paille traînent par-ci par-là, ce n'est pas très important. Mais, des chevaux misérables, un personnel négligeant, des litières, des mangeoires et des abreuvoirs sales, des chevaux sans foin ni eau ou un tas de fumier au ras des écuries, doivent vous alerter. Optez pour un centre équestre d'une propreté et d'une hygiène raisonnables, avec un personnel qualifié, en qui vous pouvez avoir confiance et avec qui vous pouvez vous entretenir.

Acheter ou louer vos infrastructures

Une solution économique est de louer un pré, chez un agriculteur par exemple, et de vous occuper de votre cheval vous-même. En cas d'absence, vous pouvez trouver un arrangement avec lui pour qu'il surveille votre cheval. Si votre budget vous le permet, vous pouvez aussi acheter un pâturage et y installer une écurie. Dans votre région, vous aurez peut-être aussi la possibilité de louer des écuries chez un particulier. Il existe de nombreuses possibilités. Parlez-en autour de vous pour trouver celle qui vous convient le mieux.

Quelles questions poser ?

- Quels sont exactement les services fournis ?
- Qui s'occupera de mon cheval ?
- Quels sont les arrangements paddock/pré au cours de l'année ?
- Y a-t-il des restrictions dans l'utilisation des installations équestres ?
- Que couvre l'assurance ?
- Quelles seront les précautions prises pour introduire mon cheval dans un groupe ?
- S'il ne se sent pas bien dans un box, peut-il être déplacé ?
- Quelles sont les conditions de sécurité ?
- Pourrai-je faire venir mon propre vétérinaire, maréchal-ferrant, entraîneur ou autres spécialistes pour s'occuper de mon cheval ?

Le cheval à la maison

La plupart des propriétaires expérimentés rêvent d'avoir leur cheval sur le pas de leur porte. Avec quelques aménagements, c'est une possibilité qui offre une grande liberté. Vous pouvez vous en occuper tranquillement et le monter en fonction de votre temps libre. Toutefois, c'est aussi une lourde responsabilité. En effet, si vos connaissances sur les chevaux sont insuffisantes, vous pouvez mettre votre vie ou la sienne en danger par inadvertance.

En bref

- ✓ Vivre au grand air
- ✓ Les installations
- ✓ La compagnie
- ✓ Gérer son installation
- ✓ Prévoir de l'aide
- ✓ Le voisinage
- ✓ Les sorties à cheval

Écurie et pâture

Pourvu qu'ils disposent d'un abri correct, la plupart des chevaux s'accommodent fort bien d'une vie à l'extérieur toute l'année. Ils sont généralement plus en forme, en meilleure santé et ont un meilleur moral. Si l'herbe doit constituer son aliment principal, un cheval de taille moyenne doit bénéficier d'au moins un hectare de prairie bien drainée et de bonne qualité. Votre pâture doit être divisée de façon à utiliser les parcelles en alternance. Pendant qu'une parcelle est broutée, les autres peuvent être broyées, traitées ou laissées au repos.

Dans la pâture, prévoyez un bon abri, solide et spacieux. Si vous avez aménagé une écurie, elle abritera votre cheval les nuits d'hiver, les chaudes journées d'été et lors des visites du vétérinaire. Vous pouvez y entreposer le fourrage, la litière, les aliments et votre harnachement.

De la compagnie

Les chevaux sont des animaux grégaires et la solitude ne leur convient pas. Ils ont besoin de la présence de congénères pour être heureux. C'est un point qu'il ne faut pas négliger. Si vous ne pouvez pas avoir un poney ou un autre cheval, offrez-lui la compagnie d'un mouton ou d'une chèvre. En revanche, si vous avez suffisamment de terrain, vous pouvez envisager d'héberger le cheval d'un ami qui, en retour, peut vous aider dans vos tâches quotidiennes et vous remplacer en cas d'absence.

De l'aide

Il vous faut déterminer si des membres de votre famille peuvent vous aider lorsque vous êtes au travail ou absent et ce que vous pensez faire de votre cheval pendant les vacances. Pourrez-vous vous arranger avec un ami ou un voisin qui s'en occupera, ou faudra-t-il le mettre en pension ?

Avoir un cheval chez soi requiert un engagement durable et responsable, de l'aide fiable et des installations correctes. La compagnie d'un congénère ou d'un autre animal est aussi indispensable au bien-être de votre compagnon.

L'accès

Lors de l'aménagement ou de la construction d'une écurie, il est recommandé de prévoir un accès pour un gros véhicule, comme un van, un camion de pompiers ou d'équarrisseur si un cheval venait à mourir.

Le voisinage

Afin d'éviter les querelles de voisinage, efforcez-vous de minimiser les odeurs de fumier ou autres inconvénients engendrés par les livraisons de foin ou de paille. Vous pouvez proposer à l'agriculteur qui vous livre la paille ou le foin de vous débarrasser de votre fumier, par exemple. Certains apprécient de l'épandre dans leurs champs. Sinon, disposez le tas le plus loin possible des habitations.

Les sorties à cheval

Vous avez peut-être la chance de disposer d'une carrière extérieure chez vous, mais vous allez finir par vous ennuyer à toujours tourner en rond dans le même espace. Votre cheval aussi aura besoin de voir d'autres horizons. Y a-t-il des chemins de randonnée facilement accessibles autour de votre domicile ? Sinon, avez-vous un van pour le transporter vers un lieu de promenade sécurisé, ou devrez-vous emprunter une route en le montant ? Ces questions ne sont pas à négliger avant de prendre la décision de garder son cheval chez soi.

Avant d'installer votre cheval chez vous, réfléchissez où vous allez le monter. La plupart des chevaux ont besoin de stimulations et les promenades sont bénéfiques.

Comment gérer le fumier

Se débarrasser du fumier peut devenir un vrai casse-tête. Demander aux propriétaires des alentours ce qu'ils en font.

• Proposer aux voisins d'en prendre pour leur jardin.

• Demander aux agriculteurs du coin s'ils sont intéressés.

• Un pépiniériste peut également vous en débarrasser.

• Dans tous les cas, entreposer son fumier le plus loin possible des habitations.

CE QU'IL FAUT FAIRE

• Faire régulièrement ses corvées quotidiennes, comme le curage du box, et ne jamais se laisser submerger.

• Prévoir un paddock dans un bon terrain, à l'extérieur de l'écurie par exemple, pour que le cheval ne soit pas confiné au box si sa pâture est détrempée par les intempéries.

• S'assurer que le cheval a toujours accès à de l'eau propre, dans un endroit pratique pour la renouveler.

• Vérifier auprès de sa compagnie d'assurance dans quelle mesure le cheval et ses installations sont couverts par la police.

CE QU'IL NE FAUT PAS FAIRE

• Se vanter d'avoir des chevaux chez soi. Le matériel équestre est attractif pour les voleurs.

• Installer une barrière de prairie ou de paddock ouvrant directement sur une voie publique. Les chevaux peuvent aussi être volés.

• Laisser les lieux devenir sales et malodorants, pour soi, la santé du cheval et le bien-être du voisinage.

• Faire du bruit dans l'écurie tard le soir ou laisser allumer de puissantes lampes.

Où acheter un cheval

Dès que vous aurez décidé d'acheter un cheval, vous réaliserez qu'il vous sera difficile d'allier rêve et réalité. En effet, vos recherches pourraient s'avérer longues, onéreuses et quelque peu frustrantes. Mais ne vous découragez pas. Si vous êtes à la recherche de votre premier cheval, prenez conseil auprès d'un professionnel ou d'un ami expérimenté qui posera les bonnes questions. Car, hélas, les marchands de chevaux ne sont pas tous honnêtes.

En bref

- ✓ Les marchands de chevaux
- ✓ Échanger un cheval qui ne convient pas
- ✓ De particulier à particulier
- ✓ Consulter un professionnel
- ✓ Les chevaux des centres équestres
- ✓ Un cheval de race
- ✓ Louer un cheval

Les marchands de chevaux

Un bon marchand de chevaux n'a pas intérêt à vous mentir sur les qualités du cheval qu'il vous présente. En outre, si vous vous rendez compte que le cheval que vous avez acheté ne vous convient pas, vous pouvez l'échanger à certaines conditions. Le marchand vous le reprend généralement un peu en dessous de son prix de vente. Certains proposent aussi des chevaux pour une période d'essai. Vous trouverez les coordonnées de marchands de chevaux dans la presse équestre, auprès de votre club hippique, ou simplement par le bouche à oreille.

Acheter à un particulier

Acheter un cheval à un particulier par le biais de petites annonces est parfois risqué. N'y allez jamais seul, mais faites-vous accompagner par une personne qualifiée qui peut examiner le cheval. Dans votre centre équestre, quelqu'un acceptera peut-être de vous aider et de vous conseiller.

Les centres équestres

Votre rêve serait d'acheter votre monture préférée à votre centre équestre ? C'est une bonne idée, mais restez prudent. Hors de leur environnement familier, certains chevaux changent de comportement. Cela se vérifie particulièrement pour les chevaux habitués à travailler plusieurs heures par jour. Soumis à un travail plus léger, ils peuvent se révéler ingérables, même si leur ration est allégée. Mais cela vaut la peine d'essayer. Trouvez un arrangement avec le centre pour échanger le cheval en cas de problème.

Ne choisissez pas votre cheval sur un coup de cœur. Vous pourriez le regretter. Prenez votre temps et allez en voir plusieurs.

Amis et connaissances

Les propriétaires de chevaux que vous pouvez rencontrer peuvent avoir connaissance d'animaux à vendre qui ne sont pas sur le marché. Prenez les mêmes précautions que si vous achetiez un cheval par une petite annonce et faites-vous accompagner par une personne avertie.

Les associations

De nombreuses associations recueillent des animaux maltraités, laissés à l'abandon ou réformés des courses (trotteurs ou Pur-Sang) et leur cherchent de nouveaux propriétaires chez qui ils connaîtront une vie heureuse. Ils sont placés sous contrat ou vendus à petit prix. L'association se réserve généralement le droit de visite et de retirer l'animal si elle juge qu'il n'est pas traité décemment. Attention, certains de ces chevaux sont âgés ou ne peuvent plus être montés. Mais, pour faire une bonne action, pourquoi ne pas adopter un tel cheval pour tenir compagnie au vôtre ?

Les chevaux de race

Si vous recherchez un cheval d'une race précise, adressez-vous à la société d'élevage ou au club de cette race. Ils proposent souvent une liste de chevaux à la vente, ou la liste des éleveurs susceptibles d'avoir la monture de vos rêves.

Internet

Internet est un moyen simple de voir de nombreux chevaux proposés à la vente et de trouver toutes sortes d'adresses et de renseignements utiles à votre recherche sans vous déplacer inutilement.

Louer un cheval

Emprunter ou louer un cheval chez un particulier, notamment s'il y a possibilité d'achat, peut être aussi à envisager. Faites néanmoins établir un contrat en bonne et due forme, précisant les conditions de la location et de l'achat éventuel.

Question/Réponse

Q Il y a deux ans, j'ai loué un cheval chez une connaissance qui disait que je pourrais le garder pour le reste de sa vie, à mes propres frais naturellement. Aujourd'hui, il veut le reprendre, en dépit du fait que je m'en occupe très bien et que je l'aime beaucoup. Peut-il venir le récupérer ?

R Si vous n'avez pas signé de contrat écrit avec cette personne, il vous sera difficile de garder le cheval. Son propriétaire ne peut pas pénétrer dans votre propriété, mais s'il possède les documents prouvant que le cheval lui appartient, vous serez obligé de le lui rendre. Voyez un conciliateur et tentez de trouver un terrain d'entente, pour lui racheter éventuellement.

Parlez de votre projet à vos amis et connaissances du milieu équestre, ils peuvent être de bon conseil. Votre club peut sans doute vous recommander un marchand de chevaux, en particulier si vous prévoyez d'y laisser votre futur compagnon en pension.

Choisir le bon cheval

Il existe des chevaux de toutes les tailles et de toutes les conformations, sans parler des tempéraments ! L'homme a créé des centaines de races, certaines très répandues et d'autres rares. Selon ce que vous prévoyez d'en faire, déterminez à peu près le genre de cheval que vous souhaitez acheter. Mais ne vous focalisez pas trop sur la « perle rare » que vous ne trouverez peut-être jamais, et qui pourrait vous faire passer à côté d'un « trésor ».

En bref

✓ Taille, conformation et force
✓ L'importance du tempérament
✓ Races et types
✓ Âge et expérience
✓ Le niveau d'éducation du cheval

Ces deux cavaliers, qui n'ont pas le même âge, montent des chevaux adaptés à leur taille.

Le niveau d'éducation du cheval

Le cheval d'un propriétaire débutant doit :

- Savoir se tenir immobile et rester aux ordres.
- Avancer à la demande de son cavalier et à l'allure requise. Exécuter des transitions sans protester, ruer, tirer, faire un écart ou effrayer de quelque manière que ce soit son cavalier.
- Sauter de petits obstacles sans refus ni dérobade, admettant que le cavalier soit capable d'en faire la demande correctement et raisonnablement.
- Se mouvoir correctement (ce que tout cavalier apprend). Là encore, le cavalier doit être capable d'entretenir le niveau de performance du cheval.
- Rester calme et ne jamais s'affoler, confronté au trafic de véhicules : voitures, trains, petits avions, machines agricoles.
- Se laisser attraper et manipuler sans réticence en toutes circonstances : écurie, vétérinaire, maréchal-ferrant, pré ou paddock, chargement dans un van.

La taille

Si vous êtes débutant, la taille du cheval est importante. Trop grand, il vous semblera intimidant. Trop petit, vous pourriez vous sentir ridicule sur son dos.

La plupart des chevaux, petits et grands, sont capables de porter un adulte de taille moyenne sur leur dos, mais le plus important est que vous soyez à l'aise avec la taille de votre cheval. La conformation de votre future monture est aussi capitale. Ainsi, un petit cheval trapu et musclé peut se révéler extrêmement puissant, tandis qu'un autre, plus légèrement charpenté ne sera pas aussi robuste. On considère généralement qu'un cheval peut porter un cavalier faisant à peu près le sixième de son poids, les types cobs et les poneys davantage.

Enfin, si le poids du cavalier compte, celui de la selle et de l'équipement n'est pas négligeable et accroît la charge du cheval.

Il est tentant d'embrasser son poney, mais cela peut vous valoir une morsure si vous lui soufflez dans les naseaux.

Le tempérament

Le tempérament d'un cheval est essentiel, en particulier s'il est monté par des débutants. Les centres équestres proposent donc généralement des chevaux adaptés à tous les niveaux. Une monture calme, franche, pas trop rapide mais répondant correctement aux aides, même si elles sont maladroitement appliquées, met le cavalier inexpérimenté en confiance et lui permet de progresser.

L'âge

On trouve d'excellentes premières montures dans de nombreuses races de chevaux et de poneys et leurs croisements, mais un cheval bien entraîné, avec de l'expérience, et donc suffisamment âgé, est toujours préférable pour un cavalier débutant.

Confier à un débutant un cheval de moins de 6 ans n'est pas conseillé. En effet, celui-ci manque d'expérience dans diverses situations et son entraînement n'est pas assez poussé. Il pourrait ne pas être sûr en toutes circonstances. Un cheval est généralement débourré vers l'âge de 3 à 4 ans, mais il n'est pas mature avant 6 ans. Un jeune cheval doit être entraîné progressivement, de façon à développer une force physique et une musculature suffisante pour le travail auquel il est destiné.

Il est particulièrement important de ne pas faire travailler les jeunes chevaux trop dur, et de confier leur entraînement à des cavaliers expérimentés et calmes, pour ne pas les dégoûter ni leur inculquer de mauvaises habitudes.

Les poneys et les cobs

Nombre d'adultes montent des poneys ou des chevaux de type cob. Ces montures trapues et robustes peuvent généralement porter le quart de leur poids. Un cob puissant est capable d'endurer une journée de chasse avec un homme corpulent sur le dos, tâche qu'il ne faudrait pas infliger à un cheval de type Pur-Sang de la même taille. Les poneys font preuve d'une nature plus indépendante. Comparativement à leur taille, ils sont plus forts et plus résistants. Ils peuvent se montrer très généreux dans l'effort, ou très têtus.

Choisir la bonne race

Les chevaux de sang, qualifiés de « sang chaud », sont représentés par l'Arabe, le Pur-Sang et leurs croisements. Sensibles et réactifs, ils sont trop fougueux et trop rapides pour des débutants.

Les chevaux lourds, qualifiés de « sang froid », sont les gros chevaux de trait, très musclés et puissants. Calmes et lents, ils sont mieux adaptés à l'attelage qu'au travail sous la selle.

Les « demi-sang » sont issus de métissages, souvent de sang chaud et froid. Ni trop rapides ni trop nerveux, ils offrent aux débutants un grand choix de bonnes montures.

Les races ibériques, le Lusitanien et le Pure race espagnole, ont contribué à fonder de nombreuses races américaines. Considérés comme des « sang chaud », ils sont fiers, mais néanmoins soumis et pleins de bonne volonté.

La majorité des races modernes de chevaux et de poneys est issue de croisements de races plus anciennes et a été développée pour remplir des tâches précises : attelage, trait, selle, courses, travail avec le bétail, etc.

Les robes et les marques

La couleur de la robe d'un cheval est une question de goût. Les standards de races stipulent les robes admises pour les individus enregistrés, ainsi que les marques blanches et leur localisation. Il existe aussi des races et des types basés sur la robe, comme l'Appaloosa (robe tachetée), bien que les individus unis soient aussi admis, ou le Palomino (robe dorée assortie de crins blancs ou crème). Robe et marques constituent l'identité d'un cheval et sont notées sur ses documents. La couleur de la robe peut évoluer avec l'âge et la saison, mais les marques restent immuables.

En bref

- ✓ L'évolution des couleurs
- ✓ Les différentes robes
- ✓ Les races à robe spécifique
- ✓ Les marques blanches
- ✓ La pigmentation

L'origine des couleurs

Au cours de l'évolution, les animaux développèrent des couleurs pour se fondre dans leur environnement ou pour attirer un partenaire. Chez les chevaux, seul le camouflage a déterminé les couleurs. Ainsi, les robes pommelées ou zébrées étaient communes chez les races primitives et les dissimulaient dans la lumière des sous-bois. Les zèbres nous semblent voyants, mais en troupeau leurs zébrures mêlées troublent la vision du prédateur.

Les robes simples et de deux couleurs séparées

Les robes simples (poils et crins de la même couleur) et composées (poils et crins de couleurs différentes) firent leur apparition progressivement, sans doute avec l'adaptation des chevaux à un milieu ouvert de prairies herbeuses. Il semble que les couleurs les plus anciennes soient le louvet, le bai et le rouan. Les robes propres aux races actuelles ont été obtenues par l'homme grâce à la sélection génétique.

Les robes composées de deux couleurs mêlées

Les robes à taches blanches et d'une autre couleur des chevaux pie trahissent d'anciens motifs. Si la couleur est majoritaire, on parle de robe alezan pie, noir pie... Si le blanc est majoritaire, on dit alors pie alezan, pie noir... Sous les zones blanches, la peau est rose. Un cheval pie peut être de n'importe quelle couleur.

Ce cheval a une robe palomino typique : dorée avec les crins crème. Le Palomino est un type basé sur une robe, et non une race.

La mélanine

Produite par un pigment de la peau appelé mélanine, la couleur est déterminée génétiquement. Plus la quantité de mélanine est importante et plus la couleur est foncée. La mélanine a un effet protecteur sur la peau. Les chevaux albinos se caractérisent par une absence de mélanine. Ils ont la peau rose, les poils blancs et les yeux bleus ou bruns. Chez le cheval, il n'existe pas de véritables albinos aux yeux roses, comme chez d'autres espèces.

Les races à robes spécifiques

Certaines races présentent des robes qui trahissent leur ancienneté. Ainsi, le louvet et l'isabelle, des robes variant du jaune au brun doré, assorties de crins noirs et parfois d'une raie de mulet sur le dos, sont considérées comme primitives. Elles caractérisent le Fjord norvégien (dont la raie dorsale se prolonge dans la crinière) et le Przewalski, et apparaissent chez d'autres races comme les races ibériques.

Dérivant de l'ancien poney celtique, l'Exmoor offre un autre exemple de robe caractéristique. Toujours louvet ou bai, il a le museau et le contour des yeux d'une teinte pâle. Les robes tachetées de l'Appaloosa sont spectaculaires. De plus, chez cette race, la peau du museau est marbrée et la sclérotique de l'œil apparente.

Les autres marques

Herminure : tache noire, baie ou alezane sur la balzane d'un cheval, souvent située en couronne.

Zébrures : rayures, généralement horizontales sur les membres d'un cheval. On trouve des zébrures sur certains louvets et parfois sur d'autres robes. C'est une caractéristique primitive.

Extrémités noires : le bas des membres, la crinière et la queue sont noirs chez les louvets, les isabelles et les bais.

Les marques de la tête

Formées de poils blancs, elles sont décrites en fonction de leur forme et de leur emplacement sur la tête du cheval. On distingue les en-têtes (marques blanches sur le front), les listes (marques blanches sur le chanfrein) et les marques sur les naseaux, les lèvres et le menton. Les ladres sont des zones de peau rose, dépigmentée, généralement situées sur le museau.

Les balzanes

Elles se caractérisent par leur hauteur sur le membre du cheval, ainsi que la région qu'elles recouvrent partiellement ou entièrement. Une balzane faisant le tour d'un membre correspond généralement à un sabot à la corne claire. Chez l'Appaloosa, les sabots sont souvent striés.

Une balzane est décrite en fonction de la zone qu'elle couvre sur le membre.

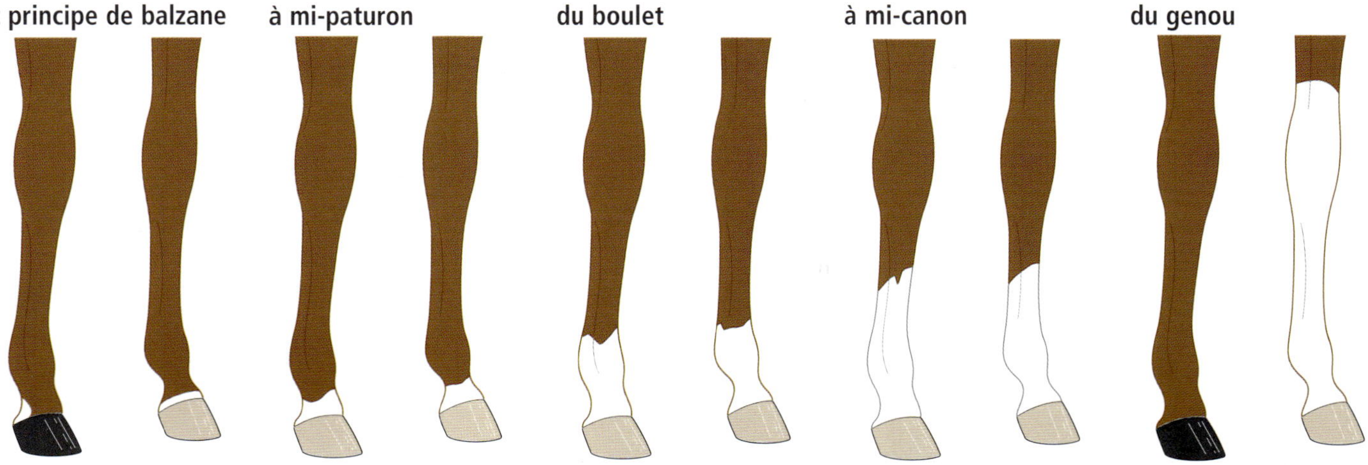

Essayer un cheval

Mieux vaut rester prudent en essayant un cheval, car le vendeur peut omettre de vous donner certaines informations. L'animal aura été longé ou monté avant votre arrivée et sera pansé et apprêté. Le propriétaire vous recommandera peut-être de ne pas le « tester » de telle ou telle façon. Bien qu'il existe des lois protégeant les acquéreurs, la prudence reste de mise. Évitez les « coups de cœur » à ce stade de vos recherches.

En bref

- ✓ Prendre rendez-vous
- ✓ Arriver de bonne heure
- ✓ Monter le cheval
- ✓ Êtes-vous intéressé ?
- ✓ L'expertise vétérinaire
- ✓ Les garanties

Prendre rendez-vous

Avant d'aller essayer un cheval, prenez rendez-vous. N'oubliez pas d'annuler celui-ci si vous changez d'avis ou si vous avez un empêchement.

Arriver de bonne heure

Essayez d'arriver avec une demi-heure d'avance, mais pas plus car cela pourrait paraître suspect. Vous pouvez ainsi être éventuellement témoin de certains comportements du cheval que le vendeur souhaiterait cacher, comme la difficulté de l'attraper, de le panser, de lui prendre les pieds ou encore de le harnacher. Mais il se peut aussi que le cheval ait été détendu avant votre arrivée.

Laissez le propriétaire le monter d'abord

Il est important de pouvoir observer le cheval monté par un familier, dans son environnement. S'il se comporte mal, il sera certainement pire avec vous, à moins que vous n'ayez l'impression qu'il soit maltraité. Pour l'acquisition d'un premier cheval, mieux vaut éviter les complications. Aussi, si le cheval se montre désagréable et mal éduqué, n'allez pas plus loin.

Un vendeur malhonnête pourrait lui avoir administré un tranquillisant. Une personne expérimentée pourrait le déceler, d'où l'intérêt de vous faire accompagner. Sachez qu'un cheval de propriétaire vendu par l'intermédiaire d'un professionnel peut être un animal à problèmes. Si le propriétaire ne peut pas le présenter, il se peut qu'il s'agisse d'un animal difficile. Un cheval peut aussi se comporter correctement en présence de son entraîneur et changer d'attitude dès que celui-ci est hors de vue.

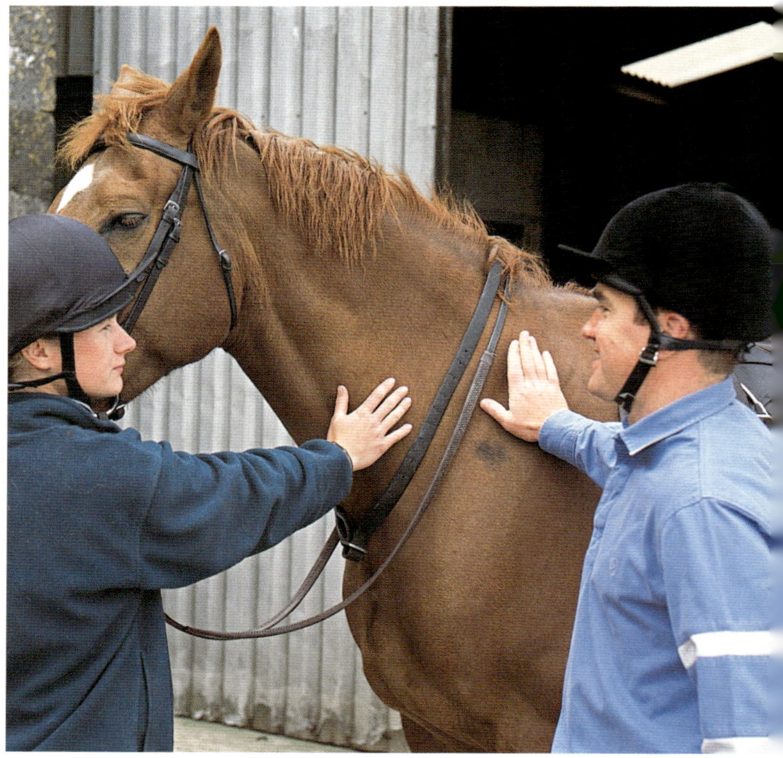

Tâchez de ne pas vous impliquer émotionnellement et suivez les conseils du spécialiste qui vous accompagne.

L'intervention de votre accompagnateur

Le professionnel qui vous accompagne doit essayer le cheval à toutes les allures. Il peut ainsi évaluer ses aptitudes sportives et savoir rapidement s'il est fait ou non pour vous.

À votre tour

Jusque-là, tout s'est bien passé et c'est à vous d'essayer le cheval. Vous devez pouvoir vous mettre en selle, marcher, trotter, galoper, et éventuellement sauter un petit obstacle, puis descendre et mener le cheval en main sans aucun souci. Si vous souhaitez observer son comportement face au trafic routier, laissez le vendeur le monter. Prenez le temps de le manipuler, de mettre et enlever son harnachement, sa couverture et de prendre ses pieds.

Votre avis

Le cheval vous plaît. Vous devez alors faire réaliser une expertise vétérinaire et un examen de maréchalerie. S'il ne correspond pas à ce que vous recherchez, informez-en le vendeur pour éviter toute perte de temps et restez-en là.

À vous de décider

Une fois les expertises terminées, vous pouvez prendre votre décision en toute connaissance de cause. Assurez-vous que vous avez entièrement compris le rapport du vétérinaire, sinon demandez des explications.

Contrat de vente et garanties

Bien qu'un contrat ne soit pas obligatoire à la vente, mieux vaut le faire établir. Il doit désigner les parties et leurs qualités (niveau équestre, profession…), l'objet (achat ou vente : numéro d'identification du cheval et utilisation), les expertises (vétérinaire et maréchal-ferrant), les conditions, le prix, le paiement (comptant, échelonné, différé), le délai de livraison, les garanties attachées à la vente, les frais de livraison (s'il y a lieu), les litiges et la signature des parties.

Le vendeur s'engage à informer l'acheteur des éléments relatifs au cheval susceptibles d'influencer son comportement ou sa santé (date du dernier vermifuge, fractionnement habituel des repas, antécédents vétérinaires).

Le cheval doit être propre à l'usage attendu par l'acheteur et décrit dans le contrat de vente.
En ce qui concerne sa santé, l'absence de vices cachés ou de maladie rendant le cheval impropre à l'utilisation prévue doit être vérifiée. Doivent être aussi précisés le comportement et les aptitudes sportives de l'animal.

L'expertise vétérinaire

Le cheval est un animal vivant et son état de santé évolue en fonction de son environnement et de son utilisation. En détectant d'éventuelles anomalies et en évaluant les risques inhérents, l'expertise vétérinaire permet d'établir un bilan de santé le jour de la vente. Elle reste cependant limitée ; le vétérinaire ne pouvant prédire l'avenir. Chaque cheval étant un cas particulier, il n'existe pas de protocole formel pour cette expertise qui dépend de l'âge et de l'usage qui sera fait de l'animal.

Elle comporte néanmoins des examens systématiques : contrôle de l'identité et des vaccins ; examen médical général ; vérification de l'absence de vices rédhibitoires ; examen radiologique conseillé pour les chevaux de sport.

Essayez le cheval après son propriétaire et le professionnel qui vous accompagne. Prenez le temps de vous faire une opinion la plus précise possible.

LES SOINS

Quelle que soit la discipline ou le sport que vous pratiquez, si votre cheval n'est pas en bonne santé, il ne vous sert à rien. N'importe quel vétérinaire ou professionnel de l'équitation vous dira qu'en tant que propriétaire, le meilleur moyen d'avoir un cheval sain est de lui prodiguer des soins appropriés. Les soins généraux s'appliquent à tous les chevaux. En fonction des individus et des habitudes des propriétaires, d'autres types de soins entrent en considération. Il est évident qu'un poney Shetland n'a pas les mêmes besoins qu'un Pur-Sang. Dans tous les cas, un cheval bien traité est heureux et apporte de la satisfaction à son propriétaire.

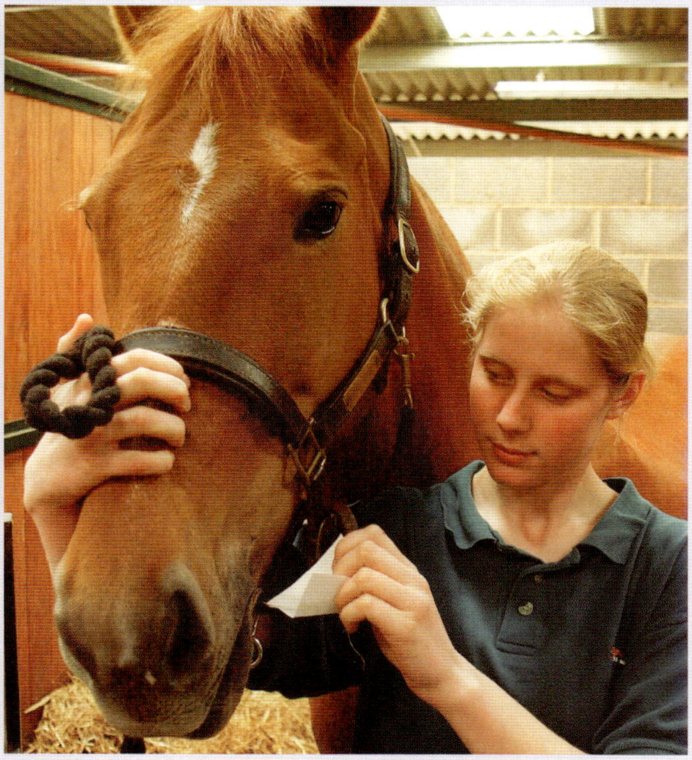

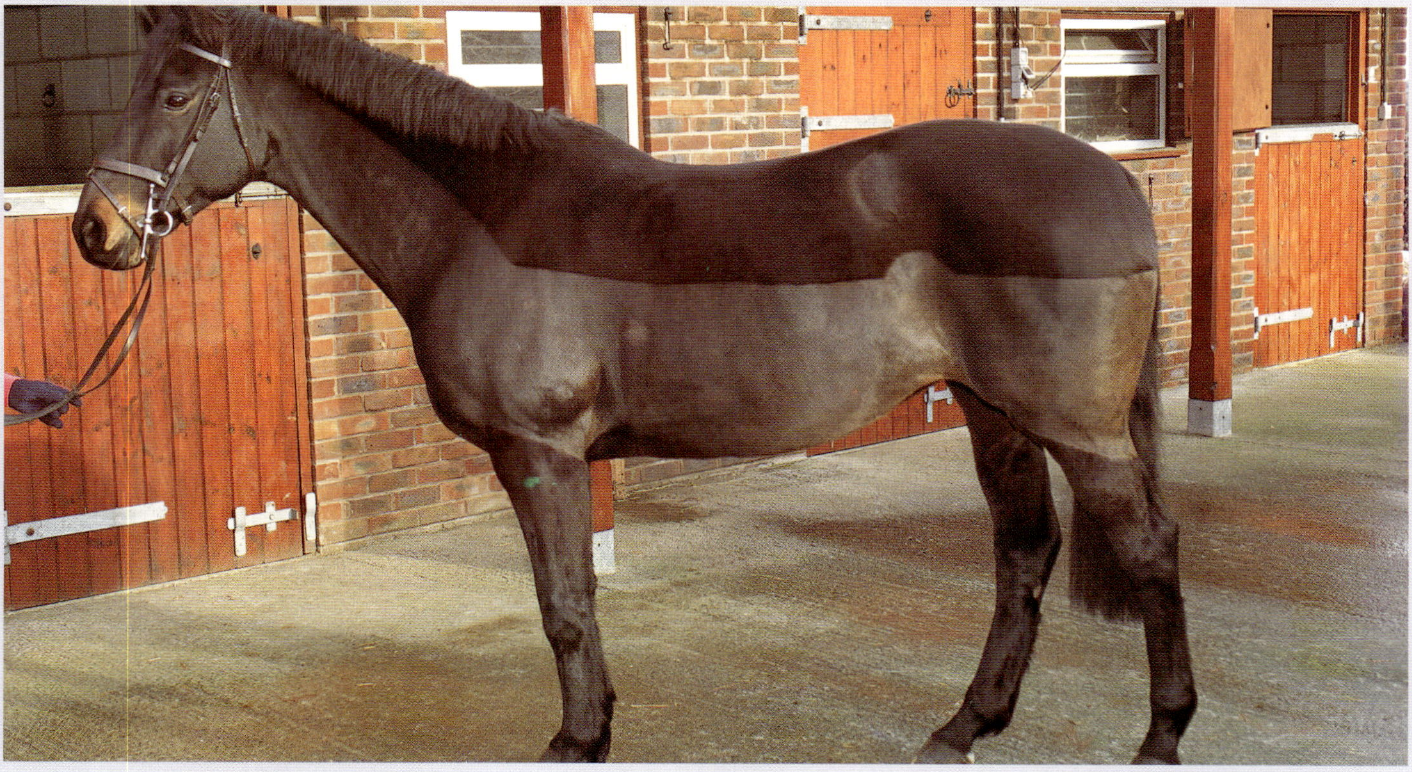

Écuries, pâtures et paddocks

L'écurie, le paddock ou la pâture de votre cheval constituent son environnement immédiat et agissent indéniablement sur son état physique et psychologique et donc sur son bien-être. L'idéal pour un cheval est de pouvoir rentrer et sortir de l'écurie à sa guise. Même s'il ne dispose que d'un petit paddock, il y est toujours mieux que confiné dans un box toute la journée, privé d'espace et de liberté de mouvement.

En bref

- ✓ Des écuries adaptées
- ✓ Dimensions et aménagement du box
- ✓ Pâtures et paddocks
- ✓ Des clôtures sécurisées
- ✓ De la compagnie
- ✓ La gestion des pâtures

Écuries et box

L'écurie doit être lumineuse, aérée et spacieuse, avec des boxes offrant une vue sur l'extérieur et permettant aux chevaux de se voir. Les dimensions recommandées pour un box sont de 3 x 3 m, mais, si vous avez la place, faites un box de 5 x 5 m. Votre cheval s'y sentira plus à l'aise.

Le modèle américain, des écuries aménagées dans une grange dans laquelle les boxes se font face de part et d'autre d'une allée centrale, est pratique car le personnel est à l'abri. Il ne permet cependant pas toujours aux chevaux de voir à l'extérieur, à moins que les boxes n'aient des ouvertures sur l'arrière pouvant être fermées par mauvais temps.

Généralement, les portes des boxes qui donnent sur l'extérieur sont à battants. S'il fait froid, mieux vaut mettre une couverture à votre cheval que de fermer le battant du haut.

Chaque box doit disposer d'un abreuvoir d'eau propre et d'une mangeoire pour les aliments concentrés.

Votre écurie doit aussi être aménagée de façon que le foin et la litière puissent être transportés dans les boxes.

Quand votre cheval est au box, il doit disposer d'une litière propre et sèche, même si le sol est recouvert d'un tapis en caoutchouc ou synthétique, pour qu'il puisse se coucher confortablement et uriner sans s'éclabousser.

Paddocks et pâtures

Un cheval passant une partie de la journée au box, avec foin et aliments concentrés, peut se contenter d'un paddock de 0,5 hectare. Un cheval vivant principalement à l'extérieur doit disposer d'au moins un hectare d'herbe de bonne qualité. Moins l'herbe est de bonne qualité plus la surface doit être importante. Attention cependant à l'herbe trop

La sécurité à l'écurie

L'écurie ne doit rien contenir qui puisse blesser le cheval, comme des fils électriques ou des ampoules à sa portée, des morceaux de bois ou de métal, des angles saillants, des clous, des planches ou des briques manquantes...

Prévoyez un emplacement sécurisé ou une sellerie pour votre harnachement, et vérifiez qu'il est bien remis en place après utilisation. Si votre harnachement est assuré, vous devez le garder dans une sellerie fermée à clé ou chez vous.

Les plantes toxiques

Belladone
Buis
Ciguë officinale
Cytise (faux ébénier, acacia des jardins)
Datura stramoine (stramoine)
Digitale pourpre
Ellébore
Euphorbe
Ficaire
Fougère Grand Aigle
Genêt à balais
If
Ivraie enivrante
Jusquiame noire
Laurier-cerise
Laurier-rose (ou oléandre)
Millepertuis (herbe de la Saint-Jean)
Morelle noire
Porcelle enracinée (ou pissenlit toxique)
Prêle
Renoncule âcre
Rhododendron
Robinier (ou faux acacia, acacia blanc)
Séneçon de Jacob (ou séneçon jacobée, herbe de Saint-Jacques)
Thuya
Vérâtre blanc (ou hellébore blanc, varaire blanc)
Vesce

riche qui peut entraîner des problèmes de circulation et de digestion, en particulier chez les poneys et les cobs.

Les clôtures

Clôturez vos pâtures avec des clôtures adaptées aux chevaux. Les clôtures faites de poteaux et de lisses en bois sont du plus bel effet, mais restent coûteuses. En revanche, les rubans électriques, de 2 ou 4 centimètres de large, sont parfaits. Faciles à installer, ils peuvent être déplacés d'une parcelle à l'autre avec des piquets amovibles. Ne mettez jamais un cheval dans un espace clôturé avec du fil de fer barbelé. Peu visibles, les barbelés occasionnent de terribles blessures.

L'abri

Indispensable, l'abri de prairie ou la grange accessible toute l'année permettent au cheval de s'abriter des extrêmes et des insectes, hiver comme été.

La compagnie

Le cheval a besoin de compagnie. Isolé, il pourrait se laisser dépérir ou développer des problèmes comportementaux. Le mieux est de lui offrir un compagnon de son espèce, cheval ou poney. Mais un lama, un mouton, une chèvre ou un âne pallieront aussi son atavisme grégaire. Avant de mettre votre cheval en présence d'un autre animal, surtout s'il s'agit d'un âne, parlez-en à votre vétérinaire. Il lui faudra sans doute un vermifuge spécial.

La routine

Vous devez aller voir votre cheval deux fois par jour, même s'il vit dehors toute l'année. Cela vous permet d'intervenir rapidement en cas de blessure ou de suspicion de maladie, ou encore si une clôture est endommagée ou que l'abreuvoir est vide.

Bien que cela puisse sembler contraignant, le ramassage des crottins dans la pâture deux fois par semaine est un excellent moyen de réduire l'infestation parasitaire.

Les chevaux passent beaucoup de temps à l'extérieur et doivent bénéficier d'un abri et disposer d'eau propre à volonté.

Une herbe nourrissante

Ensemencez vos pâtures avec un mélange spécial chevaux pour offrir aux vôtres le meilleur choix d'herbes. Renseignez-vous auprès d'un spécialiste. Méfiez-vous des points d'eau naturels (mare, rivière). Ils peuvent être pollués. Préférez un grand baquet que vous pourrez nettoyer.

L'entretien des boxes

L'entretien régulier du box apporte au cheval confort et bien-être. Il permet de garder l'écurie propre et hygiénique, d'éviter les mauvaises odeurs, la prolifération des insectes et les maladies. C'est un travail long et fastidieux, mais essentiel. Si vous vous contentez d'étaler de la litière propre sur une litière souillée, vous serez vite débordée et votre écurie deviendra un lieu insalubre et malodorant.

En bref
- ✓ L'importance d'une bonne litière
- ✓ Les différentes litières
- ✓ Les tapis d'écurie
- ✓ Les outils
- ✓ Comment curer un box

L'importance d'une bonne litière

Confortable pour votre cheval, la litière doit aussi lui tenir chaud. En outre, elle réduit le risque de contusions et d'égratignures aux coudes et aux jarrets lorsqu'il se couche.

Il existe de nombreux types de litières. Choisissez le vôtre en fonction de la santé de votre cheval. Un cheval gardé au box est exposé à la poussière, aux moisissures et aux émanations d'ammoniac issues de la fermentation des crottins et de l'urine. Il est particulièrement important de minimiser cette exposition si votre cheval est allergique à la poussière. Même si ce n'est pas le cas, mieux vaut lui éviter de respirer un air vicié car le système respiratoire des chevaux est très sensible.

Les types de litières

La paille de blé. Cette litière traditionnelle offre le meilleur rapport qualité/prix. Elle est la plus utilisée, mais nécessite un entretien régulier. En outre, poussiéreuse, elle ne convient pas aux chevaux allergiques. Certains chevaux la consomment en grande quantité, en particulier s'ils ne reçoivent pas assez de fourrage. Il faut prévoir environ 500 kg par mois et par cheval.

Il existe aussi de la **paille broyée**, défibrée et dépoussiérée qui possède un très bon pouvoir absorbant.

Les copeaux de bois sont drainants et faciles d'utilisation, mais doivent être dépoussiérés. Il est cependant difficile de s'en débarrasser une fois souillés. Prévoyez environ 5 sacs (soit 105 kg) par mois et par cheval.

La litière de lin est faite de fibres anallergiques, sans pesticides ni herbicides. Elle est dépoussiérée. Comptez environ 4 sacs (soit 84 kg) par cheval et par mois.

La litière de chanvre est légère, absorbante et dépoussiérée. Elle retient les odeurs, ne contient pas d'acariens et facilite le paillage. Comptez 3 balles par mois et par cheval.

Les tapis

L'argument commercial en faveur des tapis en caoutchouc ou synthétiques est la réduction, voire l'élimination de la litière. Or il est prouvé que l'absence d'une litière confortable nuit au bien-être du cheval.

De plus, ces surfaces sont difficiles à garder propres et sèches et le cheval est forcé de se coucher dans ses crot-

Il est recommandé de mettre une bonne épaisseur de litière dans les boxes, pour que le cheval soit toujours au sec.

tins ou son urine. Craignant d'être éclaboussé, il peut aussi se retenir d'uriner. Ces tapis permettent d'augmenter l'isolation d'un box, mais il faut toujours les recouvrir d'une bonne épaisseur de litière.

L'hygiène de la litière

Il faudrait curer entièrement le box tous les jours. Faute de temps, la plupart des propriétaires se contentent d'ôter les crottins et les zones très humides et ne curent le box à fond qu'une fois par semaine.

Les outils

Pour curer le box, il faut :

- une brouette légère et solide ;
- une fourche ordinaire ou spéciale copeaux ;
- une pelle à crottins ;

Question/Réponse

Q Différentes méthodes sont préconisées pour l'entretien de la litière : curage quotidien, litière épaisse… Quelle est la meilleure ?

R Le moyen le plus hygiénique d'entretenir la litière est de curer le box chaque jour et de laisser sécher les zones mouillées. Ceci s'applique à tous les types de litières. L'alternative est de ne curer entièrement le box qu'une fois par semaine, en retirant chaque jour les crottins. Cette méthode est un compromis pour les gens qui travaillent et n'ont de temps à consacrer à leurs chevaux que le week-end. Autrefois, il était d'usage de laisser la litière s'accumuler pendant des mois. Les crottins étaient retirés quotidiennement et de la litière propre étalée par-dessus. Certains propriétaires pourraient être tentés par cette méthode, mais l'évacuation d'une litière épaisse, tassée et nauséabonde s'avère alors une tâche titanesque nécessitant un engin mécanique. De plus, il est prouvé que ce type de gestion favorise les allergies à la poussière et aux moisissures qui se forment sur les excréments décomposés et de pathologies respiratoires graves. L'humidité et la macération peuvent ramollir les sabots et favoriser la pourriture des fourchettes.

Observation

Arrangez-vous pour curer le box quand votre cheval est à l'extérieur. Cela permet d'éviter d'irriter ses voies respiratoires avec la poussière inévitablement soulevée. Ouvrez toutes les fenêtres pendant que vous travaillez et laissez le box s'aérer au moins une heure.

- un balai en paille de riz ;
- certains propriétaires ramassent les crottins à la main avec des gants et les stockent dans une poubelle ou un seau.

Comment curer un box

- Triez la litière fraîche et empilez-la dans un coin.
- Ôtez tout le crottin et toute la litière humide et souillée, que vous évacuez avec la brouette.
- Balayez le sol et séchez les zones mouillées.
- Une fois le sol sec, étalez la litière mise de côté.
- Recouvrez d'une bonne épaisseur de litière propre. Mettez-en plus sur le pourtour, de façon que votre cheval ne reste pas coincé s'il se couche ou se roule le long d'un mur, et qu'il ait toujours de la paille propre à grignoter.
- Chaque mois, retirez entièrement la litière et lavez le box avec un désinfectant spécial. Attendez qu'il soit sec avant de remettre de la litière.

Dès que vous aurez acquis un peu d'expérience, curer un box entièrement vous demandera environ une demi-heure.

L'alimentation

L'alimentation est le point le plus important de l'entretien d'un cheval. Sans un régime approprié, il n'est pas au mieux de sa forme et ne peut pas donner tout son potentiel au travail. Grâce à la recherche agronomique, les progrès sont constants. Toutes sortes de produits sont disponibles sur le marché, correspondant à tous les types de chevaux et d'activités. L'essentiel est de nourrir le cheval comme un herbivore qui a évolué, mais prospéré en ne mangeant que de l'herbe, parfois peu nourrissante.

En bref
- ✓ La digestion du cheval
- ✓ Les causes des coliques
- ✓ L'importance des fibres
- ✓ Les nutriments essentiels
- ✓ L'herbe et les autres aliments
- ✓ Les règles de l'alimentation

La digestion du cheval

Le système digestif du cheval est décrit pages 34-35.

• Le système digestif du cheval est très sensible. Les chevaux sélectionnent généralement leur nourriture et boudent les mauvais aliments.

• Les coliques (voir pages 184-185) sont engendrées par une digestion perturbée. Le facteur déclenchant peut être le stress, une alimentation irrégulière, des fibres en quantité insuffisante, trop peu d'eau, un changement dans la ration, des médicaments ou des antibiotiques.

• Pour un bon transit, le cheval doit consommer surtout des fibres contenues dans l'herbe et les fourrages. Ne distribuez des aliments concentrés à base de céréales que si c'est vraiment nécessaire (l'hiver ou si votre cheval travaille beaucoup sur une base régulière).

Une alimentation à base de céréales est peu recommandée pour les poneys. N'y ayez recours que sur conseil d'un vétérinaire ou d'un nutritionniste.

Les nutriments essentiels

Un régime équilibré doit comporter les bonnes proportions des éléments suivants :

L'eau. L'organisme d'un jeune cheval contient 80 % d'eau. Chez l'adulte, cette proportion tombe à 60 %. La déperdition d'eau peut engendrer la maladie, voire la mort (voir aussi pages 68-69).

Les hydrates de carbone. Ils incluent les glucides (sucres), l'amidon et certains composants des fibres. Les glucides sont présents dans la plupart des aliments. La mélasse en contient beaucoup, tout comme l'herbe nouvelle. On trouve l'amidon dans les céréales.

Les protéines produisent, en se décomposant, les acides aminés, indispensables à la croissance, la gestation, la lactation et la cicatrisation.

Les graisses et les huiles. Ces sources d'énergie concentrées (2,5 fois plus que les hydrates de carbone) sont présentes en petites quantités dans la plupart des aliments concentrés du commerce. De l'huile végétale est souvent ajoutée au régime des chevaux qui travaillent beaucoup.

Les fibres, présentes dans tous les aliments, en particulier l'herbe, le foin et la paille.

Les minéraux. Les plus importants sont le calcium, le phosphore, le magnésium, le potassium, le sodium et le chlore, et des oligo-éléments tels que le cuivre, le zinc, le manganèse, le sélénium et le fer. L'équilibre du rapport phospho/calcique est crucial et le régime doit contenir une part et demie de calcium pour une part de phosphore.

Les vitamines. Nécessaires en quantités variables à l'entretien de la santé, elles contribuent au contrôle des réactions chimiques et métaboliques. Les principales sont les vitamines A, D, E, K et celles du groupe B. Les aliments verts en sont riches, tandis que le foin et la plupart des céréales en contiennent moins.

Les autres aliments

Si votre cheval n'est pas à l'herbe, offrez-lui des aliments appétants pour compenser : carottes, pommes, pulpe de betterave trempée ou encore navets entiers, betteraves fourragères ou rutabagas. Il appréciera aussi l'herbe fraîche, mais ne lui donnez jamais de tonte de pelouse dont la fermentation rapide pourrait déclencher des coliques. Sortez-le le plus possible pour le faire brouter en longe.

Les règles de l'alimentation

Ces règles se rapprochent des habitudes alimentaires naturelles des chevaux.

• Un cheval doit disposer d'eau propre et fraîche à volonté.
• Adaptez la ration en fonction de son type, de son poids, de sa constitution, de son tempérament, du travail qu'il fournit, de son style de vie et de la saison.
• Si votre cheval reçoit une ration appropriée, vous ne devez pas voir ses côtes, mais les sentir sous les doigts.
• Proposez à votre cheval plusieurs sources de fibres : foin, paille, luzerne déshydratée...
• Donnez les fourrages avant les aliments concentrés, ou mélangez ces derniers à la luzerne, par exemple, pour qu'il les prenne en petites quantités.
• Ne laissez jamais votre cheval sans fibres plusieurs heures durant, la nuit ou pendant votre journée de travail.
• La plupart des chevaux qui travaillent raisonnablement sont en pleine forme avec du foin, un apport en luzerne déshydratée et un supplément de minéraux et de vitamines. Pour ceux qui travaillent dur, ajoutez des aliments concentrés, de la pulpe de betterave trempée, des carottes, des pommes et un peu d'huile.
• Augmentez le travail avant d'augmenter la ration et diminuez la ration avant de diminuer le travail. Un apport trop important, aussi minime soit-il, en aliments concentrés (ou céréales) peut provoquer des problèmes de circulation et de digestion. Le fait d'augmenter le travail avant la ration fera brûler de l'énergie au cheval avant qu'il ne reçoive une alimentation plus riche. De même, réduire la ration avant le travail lui évite de stocker une énergie qu'il ne peut pas dépenser sainement.

Se faire conseiller

N'hésitez pas à demander conseil à des spécialistes de la nutrition équine, au point de vente d'aliments pour chevaux où vous vous fournissez, dans votre centre équestre, ou chez votre vétérinaire. Ils peuvent vous aider à établir un régime approprié pour votre cheval. Sur Internet, vous trouverez de nombreux sites spécialisés, riches en renseignements.

• Tout changement dans une ration doit se faire progressivement, sur deux semaines, voire davantage.
• Utilisez uniquement des aliments de bonne qualité.
• Ne mettez pas votre cheval au travail immédiatement après lui avoir donné à manger et ne lui donnez pas sa ration tout de suite après le travail. En effet, après le travail, le cheval utilise ses ressources pour restaurer l'énergie à ses muscles fatigués et pour éliminer les déchets produits par l'effort. Si vous lui donnez du foin ou des aliments concentrés à ce moment-là, il ne dispose pas d'assez d'énergie pour la digestion et peut souffrir de problèmes digestifs, voire de coliques. De même, si vous le mettez au travail l'estomac plein, il utilise son énergie pour ses muscles et ne digère pas correctement.

La plupart des propriétaires prennent plaisir à nourrir leur cheval. Assurez-vous que vous donnez au vôtre une ration étudiée, dont il a vraiment besoin.

L'eau

L'eau est vitale à votre cheval. Un cheval privé de nourriture survit sans doute quelques semaines, mais privé d'eau, il meurt au bout de quelques jours. Un cheval qui travaille dur par temps chaud a besoin d'environ 50 litres d'eau par jour. Autrefois, chaque village possédait des abreuvoirs pour les chevaux des voyageurs et des voitures hippomobiles. Certains existent encore aujourd'hui.

En bref
- ✓ L'importance de l'eau
- ✓ La déshydratation
- ✓ Diagnostiquer la déshydratation
- ✓ Quand abreuver
- ✓ Les abreuvoirs

L'importance de l'eau

L'eau constitue la part la plus importante du corps du cheval. Les tissus musculaires en contiennent une grande quantité. La graisse est plus légère que l'eau. C'est pourquoi, quand un cheval est mis au travail, il accroît son volume musculaire et prend du poids tout en perdant de la graisse.

La déshydratation

Certains chevaux boivent trop peu et se déshydratent, ce qui requiert un traitement vétérinaire.

Généralement, la déshydratation intervient lorsqu'un cheval transpire trop :

- Vous avez travaillé votre cheval plus dur que prévu, ou vous n'avez pas remarqué que son abreuvoir était vide.
- En été, dans un box humide et surchauffé, un cheval peut transpirer au point de se déshydrater.
- Laisser un cheval dans un van, lors d'une compétition par exemple, peut aboutir aux mêmes effets. Par temps chaud, un van doit toujours être garé à l'ombre.
- Laisser une couverture à un cheval par une chaude journée de printemps peut aussi le faire transpirer.

La déshydratation se produit plus facilement les jours humides. Normalement, la transpiration s'évapore dans l'air environnant en rafraîchissant le corps. Mais quand l'air est saturé d'humidité, la sueur ne peut pas s'évaporer et l'organisme surchauffe. Plus le cheval ressent la chaleur et plus il transpire, ce qui aboutit à la déshydratation.

Diagnostiquer la déshydratation

Un cheval sévèrement déshydraté peut se sentir mal au point de refuser de boire. Il risque de mourir, il faut alors l'intervention d'un vétérinaire en urgence. Il existe deux moyens de vérifier si votre cheval est déshydraté :

- Le pli de peau met en évidence une déshydratation sévère : pincez la peau de votre cheval entre le pouce et l'index à la pointe de l'épaule. Quand vous lâchez, la peau doit revenir en place dans la seconde. Si le pli persiste, le cheval est déshydraté.

Le plus pratique est d'installer les abreuvoirs le long d'une clôture, le plus près possible de votre arrivée d'eau.

Le saviez-vous ?

Chez le cheval, la déshydratation peut intervenir aussi bien par temps chaud que lorsqu'il fait très froid. En effet, quand l'eau gèle à l'extérieur, elle peut geler aussi dans les écuries. Sauf exception, les chevaux ne brisent pas la glace des abreuvoirs. Il faut intervenir plusieurs fois par jour. Dans les régions aux hivers rigoureux, les abreuvoirs sont souvent chauffés. Lorsqu'il ne gèle pas trop fort, vous pouvez mettre un ballon dans le baquet pour éviter que la glace ne se forme sur toute la surface.

• Le temps de recoloration des muqueuses au niveau gingival indique une déshydratation, même minime. Appuyez un pouce sur la gencive de votre cheval, au-dessus des incisives pour créer une zone pâle. Le sang revient normalement en une seconde et demie, faute de quoi le cheval est déshydraté. Ses gencives peuvent aussi être collantes.

Les règles de l'abreuvement

• Le meilleur moyen de prévenir la déshydratation est de veiller à ce que votre cheval ait de l'eau propre à disposition tout le temps, au box comme au pré.

• Lorsque vous voyagez, arrêtez-vous toutes les 2 heures pour lui donner à boire. Abreuvez-le avant de partir et à l'arrivée.

• Il n'est pas bon de supprimer l'eau d'un cheval longtemps avant l'effort. Mieux vaut le laisser boire pour prévenir la déshydratation et ne retirer l'eau qu'une demi-heure avant le début du travail.

• C'est également une erreur de retirer l'eau au moment des repas. Boire avant, pendant et après avoir mangé facilite la digestion. De plus, les chevaux qui disposent d'eau à volonté ne boivent jamais trop d'un seul coup.

Les abreuvoirs

Il faudrait que le cheval dispose de deux points d'eau dans son box. Ainsi, s'il souille l'un d'eux, l'autre reste propre. De nombreux propriétaires utilisent des cuves en plastique pour leurs chevaux. Certaines peuvent contenir jusqu'à 1 000 litres. Comme elles sont lourdes, ils ne les nettoient pas assez souvent. La cuve devrait être récurée chaque jour, surtout l'été, et remplie avec de l'eau propre.

Les chevaux préfèrent boire dans de grands conteneurs installés au niveau du sol. Avec ce type d'abreuvoir, trop étroit, le cheval risque de ne pas s'abreuver assez.

Si mon cheval boude son eau ?

Un cheval peut refuser de boire pour les raisons suivantes :

• Son abreuvoir est trop haut et boire est pour lui inconfortable. Un abreuvoir automatique ne doit pas être installé plus haut que le niveau de l'épaule du cheval, tout comme les mangeoires. Le mieux, s'il s'agit d'un baquet, est de le placer au sol.

• L'eau est stagnante, souillée ou contaminée par des débris, de la poussière ou du crottin. Changez-la régulièrement.

• Les chevaux n'aiment pas les abreuvoirs qui ont une odeur, font du bruit ou sont trop étroits pour leur nez.

• Si vous déplacez votre cheval, l'eau du lieu où vous allez peut avoir une odeur ou un goût inhabituels. Emportez une réserve d'eau dans des bidons de camping.

Le pansage

Les chevaux vivant à l'extérieur ou à l'état sauvage se toilettent eux-mêmes en se frottant, en se roulant et en se mordillant pour se débarrasser des parasites et des poils morts, stimuler leur peau et se sentir bien. Ils se frottent les uns contre les autres du bout des lèvres ou des dents en se plaçant tête-bêche et en insistant au niveau de l'avant-main. Si votre cheval tente de vous « toiletter » lorsque vous le brossez sur le garrot, prenez cela comme une marque d'affection.

En bref

- ✓ Pourquoi panser ?
- ✓ L'inspection du corps et des pieds du cheval
- ✓ Le brossage
- ✓ Le pansage intégral
- ✓ L'équipement

Les raisons du pansage

Le pansage est l'une des tâches quotidiennes les plus agréables. C'est le meilleur moyen de créer un lien avec lui.

Le cheval gardé au pré doit être attaché et inspecté tous les jours, mais il ne doit pas être pansé vigoureusement, ni lavé. En effet, le sébum naturel de sa peau imperméabilise son poil et contribue à lui tenir chaud. Même dans les régions chaudes, les températures nocturnes peuvent être basses. Excepté par temps vraiment rigoureux, un cheval se sent toujours mieux s'il n'est pas couvert la nuit.

En revanche, le pansage est important pour un cheval qui vit à l'écurie. C'est un moment de la journée qu'il apprécie, à condition que celui-ci soit mené avec douceur.

Le pansage permet également d'inspecter le cheval entièrement pour déceler d'éventuelles blessures, abrasions, zones enflées ou autres problèmes nécessitant l'attention.

Le pansage léger

Il s'agit d'un rapide nettoyage avant le travail.

1 Passez la brosse dure avec soin sur le corps du cheval pour ôter les traces d'urine ou de crottin, la sueur et la boue séchées, et les brins de paille.

2 Brossez la tête, la crinière et la queue avec la brosse douce.

3 Lissez la crinière et le haut de la queue avec la brosse à eau. Trempez dans l'eau l'extrémité des poils de la brosse et secouez pour qu'elle ne dégouline pas, puis lissez la crinière à partir des racines. Faites de même avec la queue.

4 Soulevez les pieds et grattez soigneusement le crottin et les saletés incrustées avec un cure-pied. Profitez-en pour vérifier les sabots et l'état de la ferrure.

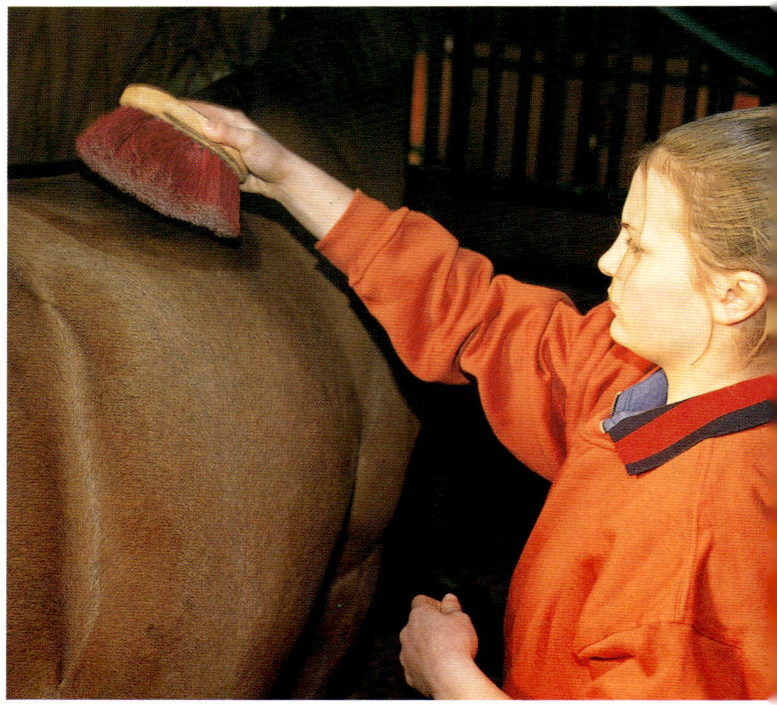

Le pansage contribue au confort et au bien-être du cheval. C'est pour lui un véritable moment de plaisir.

Comment vérifier la ferrure

Lorsqu'un fer n'est plus ajusté, il fait un bruit métallique à chaque pas du cheval. Faites marcher le cheval sur une surface dure et comparez le bruit de chaque pied. Si vous parvenez à passer la pointe du cure-pied entre la sole et le fer, c'est que celui-ci est branlant.

Le kit de pansage

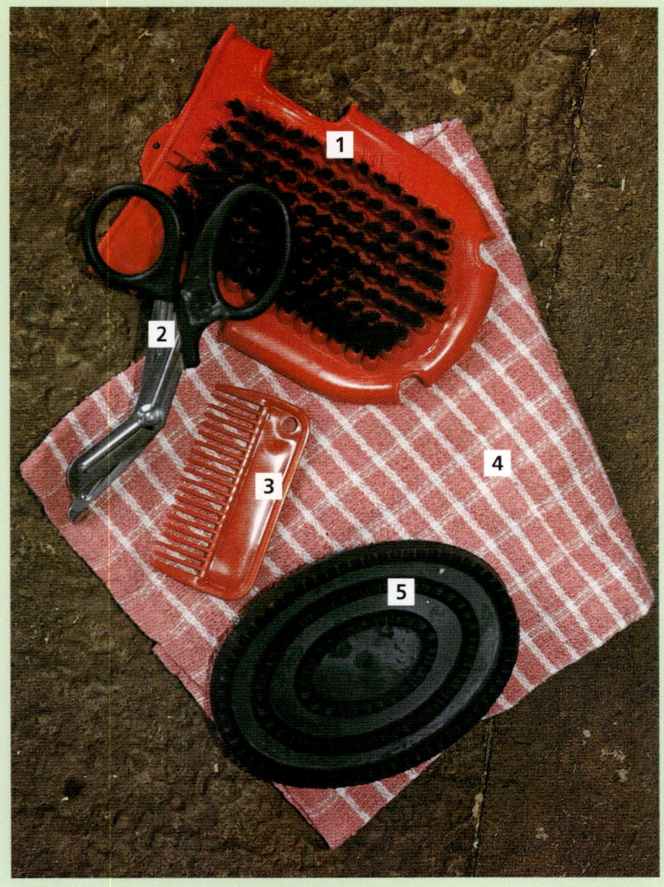

1 Gant de brossage doux
2 Ciseaux à éclaircir les crins
3 Peigne à crins
4 Époussette
5 Étrille en caoutchouc
6 Étrille métallique
7 Éponges
8 Brosse dure
ou brosse-bouchon

Le pansage approfondi

Ce pansage se pratique après le travail, lorsque le cheval a séché et récupéré un peu, mais n'a pas complètement refroidi. La peau, encore chaude et souple, est plus facile à toiletter. La sueur et le sébum sécrétés l'ont lubrifiée. Le brossage est donc plus efficace, surtout si le cheval est sec. La saleté est aisément désincrustée.

1 Brossez d'abord le cheval entièrement, dans le sens du poil, pour éliminer la sueur et la boue. Commencez par l'avant-main et terminez par l'arrière-train. En fonction du degré de saleté et de la sensibilité du cheval, utilisez une brosse dure, une étrille en caoutchouc ou un gant, plus doux.
2 Prenez ensuite la brosse douce et l'étrille métallique (n'utilisez jamais l'étrille métallique directement sur le cheval). Brossez le cheval en donnant de longs coups de brosse dans le sens du poil, environ six fois de suite au même endroit, puis frottez la brosse contre l'étrille pour ôter la poussière et la saleté. Procédez ainsi sur tout le corps du cheval. Passez la brosse doucement sur la tête, les membres et le ventre. Attention, certains chevaux sont chatouilleux et risquent de réagir. Apprenez à connaître le vôtre.
3 Avec une éponge humide et propre, nettoyez les yeux, les naseaux et les lèvres. Prenez une autre éponge et lavez la région de la queue, le fourreau ou la vulve. Ne mélangez pas les éponges !
4 Curez les pieds du cheval avec le cure-pied.
5 Lissez la crinière et la queue avec la brosse à eau.
6 Pour finir, lustrez sa robe en passant l'époussette dans le sens du poil sur tout son corps.

Tonte et éclaircissage des crins

En éliminant la toison d'hiver, la tonte permet aux chevaux qui travaillent de ne pas transpirer excessivement ni d'attraper froid après l'exercice. L'éclaircissage consiste à désépaissir la crinière et à épiler la queue pour que le cheval paraisse plus soigné. Il ne faut cependant pas le faire à outrance, mais plutôt en fonction du travail du cheval et de son mode de vie.

En bref
- ✓ Pourquoi tondre ?
- ✓ Comment tondre ?
- ✓ Les types de tontes
- ✓ L'éclaircissage de la crinière et de la queue
- ✓ Les poils des oreilles, du menton et des fanons
- ✓ Les vibrisses

Pourquoi tondre ?

Les chevaux qui travaillent régulièrement en hiver, et transpirent donc beaucoup, doivent être tondus. Il en est de même pour les chevaux vivant au box et dont le pelage d'hiver, très épais, est difficile à entretenir. Il n'est cependant pas recommandé de tondre un cheval svelte au poil fin dont le travail n'est pas pénible. La couverture ne remplace pas le poil d'hiver et n'est pas toujours confortable pour le cheval, à moins qu'elle ne soit bien ajustée.

Comment tondre ?

Il existe des tondeuses électriques spéciales pour les chevaux. Assurez-vous que votre cheval est habitué au bruit. Sa robe doit être sèche et propre. Tracez la forme de la coupe avant de commencer. Travaillez à rebrousse-poil, le plus soigneusement possible. Pour éviter les crans, tondez bien à plat. Commencez par les épaules et l'encolure pour aller vers l'arrière et travaillez sur de petites sections.

L'éclaircissage des crins

Pour raccourcir le toupet et la crinière, saisissez une mèche de crins et taillez les extrémités. Travaillez régulièrement le long de la crinière. Cette pratique est interdite en exhibition pour certaines races.

Pour épiler la crinière, peignez-la à rebrousse-poil jusqu'à n'avoir plus que les crins les plus longs dans la main. Saisissez-les entre le peigne et votre pouce, à la racine, et tirez d'un coup sec. Ne prenez pas plus de six crins à la fois pour que l'épilation ne soit pas une torture.

L'épilation de la queue consiste à arracher les poils poussant sur les côtés et le dessus du coire (partie charnue). Enroulez deux ou trois crins autour du peigne et tirez vers le bas d'un coup sec. Certains chevaux n'apprécient pas ce traitement et risquent de botter. Placez-vous sur le côté.

Pour écourter la queue, munissez-vous de ciseaux affûtés. Saisissez la queue dans votre main droite, sous le coire, et faites-la glisser un peu plus bas que le niveau où vous allez couper. On retaille souvent la queue des chevaux à mi-canon. Placez les ciseaux au-dessus de votre main, pointés entre les jambes du cheval et légèrement vers le haut. Coupez d'un seul coup et lâchez. De cette façon, le bout de la queue sera parallèle au sol quand, en mouvement, le cheval la redressera.

Pour retailler les poils des oreilles, des mâchoires et des fanons, il faut un petit peigne à dents espacées et des ciseaux à fanons incurvés. Maintenez les bords d'une oreille l'un contre l'autre et coupez les poils qui dépassent. Peignez les poils des mâchoires et des fanons à rebrousse-poil et coupez-les au ras du peigne.

Les oreilles et les vibrisses

Ne taillez jamais les poils à l'intérieur des oreilles de votre cheval. En effet, ils empêchent les saletés et la poussière d'y pénétrer.

De même, ne coupez pas les vibrisses qui entourent le museau et les yeux de votre cheval. Ces poils tactiles lui servent à sentir son environnement proche et constituent une partie importante de ses organes sensoriels.

La tonte en manteau convient à la plupart des chevaux qui travaillent beaucoup.

La tonte « chaser » doit son nom aux chevaux de steeple-chase, souvent tondus de cette manière. Elle est adaptée aux chevaux au poil fin qui travaillent dur en hiver.

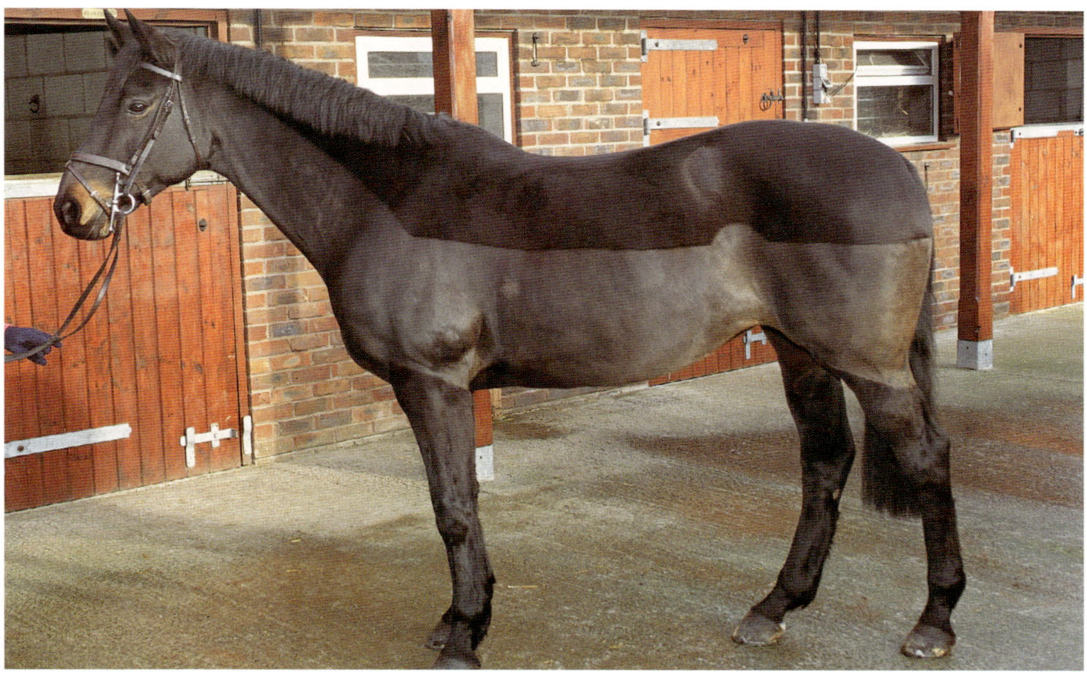

Les types de tontes

Il existe différents types de tontes adaptés au type du cheval et à son utilisation :

La tonte intégrale : le cheval est entièrement tondu.

La tonte de chasse : le cheval est entièrement tondu, à l'exception de l'emplacement de la selle et des membres.

La tonte en manteau : les membres et une zone en forme de couverture sur son dos ne sont pas tondus.

La tonte « chaser » : utilisée chez les chevaux de steeple-chase. Coupe semblable à la tonte en manteau, mais la partie supérieure de l'encolure n'est pas tondue.

La coupe de trait : les poils ne sont tondus que dans la région de la gorge et du poitrail. Des épaules à l'arrière-train, ils sont tondus à hauteur des traits d'un harnais d'attelage.

La tonte en bavette : seuls le poitrail et la gorge sont tondus.

Soins quotidiens des pieds

Les pieds de votre cheval sont très importants pour son confort et sa santé. Vous ne pouvez pas le monter s'il a mal à un pied et boite, ou si un de ses fers est branlant. Une inspection quotidienne de ses pieds vous permet de prévenir votre maréchal-ferrant rapidement en cas de problème.

En bref

- ✓ La structure du pied
- ✓ Comment prendre les pieds
- ✓ Vérifier les pieds et les fers
- ✓ Pourquoi ferrer un cheval
- ✓ Quand graisser la corne ?

La structure du pied

Le pied du cheval correspond au doigt du milieu chez l'homme. La partie externe du sabot, ou paroi, est constituée de corne à base de kératine, tout comme les ongles. À l'intérieur se trouve un agencement complexe de tissus sensibles et vascularisés protégeant la troisième phalange, ou phalange distale, et l'os petit sésamoïde, ou naviculaire.

Sur la face interne du pied, une zone en forme de V, ou fourchette, est constituée de corne élastique. Elle empêche le cheval de déraper, sert d'amortisseur et contribue à pomper le sang et à maintenir une circulation saine dans le pied et la partie inférieure du membre (bien que la ferrure interfère avec cette fonction).

La surface interne du pied, légèrement concave, est la sole. Faite de corne souple, elle évite au pied de glisser. La sole étant mince, il arrive qu'un cheval se fasse une contusion, en cognant son pied contre une pierre par exemple.

Observation

La corne « respire » et absorbe de l'eau pour ne pas se dessécher. Vous pouvez la graisser de temps en temps, en particulier s'il fait très sec, mais pas trop souvent. Si votre cheval a la corne cassante et sèche, le meilleur moyen d'y remédier est de lui donner des compléments alimentaires équilibrés en vitamines et minéraux.

Le saviez-vous ?

Il faut à peu près une année pour que la corne du sabot se renouvelle entièrement à partir de la couronne jusqu'à la pince (la pointe avant du sabot), et un peu moins jusqu'au talon, à l'arrière.

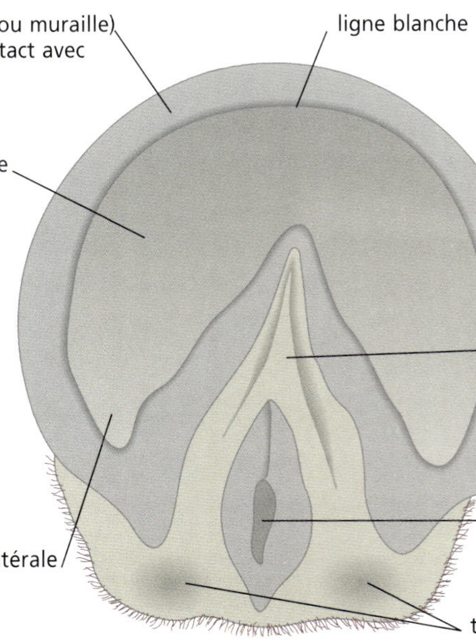

L'hygiène des pieds

La sole et les lacunes latérales de la fourchette s'encrassent facilement. Crottin, paille, terre, cailloux et autres débris y restent fréquemment coincés et gênent le cheval. De plus, si la sole et la fourchette ne sont jamais net-

Curer correctement les pieds d'un cheval est une tâche importante à faire quotidiennement.

toyées ni exposées à l'air, la macération de la saleté et l'humidité peuvent engendrer une affection nauséabonde, la pourriture de la fourchette et, dans les cas les plus graves, de douloureux abcès. Il est donc indispensable de curer les pieds d'un cheval au moins une fois par jour, et de préférence, plusieurs fois.

1 Avec le cure-pied, nettoyez soigneusement la sole, en travaillant du talon vers la pince et en vous assurant que vous ôtez toute la saleté, les cailloux et autres débris.

2 Inspectez la corne. Si elle est tendre et malodorante, c'est mauvais signe.

3 Assurez-vous que les fers sont bien fixés. Les rivets (extrémités retournées des clous qui maintiennent le fer) doivent être incrustés dans la paroi et non saillants. Vous ne devez pas pouvoir passer la pointe du cure-pied sous le fer au niveau du talon. Un cheval avec un fer mal ajusté ne doit pas être monté.

Pourquoi ferrer un cheval

Un cheval qui travaille use ses sabots plus vite que la corne ne pousse. Si rien n'est fait, il finit par boiter et ne peut plus être monté. Ses sabots ont donc besoin d'être protégés par des fers dont l'usure est lente. Cependant, certains chevaux ont une corne très dure. S'ils ne travaillent pas trop, et en terrain souple, ils peuvent se passer de fers, à condition qu'ils soient régulièrement parés par un maréchal-ferrant.

Quand doit-on graisser la corne ?

La muraille, ou paroi, du sabot est protégée par le périople, vernis naturel qui évite au sabot de se déshydrater tout en permettant la pénétration de l'humidité nécessaire à la corne. Si vous graissez trop les pieds de votre cheval avec une graisse ordinaire, vous bloquez l'équilibre naturel de l'humidité de la corne. Fragilisée, elle est moins résistante. Choisissez un onguent de qualité, adapté à la saison, et utilisez-le avec parcimonie.

Les thérapies alternatives

Il existe de nombreuses médecines douces, pour appuyer un traitement classique, soulager un cheval avec des moyens naturels, ou simplement le maintenir au mieux de sa forme. Après des millénaires d'utilisation, ces médecines étaient tombées dans l'oubli, supplantées par les traitements modernes à base d'antibiotiques, d'anti-inflammatoires, d'antalgiques... Aujourd'hui, avec notre intérêt croissant pour les méthodes naturelles, elles retrouvent leurs lettres de noblesse.

En bref

- ✓ Les diverses thérapies
- ✓ Les conseils de votre vétérinaire
- ✓ Les praticiens professionnels
- ✓ Ce que vous pouvez faire vous-même

L'aromathérapie

L'aromathérapie est l'utilisation des propriétés cicatrisantes, désinfectantes, antiparasitaires, antimycosiques et régénératrices des huiles essentielles des plantes. Celles-ci peuvent être administrées par voie orale (en frottant les gencives ou l'intérieur des joues, ou données sur un sucre ou avec du miel), par voie transpulmonaire (en imbibant un coton ou en vaporisant dans le box), ou par voie transcutanée (en lotion, onguent, crèmes...), dans le but de traiter des affections et des pathologies diverses.

Après avoir sélectionné une ou plusieurs huiles ou un produit à base d'un mélange d'huiles essentielles en fonction du problème de votre cheval (physique ou psychologique), faites-le lui sentir. S'il montre de l'intérêt et tente même de lécher le flacon, c'est qu'il a besoin de cette huile.

Certains sites Internet spécialisés prodiguent des conseils et préconisent des préparations correspondant à toutes sortes de pathologies.

Ce cheval prend l'attitude du « flehmen », lèvre retroussée, pour analyser une odeur grâce à un organe de son palais, l'organe de Jacobson.

Les essences de fleurs

Les essences de fleurs les plus connues sont les Fleurs de Bach, des élixirs portant le nom de leur créateur, le docteur Bach. Conçues pour traiter les états émotionnels des hommes et des animaux, ces essences sont une aide précieuse à l'écurie et à la maison. Renseignez-vous auprès d'un spécialiste. Ces remèdes, liquides, sont introduits dans la bouche avec un compte-gouttes plusieurs fois par jour.

Les plantes médicinales

L'herboristerie, devenue la phytothérapie, une médecine douce qui a fait ses preuves, est la plus ancienne médecine du monde. Les chevaux sauvages la pratiquent naturellement en recherchant instinctivement telle ou telle plante. Malheureusement, de nos jours, les herbicides et les engrais ont éliminé la plupart des « mauvaises herbes » des pâturages.

Vous pouvez vous procurer chez des spécialistes (là encore, il existe des sites Internet où vous pouvez vous renseigner) des mélanges synergiques de plantes à donner en cure à votre cheval pour traiter toutes sortes de problèmes.

L'homéopathie

Bien que l'homéopathie utilise des plantes alliées à des substances inorganiques, elle diffère de la phytothérapie. Pratiquée dans la Grèce antique, l'homéopathie fut remise au goût du jour par Hahnemann au début du XIXe siècle et introduite en France en 1835. Hahnemann pensait que les êtres vivants ont une force vitale, ou énergie, et que lorsque cette énergie est déséquilibrée, des maladies apparaissent.

Les remèdes homéopathiques sont préparés avec des dilutions infinitésimales des principes actifs. Souvent, le remède ne contient plus aucune molécule, mais uniquement l'énergie dégagée.

L'homéopathie consiste à donner au malade des petites doses d'une substance qui, chez un sujet sain, provoquerait à fortes doses, des symptômes analogues à ceux observés chez le malade. L'exemple le plus flagrant est celui de la malaria (paludisme). Si une personne en bonne santé prend de la quinine, elle développe des symptômes semblables à ceux de la malaria, alors que la même substance supprime les symptômes chez une personne souffrant de la maladie.

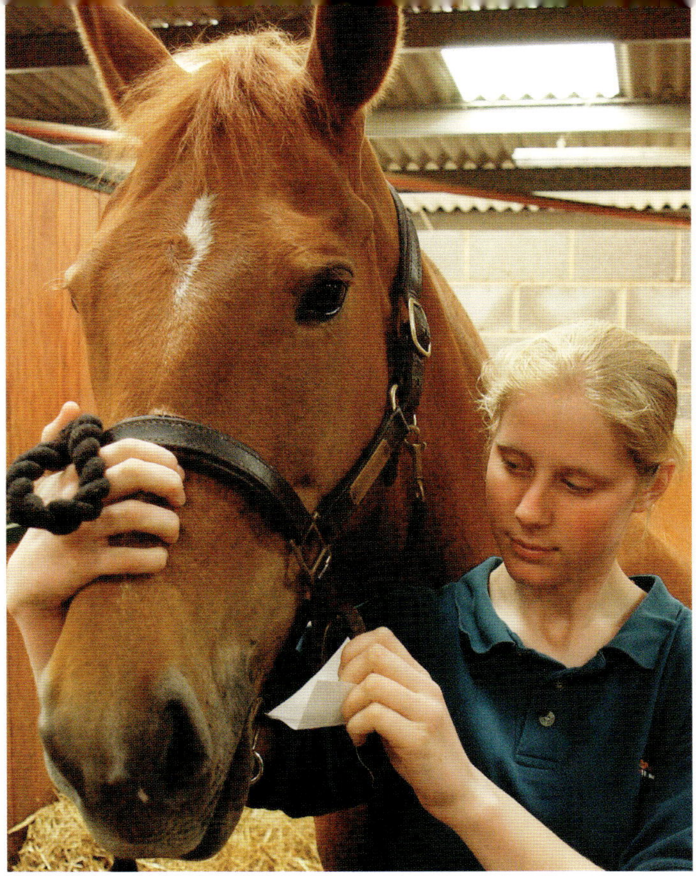

Ne touchez pas les remèdes homéopathiques, cela réduit leur énergie. Mettez-les dans un morceau de papier et faites-les glisser dans la bouche du cheval.

L'ostéopathie

Basée sur des fondements scientifiques, l'ostéopathie analyse la biomécanique, la physiologie et l'anatomie. Les mouvements des êtres vivants répondent à des lois mécaniques définies par l'analyse de chaque surface articulaire. L'ostéopathie peut traiter les problèmes ayant une origine mécanique, musculaire et articulaire et certains troubles du comportement.

Cette thérapie est efficace pour soulager la cause des troubles chez le cheval et de tous ses problèmes annexes. Elle s'adresse aux poulains comme aux vieux chevaux et aux athlètes. Les résultats sont visibles rapidement. L'ostéopathe équin peut aussi avoir recours à la massothérapie, la physiothérapie (utilisation des mains et d'autres thérapies, comme l'hydrothérapie et les ultrasons) et la kinésithérapie en complément des manipulations.

L'avis du vétérinaire

Bien qu'il ne faille pas s'attendre à des miracles, les médecines douces peuvent donner d'excellents résultats. Avant d'entreprendre un traitement quel qu'il soit, mieux vaut cependant demander l'avis de votre vétérinaire. Il saura déterminer de quoi souffre votre cheval et quel traitement complémentaire ou alternatif pourrait se révéler le plus efficace.

Comment trouver des professionnels

Le meilleur moyen de trouver des professionnels dans le domaine que vous souhaitez est de faire des recherches sur Internet. Parfois, le bouche à oreille peut aussi ouvrir des horizons. Vous pouvez également vous procurer des livres dans une librairie spécialisée

Le « Tellington Touch »

Cette méthode a été mise au point par la Canadienne Linda Tellington-Jones et a pour but de régler des problèmes de comportement de l'animal, d'améliorer sa relation avec son maître ainsi que sa qualité de vie, et de le soulager lors d'un problème de santé. Elle consiste en une série de mouvements circulaires utilisant les mains et les doigts de différentes façons et, selon l'animal, en d'autres techniques.

Il n'y a pas encore de personnes qui pratiquent cette méthode en France, mais Linda Tellington-Jones est l'auteur de plusieurs livres consultables par tout propriétaire d'un animal.

Les selles et les tapis de selle

Les selles furent inventées dans le but de rendre les déplacements à cheval plus confortables et d'aider le cavalier à garder son équilibre lors d'exercices intenses, comme la conduite d'un troupeau ou pendant la guerre. De nos jours, l'équitation est surtout pratiquée comme loisir. De nombreux modèles, adaptés à la pratique de chaque discipline sportive, ont été développés pour favoriser la meilleure assiette possible pour le cavalier.

En bref
- ✓ Les types de selles
- ✓ Les tapis de selle
- ✓ Les sangles, les étriers et les étrivières
- ✓ L'entretien du harnachement

La selle mixte

Polyvalente, la selle mixte est la plus répandue. Elle offre au cavalier la possibilité de monter en randonnée ou de pratiquer une équitation sportive (dressage, saut d'obstacles). Confortable, elle est dotée d'un siège légèrement creux et de quartiers arrondis et moyennement avancés.

Son arçon de devant (pommeau) est légèrement incliné vers l'arrière dans sa partie haute et vers l'avant dans sa partie basse. Les couteaux porte-étrivières sont placés en arrière. Cela permet au cavalier d'adopter une assiette (position et équilibre en selle) avec le haut du corps légèrement en avant de façon à passer un obstacle. Les quartiers, contre lesquels reposent les jambes du cavalier, sont coupés modérément en avant pour une bonne position des genoux.

La selle de dressage

Vous pouvez adopter la selle de dressage si vous ne sautez pas ou si vous pratiquez cette discipline. Il en existe plusieurs types qu'il faut essayer. Les quartiers sont coupés verticalement et les couteaux sont en retrait par rapport à ceux de la selle mixte. Cela permet au cavalier de chausser les étriers plus longs et d'adopter une position plus verticale.

La selle d'obstacles

La selle d'obstacles ou de jumping est conçue pour favoriser la position en suspension requise pour le saut. Les étriers sont courts, les quartiers en avant et des insertions pour les genoux améliorent l'équilibre. Cette selle n'est pas confortable en randonnée ou pour l'équitation sur le plat.

Selle mixte — *Selle de dressage* — *Selle d'obstacles ou de jumping*

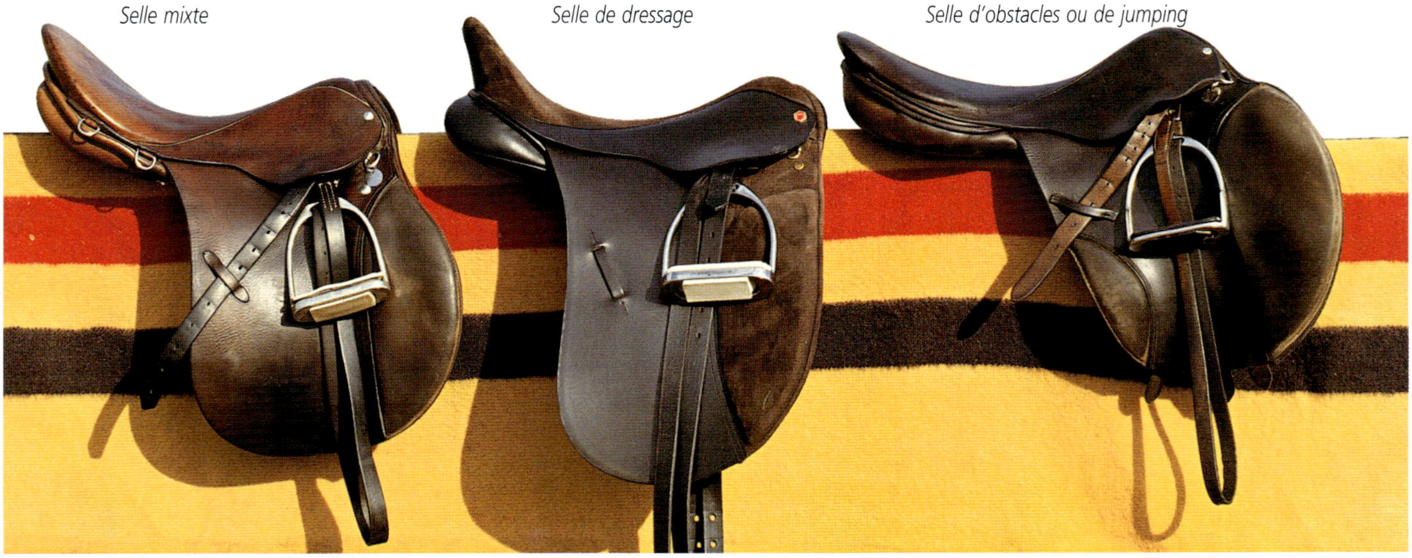

Ce tapis en forme de selle est doté de passants pour glisser la sangle. Les pattes agrippantes du haut se rabattent autour des sanglons.

Les tapis de selle

Bien qu'une selle correctement ajustée puisse être utilisée sans tapis, la plupart des cavaliers en mettent un pour améliorer le confort du cheval et absorber la transpiration. Généralement rectangulaires, ils sont matelassés ou rembourrés avec de la mousse pour absorber les chocs. Certains sont munis de passants pour la sangle et les contre-sanglons, ce qui leur évite de glisser. Choisissez un modèle avec un dégagement pour le garrot.

Les tapis en forme de selle ou numnahs

Numnah est un mot indien qui désigne un tapis en forme de selle. Comme les autres tapis, le *numnah* doit avoir un dégagement pour le garrot et des passants pour lui éviter de glisser lorsque le cheval est en mouvement.

Les sangles

Les sangles existent en différents matériaux (cuir, toile, cordage, matériau élastique) et formes. Le mieux est d'opter pour une sangle anatomique. Cintrée au niveau des coudes, elle est étudiée pour le confort du cheval et pour éviter les plaies de harnachement.

Les étriers et les étrivières

En acier inoxydable, les étriers sont lourds et faciles à entretenir. Différents modèles ont été développés pour une meilleure sécurité. Certains sont équipés d'une boucle élastique latérale à la place d'une branche métallique. En cas de chute, elle s'ouvre et libère le pied du cavalier. Vous pouvez aussi munir vos étriers d'une semelle antidérapante à fixer sur la sole pour que vos pieds ne glissent pas. La fente, ou œil, en haut de l'étrier permet le passage de l'étrivière, dont le cuir doit être souple pour ne pas vous irriter au niveau de la jambe. Les étrivières sont suspendues sur les couteaux, sous les petits quartiers.

Votre selle est précieuse

Les selles sont chères et fragiles. Si vous faites tomber la vôtre, vous pouvez briser l'arçon et la rendre inutilisable. Si vous la posez au sol, installez-la toujours sur le pommeau, sur une surface non abrasive. Ramenez la sangle par-dessus, de façon à couvrir le pommeau et le troussequin, que vous appuierez alors contre le mur. Le mieux est de la poser sur une clôture ou sur un porte-selle. Ne la posez pas sur la porte du box ; votre cheval pourrait la mâchouiller.

L'entretien du harnachement

Les selles synthétiques se nettoient facilement ; celles en cuir requièrent plus d'attention.

1 Après chaque utilisation, lavez les parties en cuir avec une éponge humide trempée dans l'eau tiède pour ôter la boue et la sueur. Si votre harnachement est très sale, utilisez du savon glycériné spécial cuir à appliquer généreusement avec une éponge humide. Frottez en un mouvement circulaire jusqu'à ce que les traces de savon disparaissent et laissez sécher.

2 De temps en temps, pour entretenir les cuirs afin qu'ils restent souples et imperméables, appliquez une huile ou une crème avec un chiffon doux ou une brosse souple.

3 Avant de nettoyer votre bride ou votre filet, défaites toutes les boucles et procédez comme pour la selle.

4 Ne mettez pas de savon ou de décapant pour métaux sur le mors. Le goût persistant serait épouvantable pour votre cheval. Lavez le mors et les étriers à l'eau tiède, sans détergent. Vous pouvez polir les boucles métalliques et les éperons avec un liquide à polir les métaux.

Le saviez-vous ?

Les problèmes de dos des chevaux sont souvent dûs à des selles mal ajustées. En blessant le dos du cheval, la selle entraîne toutes sortes de problèmes, lorsque le cheval est monté, lorsqu'il est manipulé, s'il se roule ou se gratte. Avant d'acheter une selle, assurez-vous qu'elle convient à votre cheval en prenant conseil auprès d'un spécialiste.

Choisir la bonne selle

Le choix d'une selle est déterminant pour la bonne relation entre le cavalier et son cheval. Son ajustement dépend de la morphologie du cheval et doit être supervisé par un spécialiste. Certains problèmes de comportement sont dus à des selles mal ajustées. Il est donc recommandé de vérifier l'ajustement d'une selle au moins deux fois par an si le cheval travaille régulièrement, car son poids peut varier en fonction de son régime et de la saison.

En bref
- ✓ L'importance d'un ajustement correct
- ✓ L'arçon
- ✓ La liberté de mouvement
- ✓ La largeur de la selle
- ✓ Problèmes d'ajustement

L'ouverture d'arçon

La selle doit aller parfaitement au cheval. Si elle pince, frotte ou ballote sur son dos, il sera gêné par une douleur qui pourra devenir permanente, voire invalidante. L'élément le plus important est l'ouverture de l'arçon, qui doit correspondre à la morphologie du cheval. La selle doit se poser naturellement sur son dos, les matelassures épousant ses formes. Il faut pouvoir passer la main librement entre le pommeau et le garrot du cheval. Avant d'acheter une selle, le mieux est donc de l'essayer sur le dos du cheval.

Les points importants

Une selle doit :
- être bien centrée ;
- permettre de voir le jour à travers le goulet (du pommeau au troussequin), de façon que le garrot ou la colonne vertébrale ne soient pas comprimés ;
- ne pas interférer avec ses épaules ;
- ne pas frotter contre ses reins ;
- ne pas engendrer une pression inégale sur son dos.

La liberté de mouvement des épaules

Lorsqu'un cheval étend ses antérieurs, ses omoplates (scapulas) pivotent d'un tiers autour d'un point situé sous le garrot. La partie haute se déplace vers l'arrière tandis que la partie basse (la pointe de l'épaule) avance.

Si le haut de l'omoplate entre en contact avec le bord avant de la selle à chaque foulée, le cheval ressent une pression inconfortable qui réduit son amplitude de mouvement et peut occasionner une abrasion. Avec le mouvement des épaules, chaque côté de la selle se trouve aussi légèrement soulevé, provoquant un ballottement inconfortable pour le cavalier et risquant de blesser le dos du cheval.

L'antérieur complètement étiré, il doit y avoir suffisamment d'espace pour placer votre main verticalement entre le bord de la selle et le haut de l'omoplate.

Épargner son budget

Une selle coûteuse, d'une marque prestigieuse, n'est pas forcément la mieux adaptée à votre cheval. Le plus important est que la selle lui convienne parfaitement, peu importe le logo qu'elle porte.

La largeur de la selle

Les matelassures sous le troussequin ne doivent pas dépasser de la dernière côte du cheval. Lorsque le cavalier le plus lourd qui monte le cheval se penche en avant, il doit rester la largeur de trois doigts entre le pommeau et le garrot. Lorsqu'il se penche en arrière, vous devez pouvoir glisser trois doigts dans le goulet sous le troussequin. Davantage, la selle est trop étroite, moins, la selle est trop large.

Problèmes d'ajustement

Certaines selles de mauvaise qualité ont des panneaux trop plats sous le siège, créant un « pont » sur le dos du cheval. La pression se porte à l'avant et à l'arrière mais pas au centre. Ce défaut engendre l'inconfort du cheval.

Si l'on n'y prête pas attention, une selle mal adaptée peut entraîner des complications pour le cheval, et à plus ou moins long terme, des défenses à la monte et au mon-

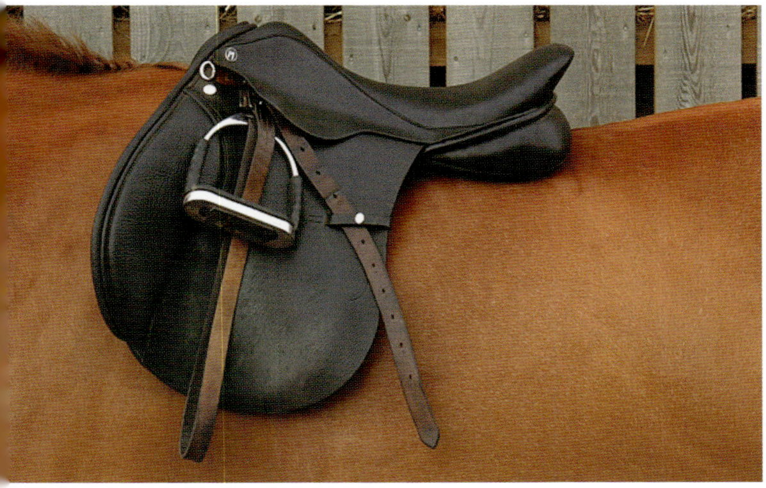

Cette selle est trop avancée sur le dos du cheval et gêne l'action de ses épaules. Relevée à l'avant, elle perturbe l'équilibre du cavalier.

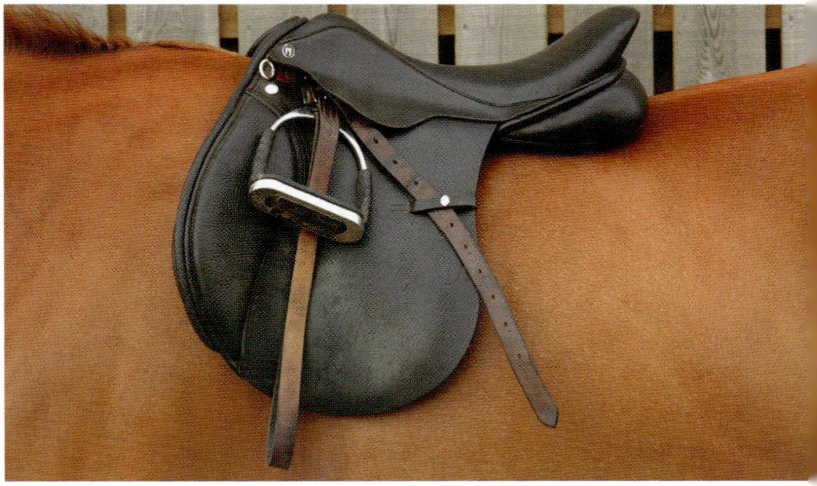

Cette selle est dans la bonne position. Elle n'entrave pas la liberté d'action des épaules ni des reins.

Cette selle est trop en arrière, mais ne gêne pas les épaules. Toutefois, elle fait pression sur la région sensible des reins.

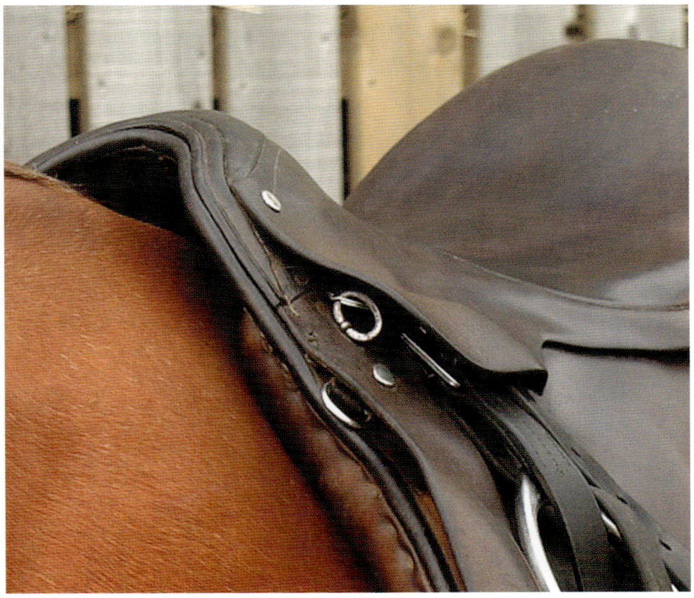

Cette selle semble bien ajustée, avec suffisamment d'espace au-dessus du garrot, elle risque toutefois de s'écraser sous le poids du cavalier.

toir, et plus gravement, des boiteries, des plaies et/ou une déformation des muscles du dos.

Essayer la selle

La selle est un outil de communication avec le cheval. Essayez-la et faites-vous conseiller par un professionnel. Si votre budget ne vous permet pas d'acheter une selle neuve, optez pour une occasion. Une selle de qualité déjà « faite » vaut mieux qu'une neuve de confection médiocre.

Deux pour la même selle

N'oubliez pas que si la selle doit convenir au cheval, elle doit aussi être confortable pour le cavalier. Ainsi, si une selle va à votre cheval, mais que le siège est trop court pour vous, il vous faut une selle avec un siège plus long.

Seller et desseller

Nombre de chevaux se laissent seller avec résignation, tandis que d'autres couchent les oreilles ou tentent de mordre. S'ils étaient sellés avec considération et savoir-faire, cela ne se produirait pas. Observer un cheval au moment où il est sellé peut vous en apprendre beaucoup sur son état mental et physique.

En bref
- ✓ Bien positionner la selle
- ✓ Serrer la sangle progressivement
- ✓ Observer les réactions du cheval
- ✓ Comment desseller

La bonne position

Ne placez pas la selle trop en avant ; cela entrave le mouvement des épaules du cheval. Passez votre main sous l'avant de la selle pour vous assurer qu'elle est positionnée derrière l'omoplate et ne gêne pas le cheval.

De même, ne la mettez pas trop en arrière car elle appuierait sur la région lombaire. L'arrière de la selle ne doit pas dépasser la dernière côte du cheval dont vous pouvez déterminer l'emplacement en palpant avec vos doigts.

Les réactions de votre cheval

Si votre cheval semble inquiet, secoue la tête, cherche à fuir votre contact ou devient agressif (oreilles en arrière, tentative de morsure), c'est qu'il n'apprécie pas d'être sellé. Montrez-vous patient et compréhensif. Vous pouvez créer une association positive en lui donnant une friandise au début et à la fin du processus. N'hésitez pas à prendre votre temps et imaginez comment vous réagiriez si vous étiez à sa place !

Si votre cheval persiste dans cette attitude, consultez votre vétérinaire qui pourra déterminer s'il souffre d'un problème physique.

Les parties d'une selle

Les selles sont construites autour d'un arçon, généralement en bois de hêtre ou dans un matériau synthétique, renforcé par des plaques de métal.

1 Troussequin
2 Siège
3 Creux du siège
4 Pommeau
5 Petit quartier
6 Tapis
7 Quartier
8 Sangle
9 Matelassure

Seller

1 En vous mettant sur la gauche du cheval, posez le tapis de selle un peu en avant sur le garrot et faites-le glisser jusqu'à la bonne position pour lisser les poils. Vérifiez qu'il repose bien à plat, sans plis qui pourraient irriter le cheval.

2 Prenez la selle et placez-la doucement sur le tapis en vérifiant qu'elle est dans la bonne position. Pour ne pas vous gêner, la sangle doit être attachée du côté droit de la selle et reposée en travers du siège.

3 Attrapez le tapis par les deux côtés et tirez-le légèrement vers le haut pour qu'il épouse la forme du goulet (passage entre les matelassures, sous le siège). Cela évite la pression sur la colonne vertébrale du cheval et surtout sur le garrot lorsque la sangle est serrée et que vous êtes en selle.

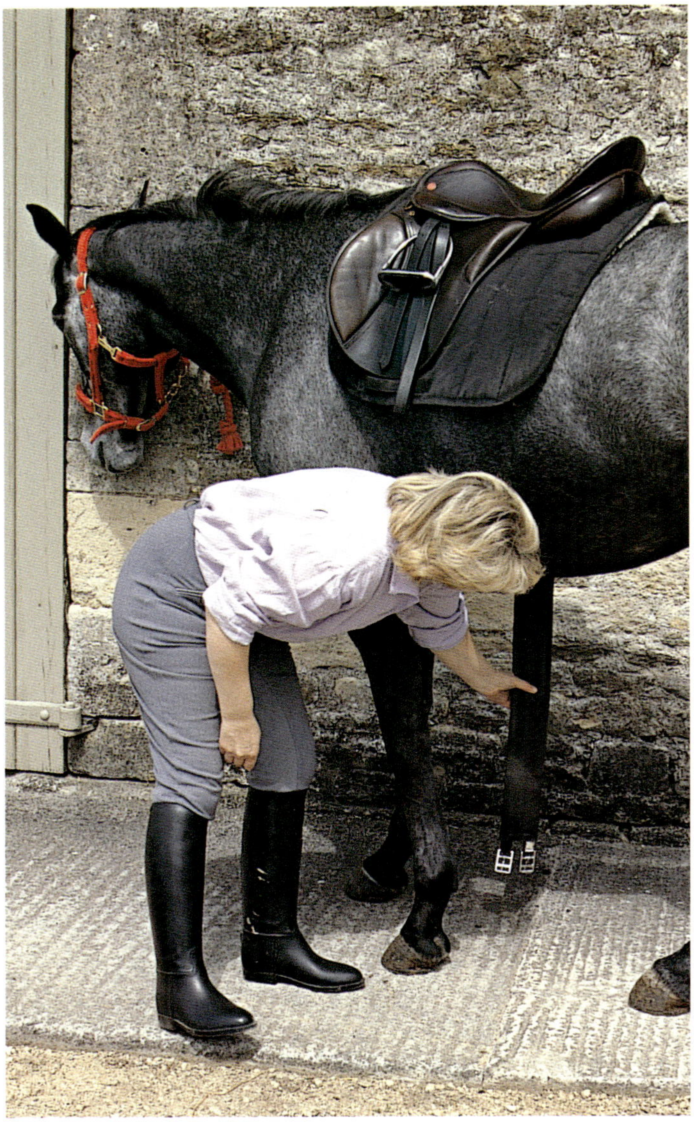

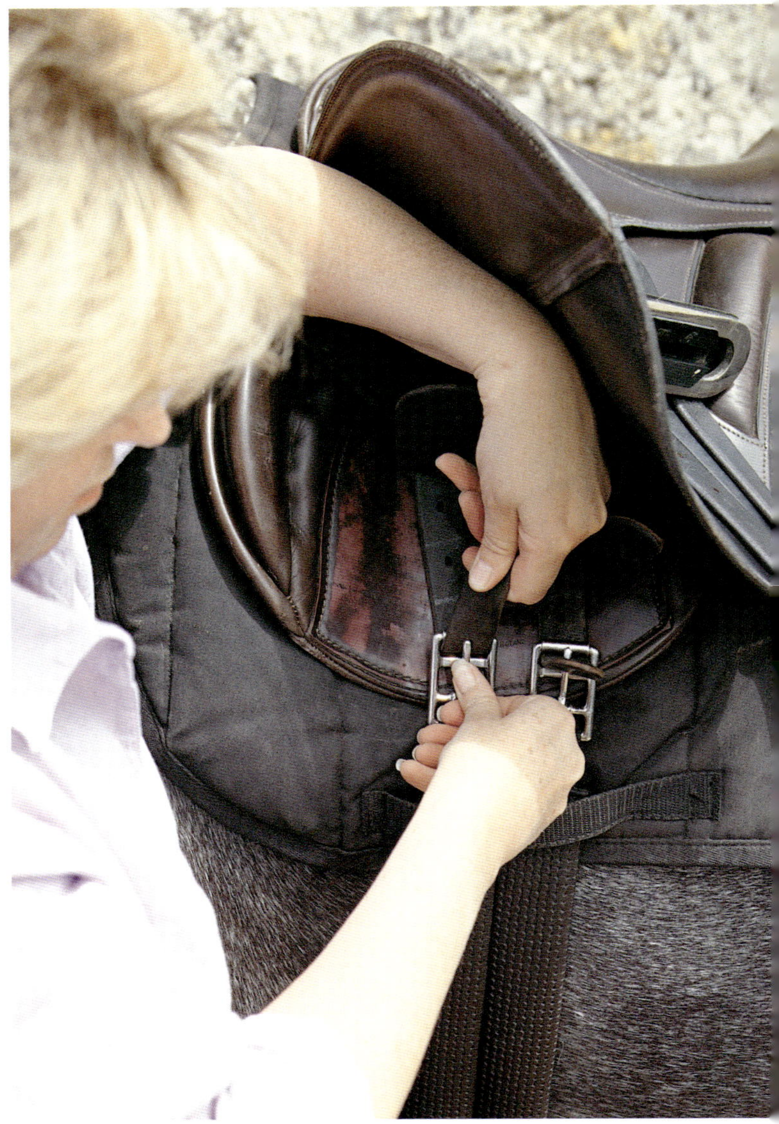

4 *Le sanglage est l'étape que les chevaux apprécient généralement le moins. Laissez pendre la sangle du côté droit et penchez-vous pour l'attraper sous le ventre du cheval. Si votre cheval est nerveux, faites le tour pour descendre la sangle. Vérifiez qu'elle est bouclée dans le dernier trou des contre-sanglons.*

5 *Avec précaution, bouclez la sangle au dernier trou des contre-sanglons, sous le quartier. Parlez à votre cheval pour le rassurer. Vérifiez que le tapis est toujours en place dans le goulet. Pendant que le cheval s'habitue à la pression de la sangle, vous pouvez lui mettre le filet (voir pages 92-93). Serrez la sangle progressivement, alternativement à droite et à gauche, jusqu'à ce que la selle ne puisse plus glisser. Vous devez pouvoir passer vos doigts entre la sangle et le cheval sans pour autant pouvoir la tirer excessivement.*

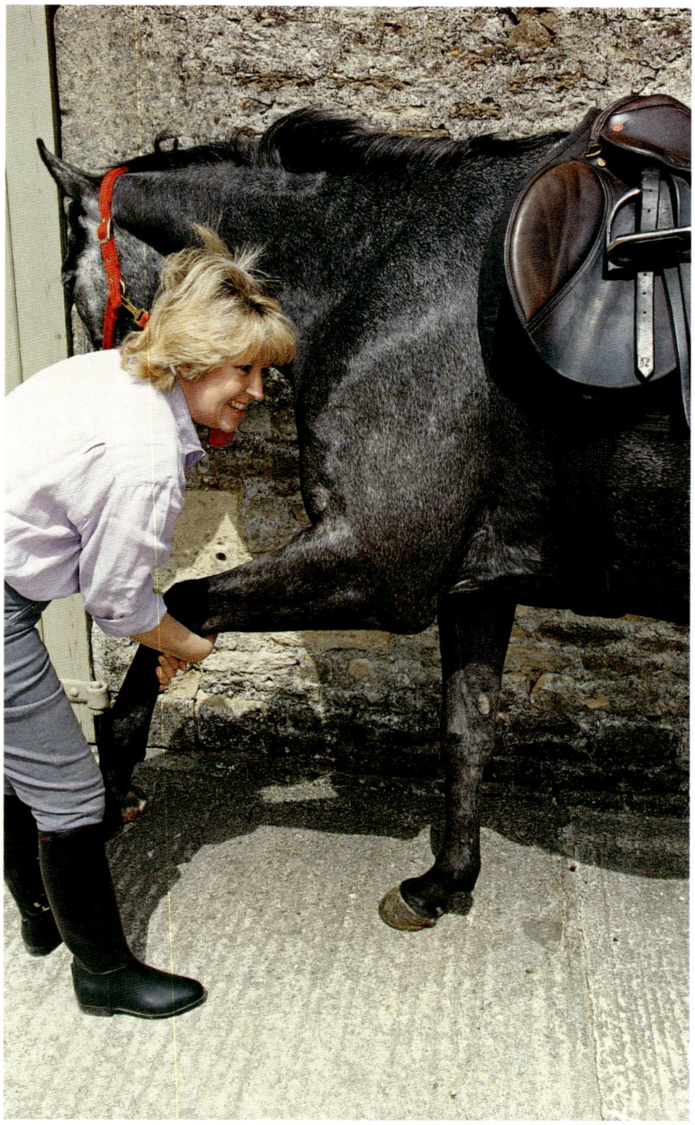

6 *Saisissez l'antérieur de votre cheval au niveau du genou et étirez-le vers l'avant gentiment. Cela évite que la peau fasse un pli entre le coude et la sangle. Répétez l'opération avec l'autre antérieur. Pour finir, vérifiez à nouveau le bon positionnement de la selle, descendez les étriers le long des étrivières et mettez-vous à cheval.*

Comment desseller

Après avoir mis pied à terre, caressez votre cheval et remerciez-le, particulièrement s'il a bien travaillé.

1 Soulevez le quartier du côté gauche du cheval et désanglez. Ne laissez pas la sangle cogner contre la jambe du cheval. Remontez les étriers sur les étrivières, puis soulevez la selle et le tapis et faites glisser l'ensemble sur votre avant-bras.

2 Saisissez la sangle sur le dos du cheval et posez-la à l'envers, en travers du siège de la selle, pour éviter que le côté souillé de boue ne soit en contact avec le cuir et ne le raye.

3 Pour finir, frottez ou bouchonnez (avec une poignée de paille ou de foin) l'emplacement de la selle et le passage de sangle pour rétablir la circulation.

Observation

Le sanglage peut être une expérience désagréable pour le cheval. Certains gonflent leur ventre, puis le dégonflent en se mettant à l'exercice. C'est pour cela qu'il faut vérifier la sangle peu après le début du travail et la resserrer si nécessaire. Quoi qu'il en soit, il faut toujours procéder graduellement. Cela prend quelques minutes. Vous pouvez aussi demander à un ami de distraire votre cheval avec des friandises. Parlez-lui calmement, mais sans hésitations, sauf s'il vous agresse en bottant ou en tentant de mordre. Dans ce cas, parlez-en à un professionnel, mais ne laissez personne le malmener. Cela renforcerait son appréhension.

Le harnachement de tête

À l'instar des « nouveaux maîtres » ou « chuchoteurs », dont les démonstrations de communication avec les chevaux sont fascinantes, vous pourriez être tenté de monter sans mors ou sans harnachement de tête. C'est oublier un peu vite que leur expérience et leur savoir reposent sur des années de travail et d'observation. Avec un niveau d'équitation modeste, mieux vaut toujours utiliser un bridon et un mors pour garder le contrôle de la direction et de la vitesse de votre monture.

En bref
- ✓ Les styles de filet
- ✓ Les parties d'un filet
- ✓ Les muserolles
- ✓ Les hackamores

Le rôle du filet

Le filet – constitué du bridon et du mors – est conçu pour permettre au cavalier de contrôler la tête de sa monture en toutes circonstances.

Les bridons et les brides

Un bridon classique est composé d'une têtière qui passe derrière les oreilles du cheval et se prolonge par des montants de chaque côté de la tête. Ceux-ci se terminent par des boucles où se fixe le mors. Réglables, ils peuvent être ajustés de façon que le mors soit correctement positionné dans la bouche du cheval. De la têtière part une autre lanière, la sous-gorge, qui passe sous la gorge du cheval et se boucle sur la gauche de la tête. Elle sert à maintenir le filet en place. Un frontal, passant sous le toupet, est fixé de chaque côté de la têtière dans laquelle il peut coulisser. Les rênes s'attachent aux anneaux du mors. Le filet est souvent assorti d'une muserolle.

La bride, ou bride double (voir pages 88-89), est faite de deux bridons, l'un portant un mors de filet et l'autre un mors de bride. La bride a donc deux paires de rênes.

Certaines brides d'équitation académique, comme celles de l'École espagnole de Vienne, n'ont pas de sous-gorge.

L'ajustement du filet peut être désagréable pour le cheval. Faites-le soigneusement et avec douceur.

Des harnachements décoratifs

Le frontal est souvent une pièce décorée, particulièrement sur les bridons destinés aux exhibitions. En cuir tressé, cousu de rubans colorés ou recouvert de plastique, il peut être aux couleurs de l'écurie ou s'harmoniser avec la robe du cheval.

Les brides et les selles western sont généralement encore plus ouvragées. En cuir repoussé, orné de motifs ou de plaques en argent, elles sont souvent très décorées, en particulier celles destinées aux exhibitions.

Certaines brides western n'ont pas de frontal, mais un passage d'oreille. Ce cheval porte un collier de chasse, ou bricole, pour maintenir la selle en place.

Les brides western

Les brides western, constituées d'une têtière, de montants et d'un frontal, sont plus simples que les brides classiques. Elles n'ont pas de muserolle. À la place du frontal, certains modèles ont une boucle en cuir « passage d'oreille ». La sous-gorge est un élément séparé qui coulisse derrière la têtière en passant à travers les boucles du frontal.

Les hackamores

Autrefois, les bridons consistaient en une corde passée autour de la tête du cheval. Le mors n'existait pas. Plus tard, pour améliorer le contrôle de leurs montures, les cavaliers introduisirent une corde en jute ou une lanière de cuir cru dans leur bouche. Des brides sans mors, appelées hackamores, sont toujours utilisées de nos jours, dans des disciplines comme l'obstacle ou l'endurance.

Le hackamore peut être préconisé quand un cheval ne supporte pas le mors ou le refuse, pour une raison physique ou psychologique, et en randonnée, car il permet aux chevaux de brouter librement.

Cependant, son maniement doit être léger et précis, car il agit sur le chanfrein et parfois sur la nuque. Mal utilisé ou mal ajusté, il peut rapidement se transformer en instrument de torture. En outre, il nécessite un gros travail d'apprentissage, afin que le cheval l'accepte et apprenne à répondre aux rênes d'appui.

En équitation western, les jeunes chevaux sont souvent montés avec un hackamore en cuir cru ou en corde appelé bozal. Cela épargne leur bouche jusqu'à ce qu'ils soient prêts à passer au mors.

Contrairement à l'équitation classique, où l'on recherche le contact, l'équitation western est basée sur la fuite de la pression et les chevaux sont dirigés avec des rênes d'appui tenues longues. Le contact avec la bouche est donc le plus léger possible.

Les muserolles

La muserolle empêche le cheval d'échapper au mors. Elle doit être ajustée de façon à ne pas interférer avec sa respiration ni avec l'action du mors. Un cheval bien dressé, monté par un bon cavalier, n'a pas besoin de muserolle.

La muserolle française est la plus simple. Elle se boucle autour du nez, au-dessus du mors, et peut être utilisée pour attacher une martingale fixe, pièce de harnachement entravant les mouvements de la tête du cheval vers le haut.

La muserolle combinée est une muserolle française munie d'une courroie supplémentaire qui s'attache sous le mors. Elle maintient le mors en position centrale et évite que le cheval n'ouvre trop la bouche.

La muserolle à croisillon ressemble à une figure en huit, avec une courroie de chaque côté du mors. Là encore, le but est d'empêcher le cheval d'ouvrir la bouche.

La muserolle allemande, peu utilisée, est une courroie passant sous le mors, attachée à une lanière de 8 cm reposant sur les naseaux. Elle ne doit pas être trop serrée.

Quand vous utilisez une muserolle munie d'une courroie passant sous le mors, rappelez-vous que le but n'est pas de sceller la bouche du cheval ; cela relèverait du mauvais traitement.

Les rênes

En équitation classique, les rênes sont fermées par une boucle, tandis qu'en équitation western elles sont séparées. Le dressage des chevaux n'est pas le même. Les chevaux western sont éduqués à s'arrêter et à attendre dans le calme lorsqu'une rêne pend au sol tandis qu'en équitation classique, quand le cavalier perd une rêne, elle reste sur l'encolure du cheval et il n'a pas besoin de stopper pour la récupérer.

Les mors

Des mors en fer vieux de 4 000 ans ont été retrouvés dans l'Est de l'Asie. Les mors archaïques étaient aussi fabriqués dans de la corne ou de l'os. La plupart des cavaliers se sentent rassurés par l'utilisation d'un mors et pourtant, quand un cheval s'emballe, aucun mors ne peut l'arrêter. Heureusement, la plupart des chevaux se soumettent à l'action du mors. Il existe des centaines de modèles de mors.

En bref
- ✓ Le mors de filet
- ✓ Le mors de bride
- ✓ Le Pelham
- ✓ Le gag
- ✓ Le choix d'un mors doux
- ✓ L'importance de la main

Le mors de filet

C'est le plus simple et le plus populaire des mors. Il en existe de nombreux types, à embouchure droite, cintrée, brisée, à double brisure, à passage de langue. Un mors droit, qui appuie sur la langue, est inconfortable. La plupart des chevaux acceptent mieux une embouchure cintrée, à passage de langue ou brisée. Le mors brisé a une action de « casse-noix », tandis que le mors à double brisure, dans lequel une pièce centrale s'articule sur deux moitiés de l'embouchure, est beaucoup plus doux et permet une meilleure décontraction de la bouche du cheval. En fonction de la forme de la pièce centrale, il porte différents noms : double brisure si la pièce est ovale, à boule si la pièce est ronde, bristol si la pièce centrale est plate, à rouleau si elle tourne.

L'embouchure, ou canon, est fixée à des anneaux de divers types, ronds, à olives ou à aiguilles (des barres verticales empêchant le mors de glisser de la bouche du che-

1

2

3

1 Pelham avec embouchure rigide cintrée en acier inoxydable.

2 Filet à olives brisé en acier inoxydable.

3 Filet double brisure type bristol en acier inoxydable.

Connaître les chevaux

Bien que l'intérêt du mors dans le harnachement de tête soit indiscutable, n'oubliez pas que le plus important est votre habileté à l'utiliser. Contrôler le cheval est une nécessité, mais cela devient difficile s'il a une expérience douloureuse avec un mors. Malmener la bouche d'un cheval est une très mauvaise idée, qui ne peut aboutir qu'à un désastre.

val). Les anneaux ronds sont coulissants, ce qui donne un effet de mouvement dans la bouche, tandis que ceux à olives sont fixes. Les mors à aiguilles sont parfois employés pour diriger les jeunes chevaux.

Divers métaux et alliages sont utilisés pour faire les embouchures : acier inoxydable, caoutchouc, cuivre. Les mors western sont souvent en cuivre ou en fer. Ces métaux ont un goût qui semble agréable au cheval et l'encourage à saliver et à accepter le mors. Toutefois, chez les mammifères, une salivation excessive peut être un signe de détresse. C'est le cas des chevaux qui salivent trop. D'ailleurs, avons-nous vraiment le moyen de savoir si un cheval aime vraiment le goût de mors que nous avons choisi pour lui et qu'il ne peut pas retirer ? Peut-être préfère-t-il un mors sans goût, en acier inoxydable ou en plastique ?

La bride ou bride double

La bride double est un harnachement de tête sophistiqué, permettant à un bon cavalier d'utiliser des aides délicates, sur un cheval bien dressé, pour obtenir des mouvements et un placé précis. Elle ne doit pas être utilisée par un cavalier débutant ou sur un cheval inexpérimenté.

Elle possède deux mors, un filet et un mors de bride, chacun assorti d'une paire de rênes. Le mors de bride est utilisé avec une gourmette qui s'ajuste au niveau du sillon du menton. Son effet est celui d'un levier et il doit être utilisé avec précaution. Il sert à positionner le nez du cheval. Le mors de filet, à canon fin, sert à relever la tête du cheval. La bride est traditionnellement utilisée en dressage.

Le Pelham

Ce mors combine l'action d'un mors de bride et d'un filet. Il a deux jeux d'anneaux pour ajuster les rênes. Moins subtil, il permet un meilleur contrôle sur le cheval qu'un filet simple. Il devrait être utilisé avec deux paires de rênes (celle des anneaux du bas offrant un meilleur effet de levier), mais de nombreux cavaliers préfèrent y fixer des alliances (courroies en cuir bouclées sur les deux anneaux latéraux) et n'utiliser qu'une paire de rênes. Ce montage permet de bénéficier de l'effet releveur du filet et de l'effet abaisseur du mors de bride. Son utilisation suppose un peu de tact.

Le mors espagnol de type « goyo aga »

Le goyo aga est un mors style Pelham, à anneaux en D, équipé d'un canon simple à passage incurvé pour la liberté de la langue, et d'une gourmette. Il s'utilise avec une seule paire de rênes. Plus sévère qu'un filet, il convient à certains chevaux puissants.

Le gag ou « filet releveur »

Le gag ou filet releveur est un mors qui porte très mal son nom, parce qu'utilisé avec ses montants spéciaux, il incite les chevaux à résister en baissant la tête. En fait, il « relève » le mors dans la bouche en faisant pression sur la têtière. C'est donc un mors à effet abaisseur qui peut être utilisé avec quatre rênes. Les rênes de filet sont « releveuses » et les rênes de gag « abaisseuses ». L'intérêt est qu'il permet de débuter la conduite à quatre rênes avec un mors doux, sans avoir besoin d'un Pelham ou d'un mors de bride. Il faut toujours l'utiliser avec une muserolle.

Le choix du mors

Quelle que soit la discipline que vous pratiquiez, choisissez toujours le mors le plus doux possible, quitte à passer à un mors plus sévère si votre cheval ne répond pas à vos aides. La sélection d'un mors spécifique doit se faire avec l'aide d'une personne expérimentée.

Le saviez-vous ?

Lorsqu'un cheval produit beaucoup d'écume autour de la bouche durant l'exercice, c'est probablement qu'il ressent de l'inconfort, de la détresse, voire de la colère. Bien que la salivation soit nécessaire autour du mors, si elle est excessive, c'est le signe d'une irritation ou d'une douleur.

Bien ajuster un filet

Si le bridon et le mors ne sont pas bien ajustés, le cheval est gêné et ne travaille pas correctement. Il pourrait même devenir difficile à contrôler. Provoquer l'inconfort ou la douleur délibérément est cruel, mais vous pouvez aussi le faire sans vous en rendre compte, en serrant trop le filet et en plaçant le mors trop haut dans la bouche du cheval. Voici donc quelques conseils pour ajuster votre filet correctement.

En bref

- ✓ Ajuster chaque pièce
- ✓ Le bon mors
- ✓ Ajuster une gourmette
- ✓ La longueur des rênes
- ✓ Une muserolle bien mise

Un filet bien ajusté

Lorsqu'un filet est correctement ajusté, vous devez pouvoir glisser un doigt facilement sous chaque lanière. Si vous avez de la difficulté à le faire, c'est qu'une ou plusieurs pièces sont trop serrées.

• Ni la têtière ni le frontal ne doivent appuyer sur la base des oreilles et/ou frotter et irriter la peau.

• La têtière doit se trouver à 1 cm derrière la base des oreilles. Si ce n'est pas le cas, le frontal est sans doute trop court et tire la têtière vers l'avant, et/ou la têtière est trop large.

• Inversement, le frontal ne doit pas être trop lâche pour ne pas ballotter.

• La sous-gorge doit être ajustée de façon à pendre à la moitié des ganaches du cheval (joues). Vous devez pouvoir passer facilement votre main entre la lanière et la joue.

Ce filet est à peu près bien ajusté, mais la sous-gorge est trop serrée. Le mors est à la bonne hauteur. Il fronce légèrement la commissure des lèvres.

• Les montants du bridon et de la muserolle doivent être placés bien en arrière des yeux. La muserolle, trop courte ou trop serrée, tire parfois les montants vers l'avant et gêne le cheval.

• La muserolle doit descendre à peu près à mi-chemin entre la commissure des lèvres et l'angle inférieur de l'os zygomatique.

Ajuster une gourmette

La gourmette doit être placée à plat le long du sillon du menton dont la peau est délicate. Lâche, lorsque les rênes sont détendues, vous devez pouvoir passer un doigt dessous tout le long. Elle doit se tendre sans remonter lorsque le mors s'incline de 25 à 30 degrés par rapport aux lèvres du cheval.

Une gourmette trop serrée provoque l'inconfort. Le cheval s'encapuchonne et/ou passe la langue par-dessus le mors de bride ou les deux mors pour échapper à la compression. Si elle est trop lâche, il faut tirer pour obtenir une réaction et l'action du mors est compromise.

Ajuster un mors

Quel que soit le type de mors, prévoyez une marge de 10 mm environ de chaque côté (vous devez pouvoir glisser un doigt entre l'anneau et la lèvre du cheval).
La taille, qui correspond à la distance entre les articulations du mors, varie de 11,5 cm pour les poneys à 14,5 cm et plus pour les chevaux lourds. Si vous ne trouvez pas la taille idéale, prévoyez de placer des rondelles en caoutchouc de 5 mm d'épaisseur de chaque côté.

- Un mors à canon brisé doit être ajusté de façon à créer un seul pli à la commissure des lèvres.
- Un filet à canon cintré, un Pelham, un goyo aga ou un mors western à embouchure rigide, doivent être placés juste à la commissure des lèvres, sans faire de pli.
- Un mors de bride doit se trouver à environ 1 cm sous le bridon. Il ne doit pas toucher les commissures des lèvres. Le mors du bridon se place juste au-dessus.

Pour bien faire son travail, un cheval doit se sentir à l'aise.

Les rênes

On trouve des rênes de longueurs variées, mais beaucoup de modèles sont trop courts. Les rênes d'obstacles doivent être assez courtes, car les cavaliers se tiennent en avant. Celles destinées aux autres disciplines devraient permettre au cavalier de se tenir droit dans la selle, coudes le long du corps, sans contact si le cheval met le nez au sol.

Des rênes trop courtes gênent un bon travail sur le plat en donnant au cheval l'impression qu'il ne peut pas baisser la tête pour s'étirer. Elles encouragent aussi le cavalier à monter avec les mains trop en avant et les bras étendus, ce qui nuit à une bonne perception.

Le confort du cheval avant tout

Lorsque vous choisissez un filet, pensez avant tout au confort de votre cheval. Ne soyez pas tenté de suivre la mode, de serrer trop la muserolle ou de placer le mors trop haut dans la bouche. Cela ne peut se révéler que contre-productif, car votre cheval ne sera pas heureux de travailler.

L'inconvénient d'un mors trop haut

En plaçant un mors trop haut dans la bouche d'un cheval, créant deux ou plusieurs plis, le mauvais cavalier s'imagine que sa monture est plus sensible à son contact. C'est l'inverse qui se produit. En effet, la peau est étirée et douloureuse et, à la commissure des lèvres, des cals peuvent même se former, rendant la bouche moins réceptive.

L'inconvénient d'une muserolle trop serrée

Le mauvais cavalier s'imagine qu'en serrant la muserolle, il empêche le cheval d'ouvrir la bouche et donc d'échapper à l'action du mors. Le bon cavalier, quant à lui, recherche la mise en main par la décontraction de la bouche. Pour cela, le cheval doit céder avec sa mâchoire inférieure, c'est-à-dire ouvrir légèrement la bouche et descendre sa mâchoire. Il ne peut pas le faire avec une muserolle trop serrée. En conclusion, en ajustant trop étroitement la muserolle, le cavalier empêche le cheval de faire ce qu'il lui demande.

Mettre un filet

Les chevaux n'apprécient généralement pas qu'on leur touche la tête. Ils peuvent se montrer très méfiants quand ils n'ont pas confiance ou qu'ils ont un mauvais souvenir, en particulier avec une bride ou un filet mal ajustés. Aussi, avant de mettre un filet à votre cheval, mieux vaut vérifier qu'il est à sa taille en le plaçant contre sa tête afin de vous rendre compte à quel niveau se trouvent le mors et la têtière.

En bref
- ✓ Comment mettre un filet
- ✓ L'importance de la vérification
- ✓ Retirer la bride avec précaution
- ✓ Brider à l'extérieur
- ✓ Les brides sans mors

Comment mettre un filet

Avant de mettre un filet, assurez-vous que la sous-gorge et la muserolle sont défaites. Passez les rênes par-dessus la tête du cheval, et posez la boucle derrière ses oreilles. Ainsi, s'il décide d'avancer, vous pouvez facilement saisir les rênes sous son encolure pour le retenir.

Placez-vous sur la gauche de votre cheval, à côté de sa tête. Prenez le filet dans votre main droite, que vous passez sous la tête du cheval. Avec votre main gauche, appuyez le mors contre sa bouche. Pour l'encourager à l'ouvrir, insérez votre pouce doucement à la commissure des lèvres, au niveau de la barre dépourvue de dents. La plupart des chevaux s'exécutent rapidement et prennent le mors sans difficulté.

Passez doucement la têtière par-dessus une oreille, puis l'autre. Si le cheval n'est pas rasé au niveau de la nuque, dégagez les mèches de crins pour que la têtière repose à plat et passez le toupet au-dessus du frontal. Vérifiez que le filet est bien droit et le mors à sa place dans la bouche. Bouclez la sous-gorge. Descendez alors les rênes sur le garrot.

La muserolle doit passer sous les montants. Ajustez-la en fonction de son type. N'oubliez pas de passer un doigt sous chaque lanière pour vérifier que le filet est bien ajusté.

Si votre bride est équipée d'une gourmette, elle doit pendre au crochet de droite. Prenez-la avec votre main droite et faites-la tourner jusqu'à ce que les anneaux soient tous à plat. Accrochez-la sur le crochet gauche. Changez d'anneau si nécessaire pour la mettre à la bonne longueur. Vérifiez une dernière fois qu'elle n'est pas torsadée et repose bien à plat.

1 *Parlez doucement à votre cheval pendant que vous le bridez. Certains cavaliers donnent une friandise à leur monture, non pas pour la corrompre, mais pour qu'elle actionne ses mâchoires et garde un goût agréable dans la bouche. Assurez-vous que vous pressez bien le mors à la jonction des dents et non pas contre les gencives. Cela lui ferait mal et ne l'encouragerait pas à ouvrir la bouche.*

CE QU'IL FAUT FAIRE

- Parler à son cheval quand on l'approche avec un filet ou une selle.
- Le brider avec douceur, en prenant son temps.
- Vérifier que le harnachement est bien sécurisé avant de monter.

CE QU'IL NE FAUT PAS FAIRE

- Brider ou seller son cheval dans la précipitation.
- Cogner le mors contre les dents du cheval.
- Se mettre en selle sans avoir vérifier le harnachement, en particulier le sanglage.

2 *Mettez la bride à votre cheval avec assurance. Si vous hésitez, votre cheval laisse tomber le mors et il vous faut recommencer. À l'inverse, ne le brusquez pas. Si vous tenez la bride correctement, vous n'aurez pas de mal à passer la têtière derrière ses oreilles.*

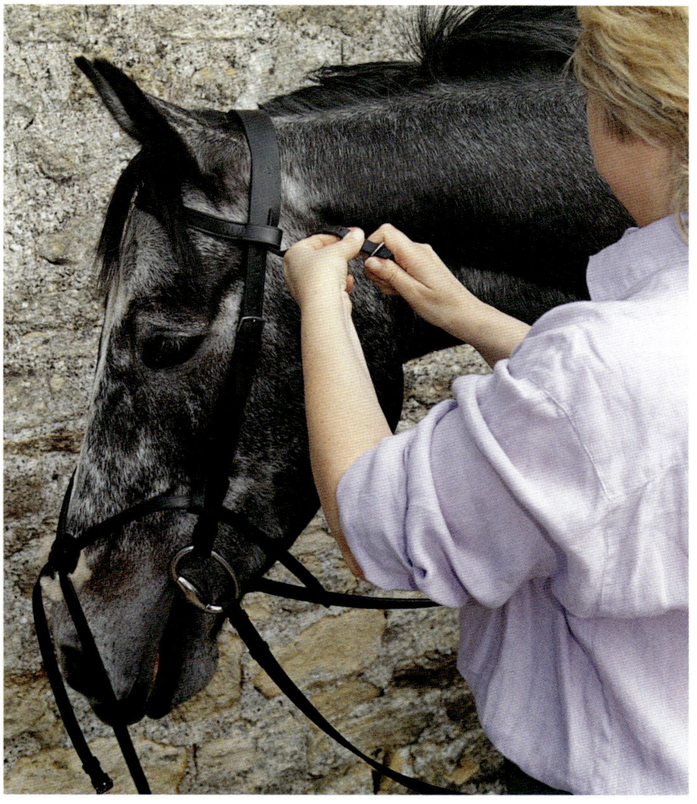

3 *Bouclez la sous-gorge avant la muserolle. Si vous montez avec une gourmette, ajustez-la en dernier. Lorsque vous retirez la bride, défaites ces éléments dans le sens inverse. Par mesure de sécurité, il est recommandé de défaire la sous-gorge en dernier.*

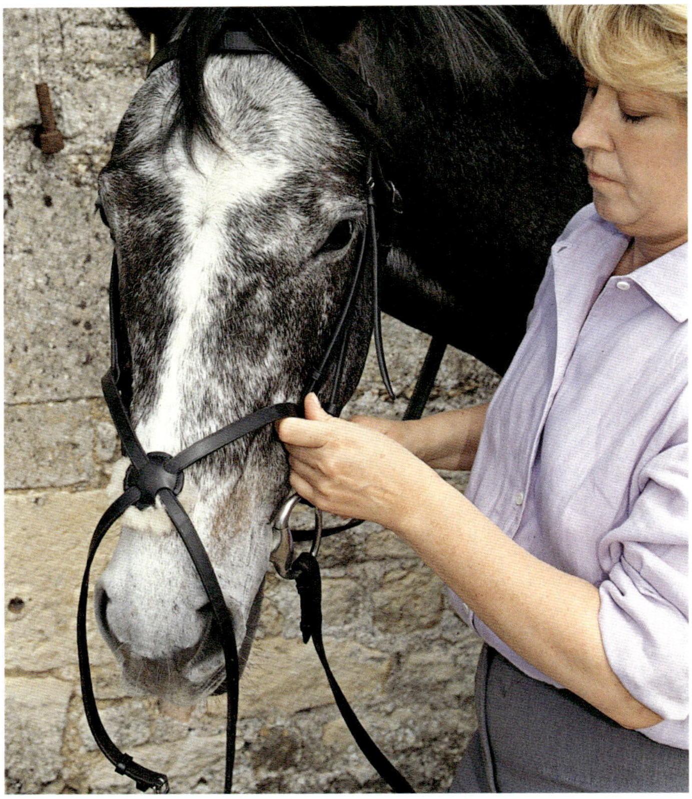

4 Lorsque toutes les lanières sont bouclées, assurez-vous qu'aucune n'est trop serrée en passant votre doigt au-dessous, y compris autour de la muserolle. Si l'une des lanières est trop étroitement ajustée, le cheval est mal à l'aise. Contrairement à une croyance répandue, un filet serré n'améliore pas le contrôle du cheval, mais le blesse et peut le rendre dangereux s'il cherche à échapper à cet inconfort.

5 La sous-gorge de ce filet devrait être desserrée de deux ou trois trous. Si le cheval sent la sous-gorge qui le compresse, il ne sera pas encouragé à fléchir la nuque pour se mettre sur la main, ce que tout bon cavalier devrait rechercher.

Mener un cheval par la bride

Passez les rênes par-dessus la tête du cheval, prenez-les dans votre main droite et menez le cheval comme s'il s'agissait d'une simple longe.

Brider un cheval à l'extérieur

1 Attachez votre cheval à un anneau à l'extérieur à l'aide d'un licol et d'une longe. Défaite la boucle, sortez le nez du cheval du licol et refermez la boucle de façon que le cheval reste attaché.

2 Mettez-lui le filet, puis défaites le licol lorsque vous êtes prêt.

3 Ne laissez pas le licol pendre à l'anneau ; le cheval risquerait de se prendre le pied dedans.

Retirer une bride

1 Défaites la gourmette (si vous en utilisez une), la muserolle et la sous-gorge, dans cet ordre.

2 Déplacez la boucle des rênes vers la têtière et, en vous tenant devant et légèrement sur le côté du cheval, dégagez doucement la têtière des oreilles. La plupart des chevaux baissent la tête pour vous faciliter la tâche.

3 Ne tirez pas le mors de la bouche du cheval. Il le rend dès que vous faites glisser la têtière vers l'avant. S'il ne le fait pas, attendez qu'il ouvre la bouche. Gardez la têtière à la hauteur de la base de ses oreilles de façon que le poids du mors soit supporté par le bridon et non par les dents du cheval quand il le lâche. Dès qu'il le fait, félicitez-le.

Les hackamores ou brides sans mors

Le hackamore est un type de bridon sans mors. Constitué d'une muserolle et de branches métalliques, on l'utilise à deux mains. Il en existe différents types, plus ou moins sévères selon la longueur des branches. Plus elles sont longues et plus le hack est dur. De même, plus la muserolle qui repose sur le nez du cheval est fine et plus elle est sévère.

Bien qu'en théorie, le contrôle du cheval devrait être géré davantage par l'assiette et les jambes que par les mains, *via* les rênes et le mors, la majorité des cavaliers se sent plus en sécurité avec un mors dans la bouche de leur cheval.

Les hackamores sont interdits en compétition de dressage. L'entraînement des chevaux de dressage étant basé sur l'acceptation du mors. À l'opposé, certains pensent que l'ultime preuve de l'harmonie du couple cheval/cavalier est un cheval que son cavalier peut monter en toute confiance avec ou sans harnachement de tête.

Certains chevaux ayant connu une expérience douloureuse avec un mors ne l'acceptent plus jamais en toute confiance, et d'autres ont une bouche conformée bizarrement, ce qui rend le choix d'un mors difficile. En outre, si un cheval a un problème quelconque à la bouche, avec un hackamore, il peut continuer de travailler jusqu'à sa guérison.

Le hackamore est surtout utilisé en randonnée. Le cheval est plus à l'aise sans mors, car il peut boire et se nourrir facilement. Il doit cependant être utilisé avec précaution, uniquement par un cavalier sensible et expérimenté, car il peut être très douloureux pour le cheval. Un cavalier dont l'assiette n'est pas parfaitement indépendante risque de se raccrocher aux rênes en cas de déséquilibre. Les hackamores les plus durs fonctionnent par un système de levier qui, utilisé durement, peut fracturer l'os nasal du cheval.

Le hackamore western

Le hackamore utilisé en équitation western est composé d'une partie posée sur le chanfrein, le bosal, d'une têtière, d'une sous-gorge et de rênes tressées et fixées à un seul point (rênes mecate). Le bosal peut être en cuir gras, en cuir cru ou en corde. Il agit par contact sur le chanfrein grâce au nœud d'attache du mecate qui sert de contrepoids sous le bosal. L'action sur les rênes mecate doit être ponctuelle et légère. Le bosal est utilisé à l'entraînement des jeunes chevaux et dans diverses disciplines d'équitation western pour des chevaux de moins de 4 ans. À cet âge, les chevaux western passent généralement au mors de bride.

Le side pull

Le side pull est un hackamore assez doux (la sévérité étant fonction du matériau et de la rigidité de la muserolle). Il est équipé d'une muserolle et fonctionne en rênes d'ouverture. Les rênes sont fixées à un anneau de chaque côté de la muserolle qui coulisse légèrement, permettant un meilleur contrôle qu'un simple licol.

Les colliers

Un collier est une lanière simple bouclée autour de l'encolure du cheval et auquel le cavalier débutant peut s'accrocher s'il perd l'équilibre. Le collier de chasse, ou bricole, est fait d'un collier et de courroies qui s'attachent sur les côtés de la selle et à la sangle. Il empêche la selle de glisser en arrière.

Les protections

Les membres du cheval n'ont pour protection qu'une peau fine. Les os, les tendons et les ligaments sont donc très vulnérables aux chocs, aux atteintes, aux tendinites et autres blessures. De nombreux cavaliers équipent leurs montures de guêtres ou de bandes de travail avant de monter. Il existe aussi toutes sortes de protections destinées à des usages divers, comme le transport et certaines disciplines équestres.

En bref

- ✓ Les différentes protections
- ✓ L'exercice et les bandes de repos
- ✓ Poser et retirer des bandes

Les guêtres

Si votre cheval a tendance à s'atteindre aux membres, si vous le faites sauter ou que vous le longez, il aura besoin de guêtres.

Les guêtres. Choisissez un modèle de forme anatomique, offrant une protection renforcée de l'intérieur des membres, du boulet au haut du canon. Les guêtres des postérieurs sont légèrement plus longues que celles des antérieurs.

Les protège-canons. Ils sont renforcés sur le devant, pour protéger les canons lorsque le cheval heurte une barre en sautant un obstacle. Certaines protections jumping sont renforcées par des coques à l'intérieur des membres.

Les protège-tendons. Ils n'évitent pas les élongations, les foulures ou les claquages, mais sont conçus pour protéger les antérieurs des atteintes que le cheval peut se faire avec ses postérieurs lorsqu'il saute. Les renforts à l'arrière de la guêtre sont dotés d'une armature de barres flexibles le long des tendons pour un meilleur maintien.

Certains modèles réduisent les contusions et autres blessures au niveau des tendons et des ligaments des chevaux de sport. Ils portent généralement le nom de leur fabricant.

Les protège-boulets. Comme leur nom l'indique, ils sont conçus pour protéger les boulets des chocs et des atteintes. Certains modèles ont une forme anatomique.

Les cloches. En matériau synthétique ou en caoutchouc, les cloches protègent les talons, le bas des paturons et la couronne, des atteintes. On les met généralement aux antérieurs, mais pour un transport, mieux vaut mettre des cloches aux quatre pieds.

Les guêtres de transport. Matelassées, elles enveloppent

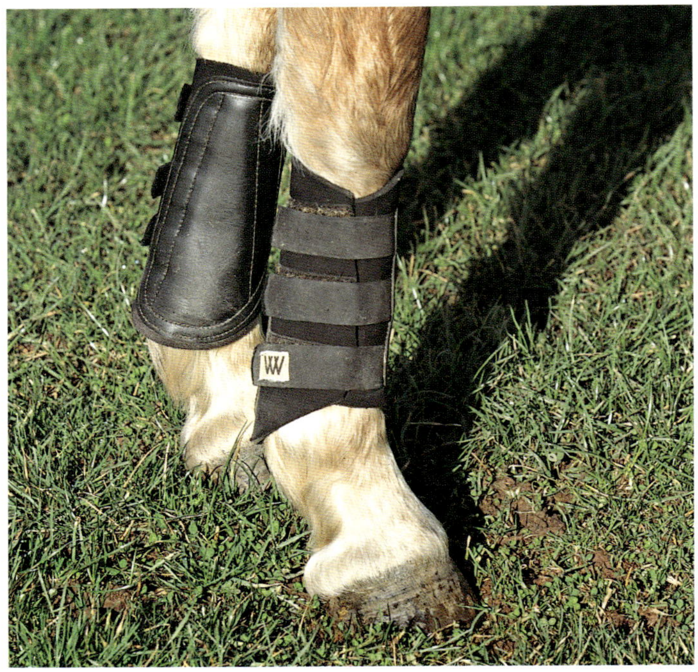

Ces guêtres, posées aux antérieurs, sont renforcées sur la face interne des canons et des boulets et s'attachent à l'extérieur par des pattes agrippantes.

Mettre et retirer des guêtres

1 Placez la guêtre à la bonne position contre le membre et fermez les pattes agrippantes ou les boucles du bas vers le haut. Si vous faites le contraire et que le cheval bouge, la guêtre pourrait glisser vers le bas, tomber sur le sabot et faire trébucher le cheval.

2 Pour la même raison, lorsque vous ôtez les guêtres, défaites les pattes du haut vers le bas.

3 Après avoir retiré les guêtres, frottez les membres du cheval pour stimuler la circulation.

Une utilisation controversée

Les bandes de travail et les guêtres de protection favorisent l'échauffement des tendons, les rendant ainsi plus vulnérables aux blessures. Certains experts, scientifiques et professionnels, s'accordent à penser que de faire travailler un cheval régulièrement avec des guêtres, en particulier des guêtres de soutien, empêche les membres de se fortifier naturellement. Un bon compromis est de n'utiliser des guêtres que pour le travail rapide, le saut d'obstacles ou la compétition, et de les retirer le plus vite possible après l'effort.

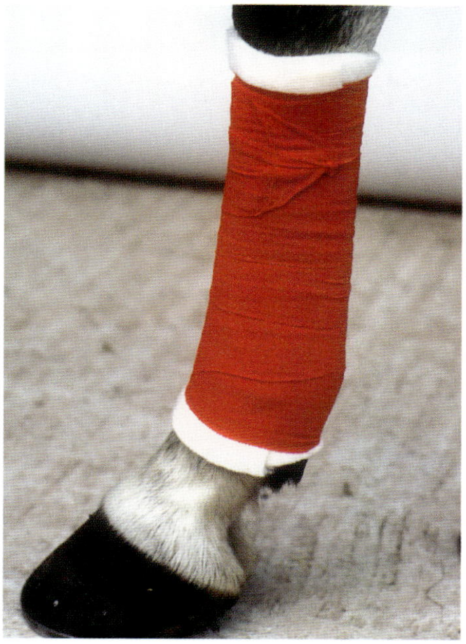

Cette bande de travail est correctement posée, sur une sous-bande en feutre. La pression semble uniforme et la patte d'attache, dirigée vers l'arrière, a été glissée sous un tour de bande.

les membres des genoux ou des jarrets jusqu'au sol. Elles se posent rapidement et facilement et protègent les membres du cheval au cours d'un transport en van ou en camion.

Les systèmes de fermeture. Ce sont généralement des pattes agrippantes type Velcro, des pattes élastiques ou des boucles et des lanières en cuir pour les modèles les plus coûteux.

Les bandes

Il en existe de nombreux types, adaptés au travail et au repos.

Les bandes de travail. Elles sont élastiques, légères et résistantes et peuvent être posées par-dessus des sous-bandes qui protègent la peau et répartissent la tension parfois inégale de la bande, préjudiciable aux membres. Les sous-bandes sont en coton doublé d'ouatine, en coton intérieur mousse, en feutre synthétique, ou se présentent sous forme de coques moulées en mousse rigide.

Les bandes de travail ne sont pas faites pour servir de support aux membres, mais pour minimiser les secousses et les chocs dus au travail.

Les bandes de repos. Elles sont plus larges et plus longues que les bandes de travail. En textile extensible, elles moulent bien le membre. On les place par-dessus des sous-bandes, pour sécher les membres, les réchauffer et éviter l'engorgement. Elles peuvent aussi servir à maintenir un pansement.

Mettre et enlever des bandes

Les bandes de travail se posent autour des canons, depuis le genou (ou le jarret) jusqu'au boulet. Pour un léger soutien des tendons et des ligaments, on peut les faire descendre à l'arrière du boulet. Elles doivent être serrées sans excès et d'une manière uniforme.

• Sur les membres gauches, posez la bande en tournant dans le sens inverse des aiguilles d'une montre. Commencez en haut, sous le genou (ou le jarret), et enroulez en descendant, puis en remontant. Les attaches doivent se trouver sur l'extérieur du membre et pointer vers l'arrière. De cette façon, elles ne risquent pas de s'accrocher au cours de l'exercice ou de frotter sur l'autre membre.

• Pour la même raison, posez les bandes sur les membres droits dans le sens des aiguilles d'une montre.

Les bandes de repos se posent d'une manière similaire, mais descendent jusqu'à la couronne, enveloppant ainsi le boulet et le paturon.

• Posez les bandes de repos moins serrées que les bandes de travail, surtout sur un membre blessé ou engorgé. L'idéal est de les serrer juste pour qu'elles tiennent, pas davantage.

• Pour retirer une bande, défaites les attaches et déroulez la bande rapidement en la passant d'une main à l'autre autour du membre du cheval. Ne l'enroulez pas, vous le ferez après, en vous éloignant du cheval. Massez le membre vigoureusement (s'il n'est pas blessé).

Couvertures et chemises

Les textiles pour chevaux se déclinent en une grande variété de tailles, de matières et de couleurs. Les couvertures tiennent chaud au cheval par mauvais temps et sont souvent très utiles. Cependant, un usage exagéré peut être source d'inconfort pour l'animal. De nombreux chevaux et poneys peuvent fort bien s'en passer. Il faut donc les utiliser quand elles sont réellement nécessaires et non pour avoir l'impression de « s'occuper » de son cheval.

En bref
- ✓ Les couvertures d'écurie
- ✓ Les chemises
- ✓ Les couvertures de pré
- ✓ Ajuster une couverture
- ✓ Votre cheval a-t-il froid ou chaud ?

Imperméable à l'eau et au vent, une couverture de pré permet au cheval de rester dehors par tous les temps. Celle-ci est bien ajustée à l'arrière, mais semble trop courte sur le garrot.

Les couvertures d'écurie

Selon la saison, le cheval maintenu à l'écurie peut porter une chemise légère pour le protéger de la poussière ou une couverture matelassée. Divers textiles entrent dans leur fabrication, mais la plupart des couvertures sont légères et isolantes (elles ne laissent pas pénétrer l'humidité) tout en étant « respirantes » (elles permettent l'évacuation de la sueur). Le cheval n'est donc pas surchargé avec plusieurs épaisseurs. La meilleure couverture d'écurie pour l'hiver est celle qui tient chaud tout en étant la moins lourde possible.

En été, une chemise légère protège le cheval de la poussière. Il existe des chemises anti-mouches, des chemises séchantes ou imperméables. Au printemps et en automne, vous devez être vigilant et adapter la protection de votre cheval aux variations de température.

Les chemises d'exercice ou couvre-reins

Si la plupart des chevaux n'ont pas besoin de couvre-reins, il est nécessaire à ceux au poil très fin ou tondu l'hiver, particulièrement si la tonte est intégrale. Il apporte chaleur et confort au cheval. Lorsqu'ils sont froids, les muscles sont davantage exposés aux claquages et aux élongations.

Il existe de nombreux modèles, légers et imperméables, ou chauds et confortables. Ils couvrent normalement le cheval du garrot à la naissance de la queue. Les modèles plus courts, qui s'arrêtent à la croupe, laissent exposés des muscles qui ont pourtant besoin d'être couverts. Choisissez un couvre-reins à la bonne longueur et attachez toujours la courroie de queue. En effet, si un coup de vent venait à le soulever, votre cheval pourrait paniquer. Pour sortir sur une route, utilisez un couvre-reins très voyant ou muni de bandes réfléchissantes.

Les couvertures de pré

Les couvertures de pré, ou « néo-zélandaises », sont chaudes et imperméables. L'extérieur est en toile huilée ou en bâche et l'intérieur en laine ou fibre polaire. Avec une telle couverture, le cheval doit pouvoir brouter et galoper. Par temps rigoureux, la tenue d'hiver peut être complétée par un protège-encolure et un protège-queue pour que le cheval ne sente pas les courants d'air. Très bien conçus, les modèles modernes, qui ne glissent ni ne tournent, permettent à l'animal de se mouvoir librement.

L'été, le cheval peut porter une couverture anti-mouches couvrant son encolure et son ventre. Certaines protègent du soleil et évitent le jaunissement du poil.

Une garde-robe convenable

Prévoyez deux couvertures de chaque sorte, de façon à en avoir toujours une de rechange lorsque l'autre est sale ou déchirée. Les textiles pour chevaux étant assez chers, la plupart des propriétaires ne disposent généralement que d'une couverture correcte, la seconde étant de moindre qualité et servant uniquement à remplacer la première lorsque cette dernière doit être nettoyée ou recousue.

Les systèmes d'attache

Le problème lié aux couvertures est le système d'attache sur le poitrail. Les couvertures glissent souvent vers l'arrière à cause des poils et frottent sur les épaules du cheval jusqu'à les dépiler, imprimant une pression sur le garrot. De plus, si l'attache passe au niveau de l'encolure, le cheval risque de suffoquer en baissant la tête.

Optez donc plutôt pour des modèles ayant un système de double attache sur le poitrail et des soufflets d'aisance aux épaules. Les systèmes comportant des sursangles croisées sous le ventre avec une courroie de queue ou ceux avec des courroies de cuisses sont satisfaisants, à condition que la couverture soit aux dimensions du cheval. Oubliez le surfaix traditionnel. Outre la pression constante de la sangle, ce système n'est pas fiable si la couverture n'est pas adaptée au cheval. Une couverture à la taille du cheval doit couvrir le garrot et s'étendre sous la naissance de la queue. En largeur, elle doit atteindre le niveau des coudes, et même descendre un peu plus bas pour les couvertures de pré.

Cette couverture est maintenue avec un surfaix. Préférez les modèles avec des courroies de cuisses ou des sursangles croisées sous le ventre.

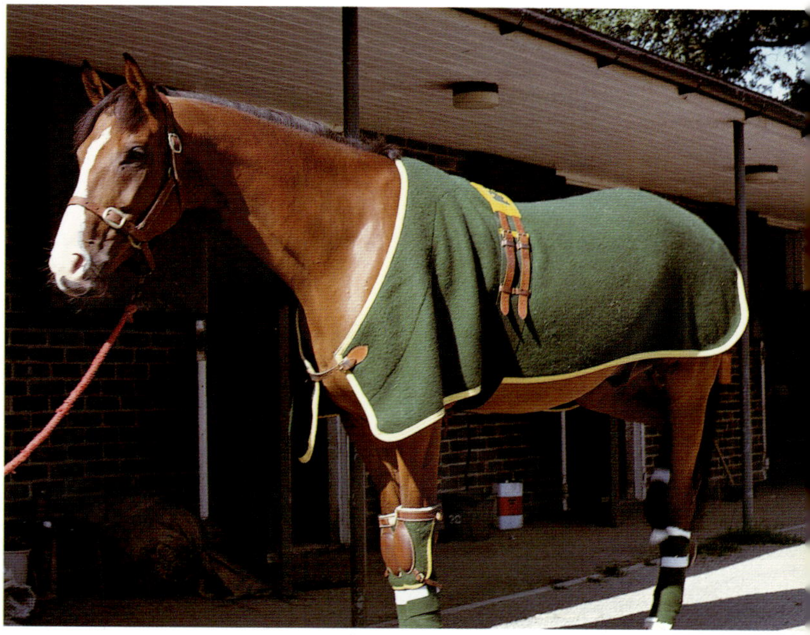

Comment déterminer si un cheval a chaud ou froid ?

- Prendre la base des oreilles dans la main. Si elle est froide, le cheval aussi.
- Tâter son ventre, ses flancs et sa croupe et attendre quelques secondes pour sentir la température. Si on sent le frais, c'est que le cheval a besoin d'une couverture moyenne et s'il est vraiment froid, utiliser une couverture plus chaude.
- Un cheval qui a froid se met à trembler, comme un être humain. L'observer.
- Si, au toucher, le cheval est vraiment chaud et couvert de sueur, qu'il ait travaillé ou non, c'est qu'il a trop chaud et a besoin d'être rafraîchi. Ne pas le couvrir !
- Lui ôter sa couverture s'il en a une, et le placer dans un endroit en courant d'air.
- S'il est véritablement très chaud, l'éponger ou le passer au jet, en insistant au niveau de l'encolure, et le laisser sécher sans bouger (tout mouvement engendre de la chaleur).
- Le faire marcher à l'ombre couvert d'une chemise traditionnelle nid-d'abeilles. Elle le rafraîchira en générant un courant d'air.
- De nombreux modèles de chemises séchantes permettent d'évacuer la transpiration tout en évitant les coups de froid après le travail.

Mettre une couverture

Certains chevaux ont peur des couvertures, en particulier s'ils sont jeunes et inexpérimentés. Si vous avez un jeune cheval ou que vous approchez un cheval inconnu, laissez-lui le temps de regarder et de sentir la couverture avant de la poser, pliée, dans la région de la selle, pour voir comment il réagit. S'il garde son calme, vous pouvez la déplier et l'ajuster sur son dos.

En bref

- ✓ Mettre une couverture en toute sécurité
- ✓ Le confort est essentiel
- ✓ Comment retirer une couverture

Comment mettre une couverture

Avec une couverture correctement placée sur son dos, qui ne pourra pas tourner et dans laquelle il ne pourra pas se prendre les pieds, votre cheval sera prêt à affronter les pires intempéries, à l'écurie ou à l'extérieur.

Méthode 1

1 Assurez-vous qu'aucun brin de paille ou autre débris pouvant irriter le cheval ne se trouve à l'intérieur de la couverture. Prenez la couverture en la tenant d'une main à chaque extrémité de la couture qui court le long du dos du cheval et placez-la, pliée en accordéon, sur le garrot.
2 Tirez l'arrière, dans le sens du poil, vers la queue du cheval, de façon que la couture se déplie directement le long de la colonne vertébrale.
3 Bouclez d'abord les sursangles et/ou les courroies de cuisses. Si le cheval bouge et que la couverture glisse et tombe sur son arrière-train, il peut ainsi s'en débarrasser sans danger. En revanche, si vous fermez en premier les attaches de poitrail, la couverture est attachée autour de son encolure d'où elle peut glisser. Le cheval risque alors de se prendre les pieds dedans, de paniquer, voire de tomber.
4 Vérifiez l'ajustement au niveau du garrot et bouclez les attaches de poitrail. Lissez dans sa position naturelle la partie de la crinière se trouvant sous l'avant de la couverture. Ne tirez pas la couverture en arrière car elle serait trop serrée au niveau des épaules. Si vous avez une couverture bien coupée et de bonne qualité, elle ne devrait pas trop glisser vers l'arrière avec les mouvements du cheval.

CE QU'IL FAUT FAIRE

- Aérer la couverture portée par votre cheval tous les jours en la suspendant à l'envers. Les couvertures s'imprègnent de sueur et ont besoin de sécher, sinon elles s'alourdissent, sentent mauvais et deviennent antihygiéniques.
- Pour la sécurité du cheval, garder les couvertures en bon état. Réparez-les si nécessaire.
- Veiller à les tenir propres. Certains modèles sont lavables en machine. Les laver toutes les semaines. Pour les autres, certains professionnels disposent de l'équipement pour s'en charger (voir aussi pages 102-103).

CE QU'IL NE FAUT PAS FAIRE

- Laisser traîner les couvertures sur le sol ou dans la litière. Tout débris (brin d'herbe sèche, paille, copeaux…) peut être très irritant pour la peau du cheval.
- Couvrir le cheval plus que le strict nécessaire. Surchargé de couvertures, le cheval a trop chaud et se sent mal à l'aise et misérable.
- Échanger les couvertures entre les chevaux sans les laver, au risque de répandre des maladies.

Méthode 2

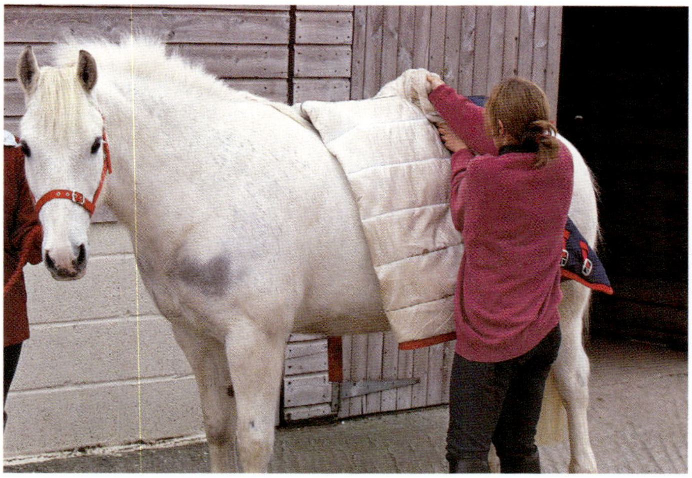

1 *Pliez la couverture en deux, à l'envers et dans le sens de la longueur et posez-la sur les reins du cheval.*

2 *Rabattez l'avant sur le garrot et reculez la couverture légèrement pour lisser le poil. Assurez-vous qu'elle couvre bien le garrot et les épaules.*

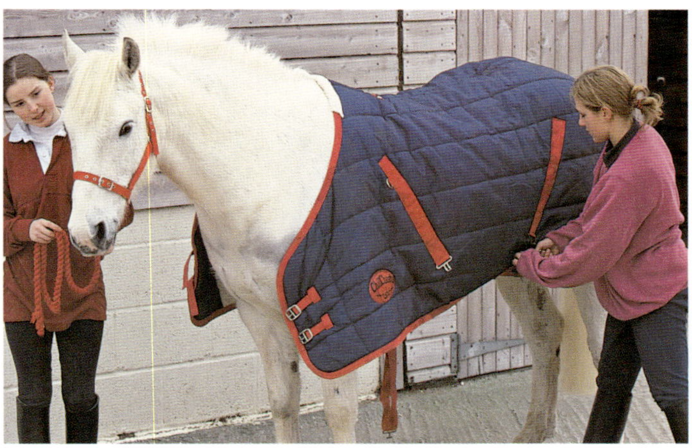

3 *Attachez les courroies de cuisses en premier.*

4 *Attachez ensuite les sursangles (la plupart des couvertures n'ont pas les deux).*

5 *Pour finir, bouclez les attaches de poitrail.*

Vous devez pouvoir passer votre main en largeur entre les sursangles – ou les courroies de cuisses – et le ventre du cheval. Vous devez aussi pouvoir glisser facilement votre main sous la couverture, autour de l'encolure.

L'entretien des couvertures

Les textiles pour chevaux de bonne qualité sont coûteux et leur entretien relève du bon sens. Faites faire les réparations rapidement, ainsi que les nettoyages avec des produits appropriés, pour qu'ils durent le plus longtemps possible. De nombreux propriétaires négligent l'hygiène de leurs couvertures. C'est montrer bien peu d'intérêt au bien-être de leurs chevaux. Posez-vous une question simple : voudriez-vous être enveloppé dans la couverture de votre cheval ?

En bref
- ✓ L'importance de l'entretien
- ✓ Suspendre les couvertures
- ✓ Le nettoyage
- ✓ Le rangement
- ✓ Naturel ou synthétique ?

L'importance de l'entretien

Tout bon propriétaire devrait accorder autant de soin aux textiles de son cheval qu'à son harnachement. Malheureusement, beaucoup entretiennent avec beaucoup de minutie leur harnachement, mais traitent les couvertures négligemment. Pourtant, leur propreté et leur bon état sont indispensables au confort des chevaux.

Quelques règles simples

Ne laissez pas traîner vos couvertures n'importe où, et surtout pas à même le sol, ou encore dans la litière de votre cheval. Poussière, cailloux, sable, terre, surfaces abrasives comme du ciment peuvent user et détériorer le tissu. Toutes sortes de particules et de débris peuvent s'insinuer dans la doublure et irriter la peau de votre cheval.

Lorsque vous n'utilisez pas une couverture, suspendez-la, doublure à l'extérieur, sur un support spécial. Si vous n'en avez pas, servez-vous d'une barrière ou d'une haie pour l'aérer tous les jours, si possible. Évitez de la placer sous un arbre ou sous un nid d'oiseaux. Les fientes la souilleraient. Le moment idéal pour aérer vos textiles est pendant que vous montez votre cheval.

Si c'est impossible, pliez la couverture et posez-la sur la porte du box ou dans un endroit propre. Secouez-la avant de la remettre sur votre cheval.

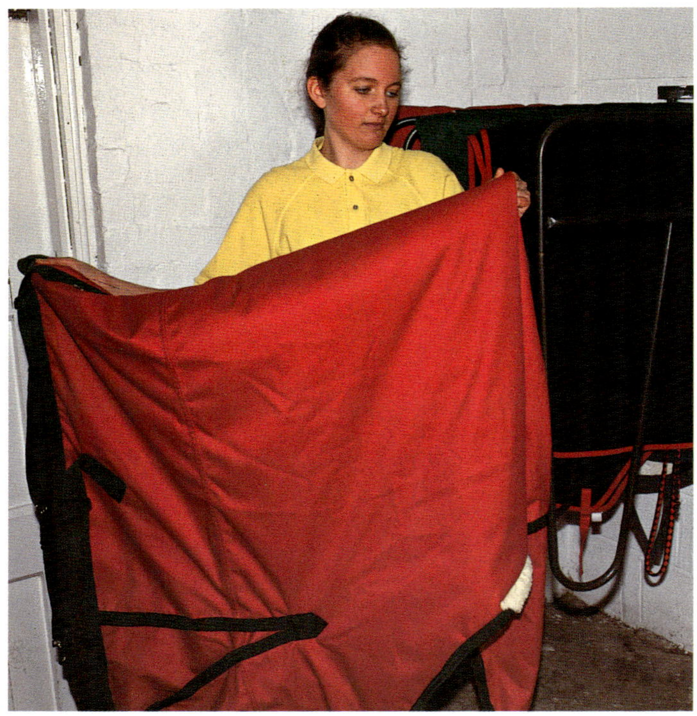

Pour garder vos textiles en bon état, prévoyez un support pour les suspendre dans la sellerie, ou autre lieu chauffé, à l'abri de l'humidité.

Combien de couvertures ?

Il faudrait que vous puissiez en avoir trois en permanence : une sur le cheval, une prête à être utilisée et une au lavage. Étant donné le prix des couvertures, en particulier celles de pré et d'écurie, cela peut être difficile. Vous devriez pouvoir vous en sortir avec deux, à condition d'en prendre bien soin (voir aussi pages 98-99).

Le nettoyage

Conformez-vous aux instructions du fabricant. La plupart des textiles synthétiques sont lavables avec un détergent doux et un adoucissant. Vous pouvez laver les plus épais dans une laverie, ou les faire laver ou nettoyer à sec chez un spécialiste des textiles pour chevaux. Pour éviter tout malentendu pouvant se solder par une couverture ruinée, montrez-lui les instructions de nettoyage si l'étiquette n'est pas cousue sur le textile.

Rangement à court terme

Une fois propres, placez vos couvertures sur des supports si vous ne vous en servez pas pendant quelques jours ou quelques semaines. Dans le commerce, il existe des présentoirs mobiles ou fixes, équipés de plusieurs supports. Vous pouvez aussi ranger vos textiles bien pliés sur une étagère ou dans une armoire.

Stockage à long terme

Avant de ranger vos textiles jusqu'à la saison suivante, assurez-vous qu'ils sont propres et en bon état. Si vous les stockez sales, ils attireront les rongeurs (qui pourraient nicher dedans) et des insectes tels que les mites.

La plupart des textiles modernes pour chevaux sont synthétiques. Si votre couverture a des parties en cuir, veillez à les huiler pour les garder souples et éviter la moisissure, avant de la ranger. Pensez à nettoyer les boucles. La rouille peut endommager le cuir et tacher les tissus.

Naturel ou synthétique ?

De nos jours, la plupart des textiles pour chevaux sont synthétiques. Cependant, il existe toujours des couvertures en fibres naturelles, dont les qualités sont indéniables. Par exemple, rien de tel qu'un couvre-reins en laine par un jour d'hiver froid et venteux, pour garder au chaud et au sec un cheval délicat. Très confortable, la laine est aussi bien enveloppante.

Les synthétiques présentent bien sûr l'avantage d'être faciles d'entretien. Légers et chauds, ils se lavent et sèchent rapidement. Ils sont particulièrement appréciables pour les couvertures de pré, qu'il faut laver souvent. L'authentique couverture « New-Zeland », en jute, est beaucoup plus difficile d'entretien. Votre choix dépend de vos goûts et de votre budget.

Le meilleur endroit pour garder vos textiles est de les ranger dans un coffre, un tiroir de commode ou une armoire, à l'abri de la poussière et de l'humidité. Si vous n'avez pas de possibilité de rangement dans l'écurie, gardez-les chez vous.

De gauche à droite : chemise d'été en coton, chemise synthétique multi-usages « nid-d'abeilles », couverture d'hiver en laine, pour le box ou le transport.

Matériel d'entretien des écuries

L'entretien des boxes et des écuries est une corvée qui peut sembler rébarbative, mais avec les bons outils le travail peut être grandement facilité. Que vous disposiez d'un engin motorisé pour vous aider, ou simplement d'outils manuels, n'hésitez pas à investir dans un équipement de qualité. Selon le type de litière que vous employez, vous aurez besoin d'outils spécialisés. Choisissez un équipement approprié.

En bref
- ✓ Évitez les économies de « bouts de chandelle »
- ✓ Les outils dont vous avez vraiment besoin
- ✓ Les engins mécaniques
- ✓ Un équipement bien pensé
- ✓ Le cheval doit passer avant les corvées

Avec une petite brouette de jardinage, curer le box de votre cheval va devenir une véritable corvée.

Les brouettes

Les outils que vous utilisez le plus souvent sont ceux qui servent à curer les boxes et à transporter le fumier. Évitez d'acheter une petite brouette de jardinage, dans laquelle vous ne pourrez transporter qu'un petit volume et qui s'usera rapidement, car vous devrez faire de nombreux allers-retours de l'écurie au tas de fumier.

Le mieux est de vous fournir auprès d'une coopérative agricole. Vous y trouverez des brouettes solides et durables. Les modèles à deux roues, plus stables, ont moins tendance à se renverser, et les modèles électriques autotractés épargnent les dos, mais restent encore un peu plus coûteux.

Si vous avez plusieurs chevaux et que votre budget vous le permet, optez pour un microtracteur avec une remorque ou une benne. Vous économiserez beaucoup de temps et d'énergie et, à long terme, votre investissement sera rentable.

Les balais

Le balayage des écuries et de la cour est aussi une tâche longue et fastidieuse. Vous gagnerez du temps en achetant un balai large, de préférence en fibres naturelles. Les balais en paille de riz sont particulièrement solides et bien adaptés à ce travail.

Les petits nettoyages

Entre deux curages complets du box, vous aurez besoin d'outils pour ôter les crottins. Bien que de nombreux propriétaires utilisent des paniers à linge en plastique et des gants en caoutchouc, il existe dans le commerce des pelles et des râteaux à crottin spéciaux, très pratiques et assez bon marché. Tout en épargnant votre dos, ils vous permettront de remplir votre brouette sans vous fatiguer. Ces outils sont aussi très utiles pour ramasser les crottins dans la cour et les paddocks.

Les pelles

Optez pour une pelle à large lame en aluminium, qui permet de prendre de grosses pelletées. La lame, légèrement incurvée, fait un angle avec le manche, ce qui facilite l'utilisation. Avec une pelle de jardin ordinaire, vous auriez beaucoup plus de travail.

Les fourches

La fourche classique à quatre dents est polyvalente. Vous pouvez l'utiliser pour trier et étaler toutes sortes de litières et pour le fumier. La fourche à copeaux a de nombreuses dents très rapprochées. Elle sert à séparer les copeaux des crottins. Ne laissez jamais traîner votre fourche par terre. Vous ou votre cheval pourriez marcher dessus et vous blesser sérieusement.

Les aspirateurs

Si vous n'aimez pas passer le balai, la solution est d'acheter un aspirateur. Optez plutôt pour un modèle type industriel, solide et d'une capacité suffisante, avec lequel vous pourrez aspirer aisément la poussière et toutes sortes de débris sans vous fatiguer.

Vos priorités

Votre emploi du temps quotidien doit faire passer les besoins de votre cheval en premier. En effet, des corvées comme le balayage de la cour, le nettoyage des alentours du tas de fumier, des fenêtres, du jardin ou le graissage des cuirs peuvent attendre. Sachez que le temps que vous gagnerez en investissant dans des outils pratiques et de qualité, vous pourrez le passer à vous occuper de votre cheval.

De l'aide

Si vous réalisez que vous n'avez vraiment pas le temps de tout faire vous-même, pourquoi ne pas vous faire aider de temps en temps ? Vous pourriez envisager d'employer une personne quelques heures par semaine pour effectuer certaines corvées à votre place, comme l'entretien de la cour et des écuries.

Une cour bien tenue et propre est toujours plus accueillante, mais le bien-être des chevaux doit passer avant tout. Ne vous laissez pas submerger par vos corvées au point de ne plus avoir assez de temps à consacrer à votre cheval.

Le transport

La plupart des propriétaires qui déplacent régulièrement leurs chevaux pour participer à des concours disposent de leur propre moyen de transport. Habitués à ces voyages, les chevaux ne posent généralement pas de problème à l'embarquement ou au débarquement. Cependant, par nature, les chevaux ne se sentent pas à l'aise dans un espace clos et certains peuvent se montrer particulièrement rétifs au moment de monter dans un van ou un camion.

En bref

- ✓ Comprendre le point de vue du cheval
- ✓ La meilleure façon de transporter un cheval
- ✓ L'embarquement
- ✓ Camion ou van ?
- ✓ Conduire un van
- ✓ Laisser le cheval se reposer

Certains chevaux n'ont besoin que d'un peu de temps pour s'assurer que le van ne constitue pas un danger, mais d'autres se figent et refusent d'avancer.

Connaître les chevaux

Des expériences ont prouvé que les rampes d'accès, les tapis et les intérieurs noirs sont source d'inquiétude pour certains chevaux, à tel point qu'ils refusent d'embarquer. Le rouge et le vert semblent être des couleurs plus apaisantes.

L'attitude du cheval

Certains chevaux gardent un mauvais souvenir de leurs chargements dans un van. Ils ont été effrayés et manipulés avec brutalité et refusent désormais de coopérer. De nombreux propriétaires amateurs se trouvent alors désarmés. Il suffit parfois d'une mauvaise expérience pour qu'un cheval ne puisse plus être embarqué, mais curieusement, un autre, malgré un terrible accident, continuera de voyager sans problème, comme si de rien n'était.

Votre attitude

L'erreur la plus commune est d'imaginer qu'un cheval pense comme un homme. C'est totalement faux. Il faut savoir que l'intérieur d'un van, surtout s'il est sombre, étroit et sans issue à l'avant, est très effrayant pour le cheval, animal qui, par atavisme, ne se sent en sécurité que dans des espaces ouverts, d'où il peut voir arriver le danger. C'est donc à l'homme d'apprendre à penser comme un cheval s'il veut que l'apprentissage de l'embarquement soit couronné de succès.

La plupart des vans sont conçus de telle façon que les chevaux voyagent dans le sens de la marche, bien que les spécialistes s'accordent à penser qu'ils voyagent mieux dans le sens inverse, ou en épi, croupe vers le conducteur. S'équilibrant plus facilement dans cette position, ils sont moins stressés et n'associent plus le transport à une expérience désagréable.

Laissez le cheval prendre son temps

Si vous disposez d'un van, le meilleur moyen d'y habituer votre cheval est de le laisser dans le paddock, ouvert

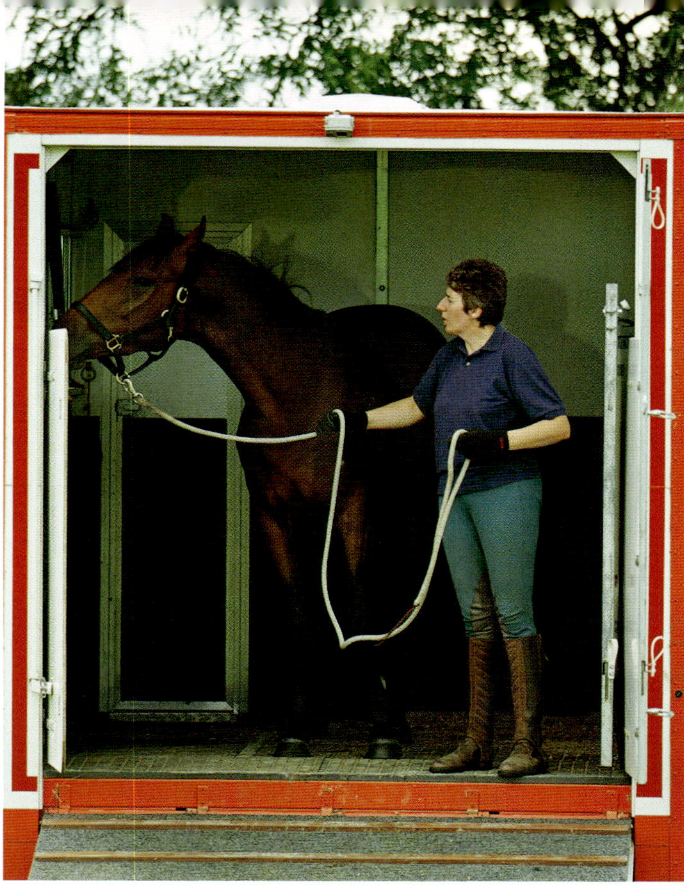

Ce cheval inspecte le véhicule. Il est tenu par une longe suffisamment longue pour garantir sa sécurité tout en l'encourageant.

et d'y placer quelques friandises ou des aliments. Le cheval, curieux, finira par y monter tout seul. Par la suite, il se laissera charger facilement.

Lors de l'embarquement, conduisez le cheval calmement et laissez-le prendre son temps. S'il s'arrête, ne l'empêchez pas de flairer le pont ou le véhicule. Faites-le tourner et marcher à bonne allure pour aborder à nouveau le pont. Faites-vous aider par quelqu'un qui se postera un peu en arrière ; le cheval sera moins tenté de s'arrêter. Ne tirez pas sur la longe en vociférant ; le cheval sera toujours plus fort que vous !

Si votre cheval se montre récalcitrant, attachez deux cordes de chaque côté du van et demandez à deux amis de les croiser derrière sa croupe. Cela devrait l'encourager à monter. Récompensez-le par des friandises s'il s'exécute.

Van ou camion ?

Si vous voulez vous lancer dans la compétition ou la randonnée et que votre budget vous le permet, vous serez sans doute tenté d'investir dans un véhicule pour transporter votre cheval sans contrainte.

Le choix sera facile si vous n'avez qu'un ou deux chevaux : un van tracté à une ou deux places est parfait. Avec davantage de chevaux, mieux vaut opter pour un

Une certaine liberté

Quand cela est possible (avec un véhicule lent ou sur une courte distance), les chevaux voyagent mieux s'ils ne sont pas attachés, comme cela se pratique avec une jument suitée d'un poulain. Néanmoins, si le cheval se retourne dans le van, il peut dangereusement perturber son équilibre.

petit camion. Cette dépense n'est cependant pas justifiée pour la plupart des propriétaires.

L'avantage d'un petit camion est que les chevaux y voyagent confortablement. Il n'y a pas de risque de se mettre en travers de la route, comme avec une remorque. Un petit camion peut être facilement aménagé de façon que les chevaux voyagent tête vers l'arrière. Avoir un tel véhicule implique bien sûr une assurance plus coûteuse.

Sur la route

Vous devez conduire un van comme si vous n'aviez pas de freins : en douceur et en anticipation. Les variations de vitesse, le tangage, le freinage et les tournants sont stressants pour le cheval qui a du mal à garder l'équilibre. Maintenez votre vitesse constante et freinez progressivement.

Un cheval qui voyage doit porter des protections : couverture, guêtres montantes et protège-nuque si nécessaire.

MONTER

Quoi de plus excitant que de monter à cheval, de sentir cet animal puissant et docile se mouvoir, et de faire corps avec lui, de galoper à perdre haleine le vent sifflant aux oreilles ? Grisé par ce plaisir, le cavalier débutant devient rapidement un passionné. Et pourtant, quelle étrange association : un cheval, animal proie, et un cavalier, prédateur qu'il accepte sur son dos ! Cela prouve à quel point le cheval est adaptable et coopératif, pour peu qu'il soit traité avec respect et amour. Il est triste de constater que beaucoup de gens maltraitent encore ces animaux pourtant si dociles et confiants.

Les tenues

Les vêtements d'équitation sont conçus pour être pratiques, confortables et offrir une bonne sécurité. Bien qu'à chaque discipline corresponde une tenue, si vous ne faites pas de concours, vous pouvez porter les vêtements de votre choix, pour peu que vous soyez à l'aise dedans, qu'ils soient frais en été et chauds en hiver, et vous protègent correctement. Quel que soit votre niveau d'équitation, une bombe, ou un casque, est indispensable à la protection de la tête.

En bref
- ✓ La sécurité avant tout
- ✓ Optez pour le confort
- ✓ Les vêtements essentiels
- ✓ Acheter une tenue d'équitation

La sécurité et le confort

Votre tenue doit avant tout être adaptée à la pratique de l'équitation, fonctionnelle et confortable. Vos culottes ou vos jodhpurs doivent être épais et renforcés aux genoux pour éviter les frottements et les irritations. En hiver, vous pouvez porter des caleçons chauds. Les gants protègent vos mains, particulièrement par temps froid.

Les vêtements de base

Si vous ne pratiquez pas une discipline en concours, optez, pour commencer, pour une tenue simple.

Un casque ou une bombe. La protection de tête doit être aux normes de sécurité. Assurez-vous qu'elle est à votre taille, bien ajustée, et a une mentonnière. Elle doit tenir attachée sur votre tête quoi qu'il arrive. Pratiquer l'équitation sans protection de tête est une très mauvaise idée et la plupart des assurances l'imposent.

Les bottes ou les boots. Choisissez des boots ou des bottes d'équitation en cuir ou en caoutchouc à talons bas, suffisamment marqués pour qu'elles ne glissent pas à travers les étriers. Pour un confort idéal, les bottes doivent épouser la forme de vos mollets. Insistez sur la robustesse. Si vous optez pour des boots, prévoyez des jambières.

Les culottes ou les jodhpurs. Spécialement étudiés pour les cavaliers, ils comportent des renforts aux genoux, aux fesses et aux mollets pour éviter les frictions et offrent un grand confort en selle. Toutes sortes de modèles sont proposés. Vous n'aurez que l'embarras du choix.

Les gants. Pour éviter que les mains ne glissent sur les rênes, la paume peut être couverte de velours, de cuir ou de picots en caoutchouc. Choisissez des gants légers, en tissu ou en fil pour l'été et des gants en cuir fourrés pour l'hiver. Les gants protègent les mains des ampoules, du froid et de l'humidité.

Le gilet de protection. C'est un investissement judicieux, en particulier si votre niveau progresse et que vous vous mettez à l'obstacle. Choisissez un modèle confortable, mais qui maintient correctement votre dos. Assurez-vous aussi qu'il est homologué. Dans certains centres hippiques, vous aurez la possibilité de louer un gilet de protection, et parfois aussi un casque ou des bottes.

Chemises et vestes Mieux vaut toujours monter à cheval avec des manches longues, même en été. En cas de chute, les manches protègent les bras des écorchures.

• Par temps chaud, chemises ou tee-shirts en coton assurent confort et fraîcheur.

• Par temps frais, portez quelque chose de plus chaud comme un pull, un sweat-shirt ou un blouson léger.

• S'il fait vraiment froid, vous aurez besoin d'un blouson ou d'une veste d'équitation chaude et doublée. Il existe

La tenue western

La tenue western comporte un chapeau à large bord, appelé Stetson, qui, dans sa version de base, ne protège pas la tête des chocs (certains modèles récents sont néanmoins dotés d'une coque renforcée), des jeans d'équitation, une paire de chaps en cuir (jambières), et des bottes de style « cow-boy », souvent décorées, avec des talons plus hauts que ceux des bottes d'équitation classique.

Cette tenue de loisirs comprend une bombe, une culotte, un sweat-shirt, des mini-chaps, des boots et des gants. La cravache n'est pas nécessaire au débutant.

Cette tenue de concours est réservée à la compétition. Elle est composée d'une veste sombre, d'une cravate blanche, de bottes et d'éperons, de jodhpurs, de gants et d'une bombe.

des imperméables courts ou longs, en toile de coton huilée, pratiques par temps de pluie.

• Par mauvais temps, équipez-vous d'un manteau imperméable assez long pour vous couvrir les jambes – du moins les cuisses. Certains ont des pattes d'attache pour les jambes et une fente dans le dos pour plus d'aisance.

Acheter des vêtements d'équitation

Vous trouverez tout ce qu'il vous faut dans les magasins d'équitation, les selleries et les coopératives agricoles. Il existe aussi de nombreuses boutiques en ligne qui proposent articles et textiles à la mode. Vous pouvez aussi commander sur catalogues.

Si vous avez l'intention de participer à des concours, renseignez-vous avant d'acheter une tenue. En effet, certaines disciplines imposent de porter une tenue particulière.

Vos vêtements d'équitation ne doivent pas gêner vos mouvements. Vous ne devez pas vous sentir à l'étroit. Les vêtements trop moulants sont déconseillés, car ils tiennent chaud en été et froid en hiver.

Si vous vivez dans une région froide, prévoyez des bottes suffisamment larges pour pouvoir mettre des chaussettes bien épaisses. Rien n'est plus désagréable que d'avoir les doigts de pieds gelés à cheval !

De même, souffrir d'ampoules ou d'écorchures risque de gâcher votre plaisir. Aussi, assurez-vous que les vêtements que vous portez sont bien conçus et protègent les régions les plus sensibles de votre corps : jambes, genoux, chevilles et mains.

Trouver un centre équestre

Depuis quelques années, de nombreux centres équestres et autres clubs hippiques fleurissent un peu partout à la campagne comme à la ville. Tous n'offrent pas les mêmes services ni les mêmes compétences. Une bonne école est indispensable au débutant qui doit être mis en confiance par un instructeur professionnel. La cavalerie de l'établissement est également très importante. Sur des chevaux bien entraînés et calmes, le débutant se sent rassuré et en sécurité.

En bref

- ✓ Où s'informer ?
- ✓ Choisir le meilleur centre équestre
- ✓ La visite
- ✓ Ce qu'il faut rechercher
- ✓ Les questions à poser
- ✓ Préparez-vous

Lorsque vous visitez un centre équestre, discutez avec les cavaliers pour vous renseigner sur les chevaux et les instructeurs.

Où s'informer ?

Vous connaissez peut-être déjà un centre équestre près de chez vous. Sinon, adressez-vous à un vétérinaire, à un maréchal-ferrant, aux selleries ou aux magasins d'alimentation pour chevaux. Les clubs hippiques y déposent souvent leur carte. Consultez l'annuaire ou faites des recherches sur Internet. Il existe des annuaires équestres en ligne et des portails où vous obtiendrez toutes les adresses qui pourraient vous intéresser dans votre région.

Mieux vaut toujours faire un peu plus de route pour aller dans un bon centre équestre que de vous inscrire dans un établissement douteux parce qu'il est près de chez vous. Certains centres équestres organisent des stages pour tous niveaux, sur une journée, un week-end ou davantage. Dans un bon établissement, vous n'êtes pas mis sur un cheval qui ne vous convient pas, ni mélangé avec des cavaliers ayant un niveau supérieur au vôtre.

Le premier rendez-vous

Après avoir sélectionné un ou deux centres équestres corrects, prenez rendez-vous par téléphone. Expliquez ce que vous recherchez et demandez si vous pouvez venir en visite et rencontrer le personnel et les chevaux. Aucun bon club

Les points à vérifier

Lorsque vous visitez un centre équestre, posez-vous les questions suivantes :

- Avez-vous été bien reçu ?
- Le tas de fumier est-il bien tenu ? C'est généralement une bonne indication du fonctionnement de l'établissement.
- Y a-t-il un manège sécurisé où les débutants peuvent apprendre ?
- L'établissement propose-t-il des chevaux pour les débutants ?
- Dans quel état est la cavalerie ? Les chevaux sont-ils bien nourris, avec un poil luisant ?

hippique ne doit refuser. L'activité étant intense dans les bons établissements, n'y allez pas à l'improviste. Il se peut que personne n'ait le temps de vous prendre en charge.

La première impression

Il est essentiel que le centre équestre soit accueillant. Lorsque vous irez pour une première leçon, ou après un long arrêt, vous aurez envie de vous sentir à l'aise et détendu, d'où l'importance de le visiter avant.

Au premier abord, une cour et des écuries propres et ordonnées reflètent une organisation efficace et une bonne gestion. À votre arrivée, le personnel doit s'occuper de vous en tant que client et se montrer amical. L'atmosphère régnant dans l'établissement est un bon indicateur de son organisation. Elle doit être calme et sereine. Observez les chevaux ; s'ils paraissent sereins et alertes, installés dans des boxes propres, c'est bon signe. Les gens aussi doivent sembler contents de leur activité, prêts à vous aider et à vous transmettre leur passion. Si les chevaux semblent négligés, que les écuries sont sales et le personnel désagréable, passez votre chemin.

La sécurité avant tout

Assurez-vous que votre centre équestre applique des règles de sécurité et demandez quelle assurance il vous faut (il vous faudra certainement une licence de cavalier) et comment l'établissement est couvert en cas de problème. N'hésitez pas à poser des questions de façon à ne pas avoir de surprise en cas d'accident.

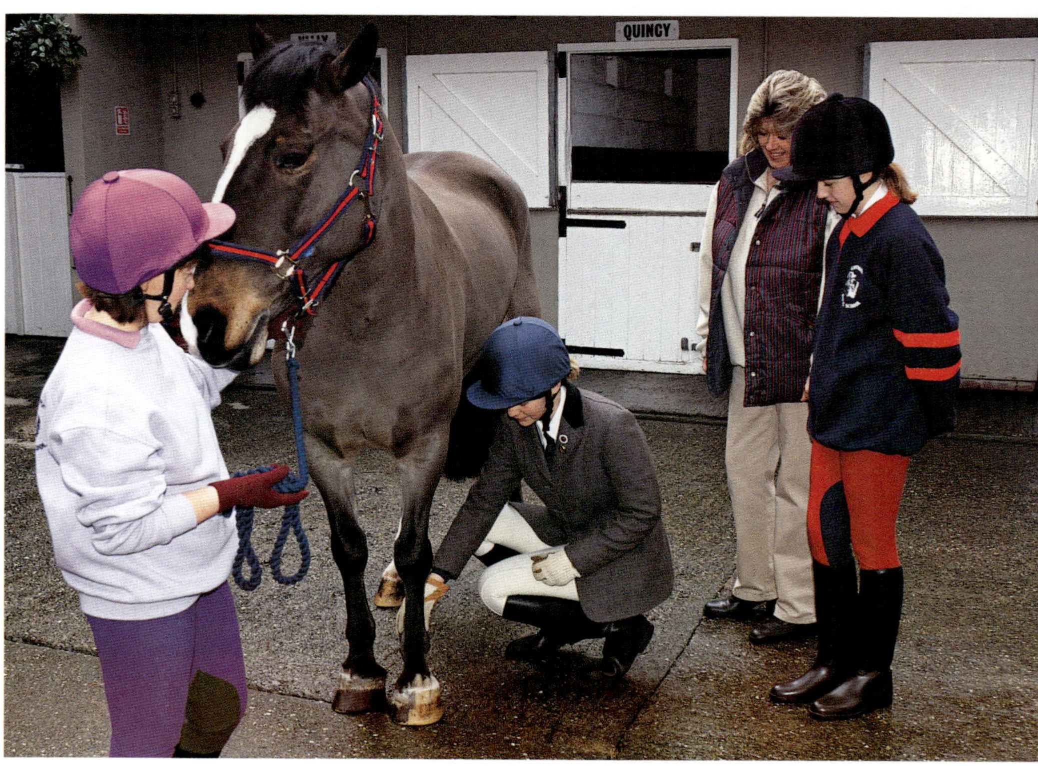

Un bon centre équestre dispense également des leçons d'hippologie et de soins aux chevaux, aussi passionnantes que les cours d'équitation.

Préparation mentale

Si vous débutez, une petite préparation mentale vous aidera.

- Prenez le temps d'assister à plusieurs leçons, particulières et en groupe, pour vous faire une idée de ce qui vous attend.
- Discutez avec des cavaliers. La plupart se feront un plaisir de parler de leur expérience et de leur passion.
- Informez-vous en lisant, en regardant des DVD consacrés aux chevaux et à l'équitation. Faites des recherches sur Internet. Cela vaut la peine de vous renseigner sur les différentes disciplines équestres. Vous serez peut-être tenté de les essayer.

Les premières leçons

Le jour de votre première leçon, vous rencontrerez votre instructeur (vous l'aurez peut-être déjà vu lors de votre visite). Il vous expliquera les procédures et vous présentera certains des chevaux ou des poneys. Ne soyez pas en retard car vous pourriez ne pas pouvoir monter et devoir quand même payer la leçon. La plupart des établissements ayant une forte activité, soyez là avec une demi-heure d'avance et allez directement à la réception, sans vous promener dans les écuries.

En bref
- ✓ Un instructeur compétent
- ✓ Suivre les instructions
- ✓ Le bon cheval
- ✓ La toute première leçon

Pour bien commencer

Habillez-vous confortablement et faites ce que votre instructeur vous dit. Gardez en mémoire que les chevaux sont des animaux de proie. Quel que soit leur niveau d'entraînement, ils peuvent se montrer potentiellement dangereux confrontés à l'inconnu, car leur instinct naturel est la fuite. Bien que l'équitation soit un sport à risques, il ne devrait pas y avoir de problème si vous écoutez votre instructeur.

Réserver votre première leçon peut vous donner le trac... mais aussi vous enthousiasmer !

L'instructeur

Lors de votre première leçon, vous serez pris en main par votre instructeur. Il vous expliquera la routine de l'établissement à laquelle il faudra vous familiariser. Vous rencontrerez également d'autres élèves qui pourront partager leurs expériences avec vous.

Si vous êtes novice, vous aurez besoin d'un bon instructeur, dont la pédagogie, la patience et les compétences vous mettront en confiance et vous feront progresser. L'idéal serait de pouvoir avoir affaire au même, ainsi qu'au même cheval, le temps de bâtir une bonne relation et de prendre de l'assurance. N'hésitez pas à lui poser des questions avant la leçon – vous en aurez sans doute aussi après. Un bon instructeur ne doit jamais vous faire sentir que votre question est « stupide ».

Votre première monture

Un bon premier cheval est un « professeur » expérimenté ayant permis à de nombreux débutants de progresser. Il doit être calme et rassurant. Certains devinent la vulnérabilité du cavalier novice et se montrent patients et indulgents. Traitez votre cheval avec respect et gentillesse et demandez la permission avant de lui donner une friandise.

La routine de l'établissement

Mettez à profit vos premières leçons pour observer la routine de votre centre équestre, de façon à savoir si votre cheval sera dans son box, ou déjà dans la cour à votre arrivée, s'il vous faudra le panser et le harnacher, à quel endroit vous devrez vous mettre en selle et où les leçons se dérouleront.

Si vous empruntez un casque et/ou un gilet de protection, situez le local où ils sont rangés. Repérez également la personne qui pourra vous aider à choisir la bonne taille et à ajuster les affaires correctement.

Votre première leçon

Si vous avez réservé pour une leçon individuelle et que vous ne souhaitez pas qu'on vous regarde, demandez-le à l'avance. Le trac du débutant peut être compréhensible.

Prendre quelques leçons privées est une bonne idée au début. Même si c'est un peu plus cher, cela vaut la peine, car vous progresserez plus rapidement avec un instructeur pour vous tout seul.

Si c'est la toute première fois que vous montez à cheval, l'instructeur sera peut-être secondé par un assistant, mais si vous avez déjà une petite expérience, il sera sans doute seul avec vous.

Il vous mettra en longe, c'est-à-dire qu'il tiendra votre monture par l'intermédiaire d'une longue corde et la fera tourner autour de lui, tandis qu'il vous dira comment vous tenir en selle et comment lui donner les aides (indications).

Établir une relation de confiance avec votre instructeur est primordial lorsque vous débutez. Au début, il ne vous brusquera pas, et vous laissera le temps d'assimiler les bases qui vous permettront ensuite de progresser plus rapidement.

Inventaire

Vérifiez que votre équipement est complet :
- bombe ou casque ;
- gants ;
- bottes ;
- jodhpurs ou culotte d'équitation (voir aussi pages 110-111).

Monter sur le cheval

Bien que le lien entre l'homme et le cheval remonte à un passé fort lointain, l'établissement d'un partenariat prend du temps et requiert quelques connaissances en psychologie équine. Les chevaux sont puissants et potentiellement dangereux lorsqu'ils ont peur ou sont malmenés. Correctement traités, ils offrent une amitié unique et enrichissante. En outre, ils ont un effet bénéfique sur notre comportement car, avec eux, calme, assurance et douceur sont des qualités indispensables.

En bref

- ✓ Approcher un cheval
- ✓ Les vérifications de sécurité
- ✓ Monter et descendre de cheval

Approcher un cheval

Évitez d'approcher le cheval directement et de le caresser sur la tête. Ce n'est pas une action naturelle. Les chevaux n'agissent jamais ainsi, pas plus d'ailleurs que les chiens ou les enfants. Il pourrait se montrer méfiant. En revanche, si vous le caressez sur l'encolure et au niveau du garrot, il se détend. Parlez-lui et laissez-le vous sentir.

Approchez toujours le cheval par-devant, en vous assurant qu'il est bien conscient de votre présence. Appelez-le par son nom sans faire de mouvements brusques qui pourraient le surprendre. Évitez également de le gaver de friandises car il prendrait l'habitude d'en avoir régulièrement et pourrait mordre ou botter pour réclamer. En tout cas, lorsque vous donnez une friandise, faites-le la main bien à plat, afin d'éviter qu'il ne confonde votre doigt avec le morceau de carotte que vous lui tendez !

Les vérifications d'usage

Avant de vous mettre en selle, votre instructeur :

- s'assure que le cheval vous convient et que son harnachement est correctement ajusté ;
- vous explique le déroulement de la leçon ;
- vérifie que la sangle est suffisamment serrée et que les étriers sont descendus ;
- commente ce qu'il fait.

Se mettre en selle à partir d'un montoir

Un montoir est un petit escabeau arrivant à mi-cuisse. Tout en facilitant la mise en selle, il évite de tirer sur le harnachement et le dos du cheval. L'instructeur tient votre cheval à côté du montoir et vous êtes sur sa gauche. Montez sur le montoir, prenez les rênes, glissez votre pied gauche dans l'étrier, tendez votre genou et passez votre jambe droite par-dessus le dos du cheval, en prenant soin de ne pas le cogner. Asseyez-vous doucement dans la selle et glissez votre pied droit dans l'étrier. Certains cavaliers chaussent l'étrier droit avant de s'asseoir.

Se mettre en selle depuis le sol

Se mettre à cheval depuis le sol demande un effort, mais il faut vous y habituer. Vous n'aurez pas toujours de montoir à votre disposition. Suivez les étapes ci-contre.

Vous devez tenir les rênes assez courtes pour avoir un contact avec la bouche, mais sans tirer, et raccourcir la rêne droite un peu plus que la gauche. Le cheval a ainsi la tête légèrement tournée vers la droite. S'il bouge, c'est vers vous et vous pourrez toujours vous hisser sur son dos, sinon vous risquez de vous retrouver sautillant après lui sur une jambe ! Les premières fois, l'instructeur se tient de l'autre côté pour faire contrepoids dans l'étrier droit, mais, par la suite, vous devez acquérir assez de souplesse pour vous mettre en selle sans tirer sur la selle ni rendre votre action inconfortable pour le cheval.

Vous devez pouvoir vous équilibrer en vous agrippant au garrot, mais la plupart des cavaliers s'accrochent à la selle. Si vous choisissez cette méthode, attrapez la selle au niveau du siège, côté opposé. Ne vous accrochez pas au troussequin, au risque de tordre l'arçon.

Si les premières fois, vous rencontrez des difficultés à vous mettre à cheval parce que vous manquez de souplesse, votre instructeur devrait se montrer compréhensif et vous aider.

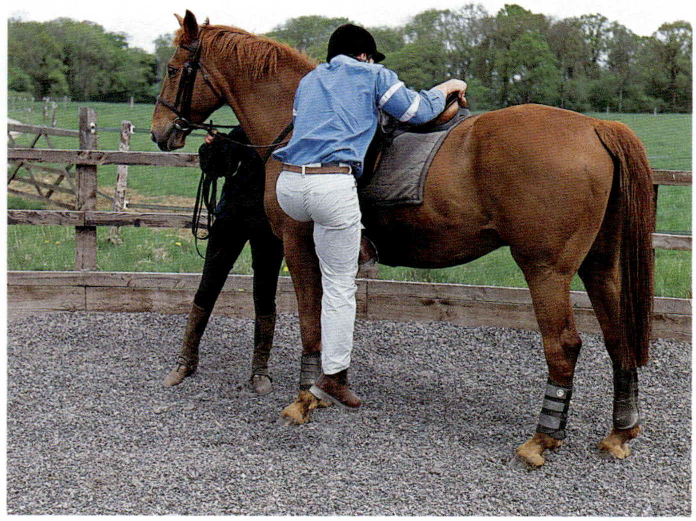

1 Placez-vous sur la gauche du cheval, au niveau de son épaule, tourné vers la queue. Saisissez les rênes dans votre main gauche et posez-la sur le garrot. Attrapez l'étrier de la main droite et tournez-le vers vous. Soulevez la jambe gauche pour y glisser votre pied.

2 Face au côté du cheval, empoignez la selle au niveau du siège et sautez en poussant sur votre jambe droite. Hissez-vous, tandis que vous transférez votre poids dans l'étrier gauche.

3 Soulevez votre jambe droite suffisamment pour ne pas heurter l'arrière-train du cheval en la passant par-dessus. Maintenez votre équilibre avec vos mains et asseyez-vous doucement sur la selle.

4 Chaussez l'étrier droit. Prenez vos rênes à deux mains, comme votre instructeur vous l'a montré, puis redressez-vous de façon à avoir une bonne position en selle.

1 Sans lâcher les rênes et en prenant appui avec vos mains sur le pommeau de la selle, déchaussez les deux étriers. Penchez-vous en avant et faites passer votre jambe droite au-dessus de la croupe du cheval.

2 Là encore, prenez garde de ne pas le heurter avec votre pied. Il pourrait bouger et vous déséquilibrer, au risque de vous faire tomber.

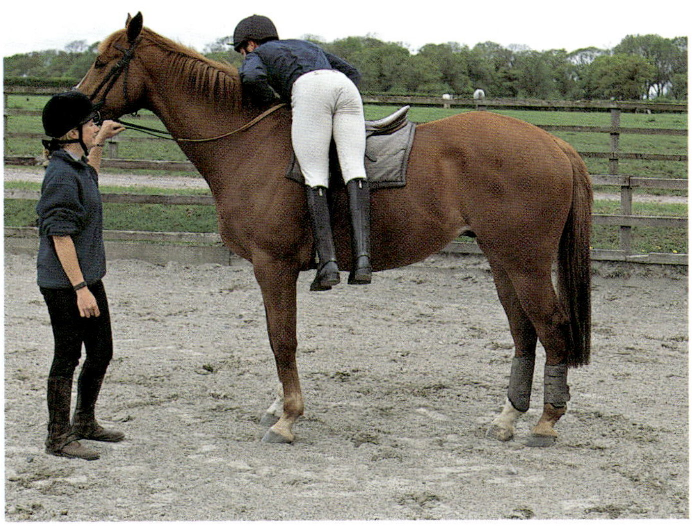

3 Prenez appui sur l'avant de la selle, les deux jambes le long du flanc du cheval, et laissez-vous glisser au sol en poussant légèrement avec vos bras pour vous écarter.

4 En atterrissant sur vos deux pieds, pliez les genoux souplement afin d'éviter le choc dans vos articulations.

CE QU'IL FAUT FAIRE

- Parler à son cheval tandis qu'on se met en selle.
- Tenir toujours les rênes au cas où il bougerait.
- Une fois en position, le caresser.
- Vérifier que les pieds sont bien chaussés dans les étriers.
- Se soulever dans les étriers pour s'assurer qu'ils sont bien à la même longueur.

CE QU'IL NE FAUT PAS FAIRE

- Enfoncer la pointe de sa botte dans le flanc du cheval pendant qu'on le monte. Cela l'encouragerait à avancer. L'incliner vers le bas et l'arrière.
- Se laisser tomber lourdement sur la selle, ce qui pourrait l'effrayer ou lui faire mal.
- Tirer sur le troussequin de la selle, au risque de l'endommager.

Mettre pied à terre

La plupart des cavaliers débutants, ou ceux qui ne montent pas régulièrement, ont des courbatures à la fin d'une leçon. Descendre de cheval peut donc être une expérience un peu douloureuse. Cela confirme que l'équitation sollicite des muscles qui ne sont pas forcément utilisés dans la vie quotidienne.

Dès que vous avez mis pied à terre, caressez votre cheval et parlez-lui pour le remercier. Il comprendra.

La première chose à faire est de remonter les étriers. Passez les rênes par-dessus la tête du cheval et enfilez un bras dedans pour garder le cheval sous contrôle. Remontez le premier étrier jusqu'en haut de l'étrivière, au niveau de la boucle sous le petit quartier, puis passez l'étrivière à travers l'étrier pour le maintenir en place. Faites de même avec l'autre.

Vous devez ensuite desserrer la sangle de deux trous pour soulager votre cheval de la pression. Ne la desserrez pas trop, au risque que la selle tourne et se retrouve sous son ventre.

En fonction de la routine de votre centre équestre, le cheval est ensuite conduit dans son box, au paddock ou au pré.

Des méthodes risquées

Autrefois, il était courant de descendre de cheval en se soulevant dans les étriers, puis en passant la jambe droite au-dessus de la croupe, le pied gauche toujours chaussé. Le cavalier s'accrochait ensuite au pommeau et au troussequin, déchaussait le pied gauche et sautait au sol. Cette méthode est désormais considérée comme dangereuse. En effet, si le cheval fait un écart ou bouge un peu tandis que le cavalier a toujours le pied gauche chaussé, il peut se trouver déséquilibré, tomber et avoir le pied coincé dans l'étrier. Ce genre de situation peut rapidement déboucher sur un terrible accident.

Il existe une autre méthode utilisée dans certaines disciplines : le cavalier passe sa jambe droite au-dessus de la croupe et pose directement le pied droit au sol, le gauche restant chaussé. À l'instar de la méthode précédente, il y a un risque que le pied gauche reste coincé dans l'étrier. Cette méthode est utilisée en particulier en équitation western. En effet, les selles western sont grandes et lourdes, et les étriers larges. La méthode de l'équitation classique, dans laquelle le cavalier s'appuie sur l'avant de la selle, ne pourrait pas être employée à cause du haut pommeau. De plus, les chevaux western sont éduqués à rester parfaitement immobiles au montoir.

Une autre méthode controversée a fait son apparition avec l'équitation moderne : le cavalier déchausse les deux étriers, puis lance sa jambe droite vers l'avant, au-dessus de l'encolure du cheval et saute au sol, dos contre le cheval. Là encore, si le cheval bouge, il peut heurter le cavalier et le projeter au sol. S'il s'écarte malencontreusement du cavalier, celui-ci se retrouve sans support et chute également.

Débuter à la longe

Les leçons en longe permettent d'apprendre à maintenir une position correcte en selle. Le cavalier n'a pas à se soucier du contrôle du cheval, ce dont se charge l'instructeur. Il est donc libre de se concentrer sur son assiette (position et maintien de l'équilibre en selle). Les leçons en longe permettent de progresser. Même les cavaliers avertis prennent de mauvaises habitudes, sans s'en rendre compte, et les leçons en longe sont un bon moyen d'y remédier.

En bref

- ✓ Développer votre assiette
- ✓ Adopter une bonne position
- ✓ Sentir le cheval en mouvement
- ✓ S'équilibrer à cheval

Monter sans les rênes ou sans les étriers

En longe, l'instructeur vous demande de lâcher vos rênes et de déchausser vos étriers. Les rênes et les étriers peuvent freiner l'acquisition d'une assiette indépendante, car le cavalier débutant s'y accroche pour s'équilibrer. Tout bon cavalier doit pouvoir monter un cheval sans étriers tout en maintenant une assiette stable et profonde.

Utiliser les rênes pour s'agripper est une mauvaise habitude. La bouche du cheval est délicate et cela peut lui faire mal, compromettant sa confiance en vous et pouvant aboutir à son ignorance des aides des mains.

Si vous êtes débutant, votre cheval porte sans doute un collier auquel vous pouvez vous accrocher. Si vous vous sentez déséquilibré, vous pouvez aussi attraper le pommeau de la selle. À ce stade, vous vous sentez sans doute plus en sécurité avec des étriers.

La bonne position

- Asseyez-vous sur la selle le dos bien droit sans être raide. Ne regardez pas le cheval, mais droit devant vous.
- Vos jambes doivent être détendues et la plante de vos pieds reposer sur le plancher des étriers.
- Imaginez-vous traversé par une ligne droite qui partirait de votre oreille et aboutirait à votre talon, en passant par votre épaule et votre hanche.
- Faites en sorte de transférer votre poids dans vos talons, jambes relaxées et sans vouloir garder le contact avec les flancs du cheval. Un contact excessif peut rendre un cheval moins sensible aux aides des jambes.
- Vos genoux doivent être ployés et vos étriers à la bonne longueur.

Sur ce cavalier, il est possible de tracer une ligne de l'oreille au talon, en passant par l'épaule et la hanche. Pour une position correcte, ses coudes devraient se trouver un peu plus en arrière, au niveau des hanches.

Bien que concentré dans son effort, ce cavalier est un peu ramassé et regarde le sol. Pensez à bien vous étirer vers le haut, coudes au corps, et à laisser vos jambes pendre pour que votre poids descende vers vos talons.

• Vos bras doivent tomber naturellement sur les côtés, coudes pliés au niveau des hanches et non tendus devant vous. Vos mains doivent se trouver au-dessus du pommeau ou du garrot, en fonction de la longueur de vos avant-bras, vos pouces tournés vers le haut et les paumes se faisant face.

Premières étapes

Tandis que vous vous habituez au mouvement du cheval, l'instructeur vous demande d'adopter une bonne position. Il peut vous faire pratiquer des départs et des arrêts pour apprendre à vous équilibrer. Pour trouver votre équilibre, mieux vaut vous pencher un peu trop en avant plutôt qu'en arrière. L'instructeur mène le cheval avec une longe courte jusqu'à ce que vous vous sentiez confiant. Puis il le met sur un cercle avec une longe de travail. Il vous demande alors de le tourner légèrement pour que vous vous rendiez compte que vous avez de l'influence sur lui et que vous pouvez le faire obéir à vos ordres.

Il ne vous fera sans doute pas trotter à la première leçon. Au bout d'une demi-heure, vous serez probablement fatigué. Au fur et à mesure, vos muscles s'habitueront et vous n'aurez plus de courbatures.

Utiliser les rênes

En tenant les rênes correctement, vous pouvez communiquer vos instructions au cheval. N'oubliez jamais que la bouche d'un cheval est très sensible et que vous devez toujours utiliser les rênes avec légèreté, sans tirer excessivement. Malheureusement, après avoir été malmenés par de nombreux cavaliers inexpérimentés, les chevaux des centres équestres ont souvent la bouche dure.

Observation

Lorsque vous êtes à cheval, efforcez-vous de respirer correctement. Il est surprenant de constater combien de cavaliers retiennent leur respiration en se concentrant sur ce qu'ils font. Si vous respirez mal, vous êtes tendu et le cheval le sent. Détendez-vous et respirez normalement.

Le pas

Le pas est une allure importante car elle permet au débutant de développer son assiette en fonction des mouvements du cheval. Vous devez apprendre à faire marcher votre cheval avec élégance et sans précipitation, en utilisant les aides des jambes par intermittence, mais pas à chaque foulée, au risque de finir par être ignoré du cheval. Certains chevaux ont naturellement un pas rapide ou lent, avec des foulées variables.

En bref
- ✓ Une allure à quatre temps
- ✓ Les aides du pas
- ✓ La position du cavalier
- ✓ Assiette et mouvement des mains
- ✓ En avant

Une allure à quatre temps

Au pas, le cheval lève et pose chaque pied séparément. L'ordre des posers est le suivant : postérieur gauche ; antérieur gauche ; postérieur droit et antérieur droit.

Une foulée est la distance séparant deux posers successifs d'un même membre. Le pas est une allure symétrique, à quatre temps, sans période de suspension, car les membres arrivent successivement à l'appui, et latérale, le cheval avançant ses deux membres d'un côté, puis de l'autre (soit par bipède latéral). Le pas doit être délié, souple et équilibré. Si le cheval marche de façon déliée en couvrant bien le sol, il sera sûrement performant à d'autres allures.

Les aides du pas

Que votre cheval soit mené en main ou en longe sur un cercle, votre instructeur vous demandera de donner les aides du pas tandis qu'il le fera avancer. Pressez vos mollets contre ses flancs, juste à l'arrière de la sangle (sans donner de coup) et ouvrez légèrement vos doigts sur les rênes pour les détendre et lui permettre d'avancer. Si vos rênes sont trop tendues, il pourrait confondre vos aides avec celles de l'arrêt.

La position du cavalier

Une erreur commise par de nombreux débutants manquant de confiance est de se pencher en avant et de raccourcir les

1 *Le poids du cheval et du cavalier repose sur le postérieur gauche, puis est transféré vers l'antérieur gauche.*

2 *Le poids est transféré de l'antérieur gauche au postérieur droit.*

rênes exagérément en tendant les mains vers l'avant. Au contraire, vous devez vous asseoir bien droit, le dos plat, la poitrine dégagée et les coudes naturellement relaxés au niveau des hanches et non tendus devant vous. Le contact avec la bouche, *via* les rênes et le mors, doit être très léger.

Vos talons doivent se trouver directement sous le siège, de façon à ne voir que les bouts de vos pieds, sous vos genoux, lorsque vous jetez un coup d'œil vers le bas (sans vous pencher). En réalité, vous devez être assis sur la pointe de vos fesses.

Le mouvement des mains

Lorsque le cheval avance, vos mains doivent accompagner le mouvement de sa tête et de son encolure. Au pas, l'encolure du cheval a un mouvement de bascule de haut en bas et marque un léger balancement latéral, tandis qu'une épaule puis l'autre se porte en avant. C'est grâce à ce mouvement qu'il s'équilibre et vos mains doivent le suivre et non l'entraver. Lorsqu'un antérieur se pose, la tête descend légèrement et vos mains doivent se porter en avant, puis revenir un peu en arrière tandis que le cheval relève la tête, et ainsi de suite. Ce n'est pas compliqué et vous vous y ferez très vite.

L'assiette

Il est aussi crucial que vous appreniez à sentir le mouvement du dos du cheval entre vos jambes. Cela vous demandera un peu de pratique et la complète relaxation des muscles de vos fesses et de vos jambes. Tandis que le postérieur gauche avance, le côté gauche du dos du cheval s'incline légèrement, et vice-versa. En vous tenant toujours bien droit, accompagnez ce mouvement avec vos fesses et vos reins.

La coordination

Dès que vous parvenez à coordonner l'action de vos mains et votre assiette, vous pouvez véritablement accompagner votre cheval et maintenir un pas souple et actif.

Les différents pas

Le pas libre Le cheval avance sans entrave, étirant en rythme sa tête et son encolure vers le bas. Le cavalier maintient un contact très léger sur le mors.

Le pas moyen Le cheval est plus « rassemblé ». Le cavalier ajuste ses rênes pour un contact plus soutenu et sollicite davantage le cheval avec ses jambes.

Le pas rassemblé et **le pas allongé** Ces allures peuvent être obtenues avec un cheval bien dressé, qui a appris à raccourcir ou rallonger ses foulées. Elles sont demandées en dressage.

3 *Le postérieur droit soutient le poids, puis le pousse vers l'antérieur droit et une nouvelle séquence s'engage.*

4 *Les mains du cavalier suivent en rythme le mouvement de la tête et de l'encolure.*

Le trot

Apprendre à trotter correctement peut être décourageant. Le mieux, pour commencer, est d'apprendre sur un cheval patient et obéissant dont le trot est moyen et régulier. Le trot lent semble généralement difficile au débutant, et le trot rapide trop chaotique. Vous ne maîtriserez cette allure que lorsque vous aurez acquis une assiette correcte et que vous saurez accompagner les mouvements du cheval.

En bref
- ✓ Le mécanisme du trot
- ✓ Les aides du trot
- ✓ Suivre le mouvement
- ✓ Le trot enlevé
- ✓ La position du cavalier

Le mécanisme du trot

Au trot, le cheval bouge ses membres par bipèdes diagonaux. La séquence est la suivante : antérieur gauche et postérieur droit (bipède diagonal gauche) ; temps de projection (aucun membre à l'appui) ; antérieur droit et postérieur gauche (bipède diagonal droit) et temps de projection.

Le trot est une allure symétrique, sautée, à deux temps, au cours de laquelle le cheval saute d'un bipède diagonal à l'autre. Une foulée comporte donc deux battues (bruit produit par le poser d'un ou plusieurs pieds au sol). Pour être confortable, le trot doit être souple et régulier et non chaotique et sautillant.

Les aides du trot

Ce sont les mêmes que celles du pas (voir pages 122-123) : une pression des jambes pour mettre le cheval en avant et une légère détente des rênes pour lui permettre d'allonger l'encolure.

Les débuts au trot

Lors de votre premier essai au trot, l'instructeur tient votre cheval pour que vous puissiez vous habituer à cette allure sautée qui vous paraîtra, de prime abord, quelque peu inconfortable. Mais vous apprendrez vite à ne pas trop rebondir sur votre selle. Au début, il limite le nombre de foulées pour ne pas vous décourager.

1 *Penchez-vous légèrement en avant et laissez votre corps rebondir en souplesse et en rythme avec le cheval. Accrochez-vous au collier ou au pommeau de la selle. Dès que vous aurez le bon rythme, vous trouverez votre équilibre.*

2 *Vous apprendrez ensuite à trotter enlevé. Le trot est une allure à deux temps : une, deux. Il est donc facile de compter une/lever et deux/assis. Mais ne vous soulevez pas trop, car vous risquez de vous cogner sur la selle en vous rasseyant.*

À ce stade, vous pouvez vous accrocher au collier ou au pommeau afin de ne pas être trop secoué. Gardez votre poids un peu vers l'avant et ne soyez pas tenté de vous pencher en arrière ; vous perdriez vite l'équilibre.

Au petit trot, vous pouvez rester assis sur la selle en essayant d'amortir les rebonds avec vos reins. Vous pourrez ainsi accompagner le mouvement tressauté du cheval en bougeant d'avant en arrière de façon à creuser ou raidir le dos. Ce mouvement de bascule du bassin est connu des danseurs et des gens qui pratiquent le yoga. Ne soyez pas trop inquiet ; vous prendrez vite le rythme !

Le trot enlevé

En regardant des cavaliers, vous avez probablement remarqué qu'au trot, ils se soulèvent et s'assoient en rythme avec le cheval. Pratiquer ce trot, appelé trot enlevé, est beaucoup moins fatigant. Il s'agit de vous soulever de votre selle pendant une battue et de vous asseoir à la suivante, en contrôlant le mouvement vers l'avant et le haut de votre bassin lorsque vous sentez que le dos du cheval vous pousse hors de la selle. Il faut un peu de pratique avant de trouver le bon rythme. Détendez-vous et évitez de vous crisper ; vous ne feriez que rebondir dans la selle.

Après quelques leçons, vous vous sentirez plus à l'aise. L'étape suivante est d'apprendre à contrôler vos jambes. Elles doivent demeurer aussi fixes que possible, presque verticales, et reposer juste derrière la sangle, mais ne les raidissez pas. En vous soulevant, pensez à garder vos chevilles souples et vos pieds près des flancs du cheval, et en vous asseyant, reportez votre poids dans vos talons.

De la pratique

La maîtrise du trot, assis et enlevé, requiert beaucoup de pratique. L'idéal est de vous exercer souvent, par périodes courtes. Pratiquez des transitions du pas au trot et du trot au pas, puis à l'arrêt. Au fur et à mesure, vous gagnerez de l'assurance et apprendrez à accompagner les mouvements de votre cheval durant les transitions.

Votre position

- Gardez la tête haute et le regard dirigé vers l'avant, entre les oreilles du cheval.
- Placez vos mains assez bas, au niveau du garrot, et stabilisez-les. Elles ne doivent pas tressauter.
- Ne laissez pas vos jambes glisser vers l'avant, ni votre poids tomber vers l'arrière.
- Ne poussez pas trop sur vos jambes, mais laissez-les descendre tandis que vous vous soulevez.
- Efforcez-vous de maintenir vos jambes fixes, derrière la sangle. Elles ne doivent pas ballotter contre les flancs du cheval.
- Vous pouvez vous lever et vous asseoir sur l'un ou l'autre bipède diagonal du cheval.

La pratique est la seule manière de parvenir à trotter enlevé correctement. Mais cela vient plus vite que vous ne l'imaginez si vous vous concentrez sur la position de vos jambes.

CE QU'IL FAUT FAIRE

- Maintenir son poids vers l'avant en passant au trot.
- Accompagner les mouvements du cheval.
- Trouver le rythme du trot et trotter enlevé.
- Garder vos mains basses.
- Ralentir si le cheval trotte trop vite et recommencer.

CE QU'IL NE FAUT PAS FAIRE

- Transférer son poids vers l'arrière.
- Lever les mains et avancer les jambes.
- Perdre le rythme et rebondir sur la selle.
- Perdre courage si les débuts sont difficiles.

Le galop

Galoper sur un cheval bien entraîné, souple et équilibré est un véritable plaisir et l'aboutissement de bien des efforts. Le galop est plus facile à maîtriser que le trot. Toutefois, avant de pouvoir en profiter pleinement, il faut acquérir une bonne assiette. Au galop, pensez à garder vos jambes bien descendues et votre poids dans la selle tout en redressant le torse. Tout balancement du corps d'avant en arrière avec le mouvement de rocking-chair du cheval est à proscrire.

En bref
- ✓ Le mécanisme du galop
- ✓ Mauvais galop
- ✓ Les aides du galop
- ✓ Faire corps avec son cheval
- ✓ Le grand galop

Le mécanisme du galop

Le galop est une allure à trois temps, sautée et dissymétrique. Les trois battues sont suivies d'un temps de projection, où aucun membre n'est en contact avec le sol.

Le cheval galope sur le pied droit ou sur le gauche, autrement dit, il galope sur un membre meneur qui est plus longtemps en avant que l'autre. Lorsqu'un cheval tourne à droite, il pointe son antérieur droit plus loin, et vice-versa s'il tourne sur la gauche. Il y a donc deux séquences de galop.

Au galop à droite, la séquence est : postérieur gauche ; bipède diagonal gauche (postérieur droit et antérieur gauche) ; antérieur droit (membre meneur) et temps de projection.

Au galop à gauche, la séquence est : postérieur droit ; bipède diagonal droit (postérieur gauche et antérieur droit) ; antérieur gauche (membre meneur) et temps de projection.

1 *Au galop à gauche, le cavalier utilise sa jambe droite pour maintenir l'impulsion du cheval.*

2 *Le cheval s'étire vers l'avant et le cavalier suit le mouvement en étendant ses mains.*

S'asseoir pour galoper

Au galop, il est souvent plus confortable de s'asseoir sur sa selle pour éviter de rebondir. Gardez le torse bien droit et descendez vos jambes. Accompagnez le mouvement de balancement du cheval en laissant vos cuisses s'élever et s'abaisser en rythme. Lorsque l'avant-main du cheval se soulève, l'articulation de vos hanches se ferme légèrement et vos cuisses remontent un peu ; lorsqu'elle s'abaisse, vos articulations s'ouvrent et vos cuisses redescendent. Comme pour le trot, il faut un peu de pratique, mais si votre cheval a un galop souple, régulier et confortable, vous ne devriez pas trouver cela difficile.

Les aides du galop

Assurez-vous d'abord que votre cheval trotte avec impulsion. Pour partir au galop à droite (commencez par vous exercer sur une courbe), avancez votre hanche et votre épaule intérieures (droites) et tournez légèrement la tête de votre cheval vers la droite en reprenant votre rêne droite (la fermeture de vos doigts devrait suffire). Reculez votre jambe extérieure (gauche) derrière la sangle et pressez le flanc du cheval. Restez bien assis dans votre selle. Un cheval réactif et bien entraîné prend immédiatement le galop. Pour galoper à gauche, inversez les aides.

Ne vous penchez pas en avant et ne vous agrippez pas au cheval en serrant les jambes. Ne lui permettez pas non plus d'accélérer son trot sans passer au galop. Si vous pratiquez en longe, l'instructeur vous corrigera et contrôlera l'allure du cheval. En longe sur un cercle, un bon cheval part au galop à la voix. Dès que vous aurez trouvé votre équilibre et pris de l'assurance, galoper seul ne vous fera plus peur.

Lorsque le cheval prend le galop, efforcez-vous de suivre son mouvement en avançant le bassin au rythme de ses battues. Le galop doit être plaisant et confortable.

Le grand galop

Le galop accéléré est aussi une allure confortable, à condition de bien maîtriser son cheval. Un cheval au grand galop ne peut pas ruer. Les chevaux aiment galoper et certains sont difficiles à arrêter. Si votre cheval refuse de ralentir, ne paniquez pas. La plupart des chevaux ne galopent pas vers l'inconnu, mais rentrent à l'écurie, pour retrouver leurs congénères. Accrochez-vous à la selle et tentez de le freiner en pratiquant des demi-arrêts, c'est-à-dire en tirant et relâchant les rênes pour qu'il ne puisse pas prendre appui sur le mors. Si vous avez un peu d'expérience, la méthode la plus efficace est de le mettre progressivement sur un cercle que vous réduisez jusqu'à ce qu'il soit obligé de ralentir. Une fois que vous avez repris le contrôle, poursuivez votre chemin au pas, comme si de rien n'était. Inutile de le réprimander s'il a fini par obtempérer.

3 *À la fin de la foulée, le cavalier se redresse, son poids à la verticale, pour que le cheval s'équilibre pour la foulée suivante.*

4 *Le cheval entame la foulée suivante.*

L'émancipation

Vient le grand jour, celui où vous devez contrôler seul le cheval. Votre instructeur range sa longe, mais ne vous abandonne pas pour autant. Il continue à vous prodiguer ses conseils, à vous encourager et à corriger vos erreurs. Il vous fait aussi faire toutes sortes d'exercices et de figures simples, comme des cercles, des changements de direction et des serpentines, qui vous permettront de progresser.

En bref

- ✓ Enfin indépendant !
- ✓ Travailler sur des courbes et des cercles
- ✓ Les changements de direction
- ✓ Les figures simples

À ce stade de votre apprentissage, vous avez le droit d'être fier de vous car, pour la première fois, vous dirigez votre cheval seul !

Enfin indépendant !

Dès que votre instructeur considère que vous êtes prêt à vous lancer seul, vous devez y être préparé psychologiquement. Avec un peu de chance, vous monterez votre cheval d'école, qui sera devenu votre ami, et vous ne serez pas trop anxieux. À ce stade, vous savez vous mettre en selle et descendre, aller au pas, au trot et sans doute au galop, faire des transitions et des arrêts aux deux mains, c'est-à-dire sur un cercle à droite et à gauche.

Au début, votre instructeur vous demandera de vous mettre à nouveau sur un cercle et de diriger votre cheval vous-même, en vous concentrant sur votre position et en donnant vos aides correctement. Votre cheval doit être en équilibre et attentif à vos aides à tout moment. Vous devez ensuite apprendre à agrandir ou rétrécir le cercle.

Le travail sur un cercle

Plus le cercle est petit et plus il est difficile de diriger le cheval correctement. Vous devez donc être capable de donner des aides précises. Le travail sur un cercle est un exercice de base, mais, avant de le maîtriser parfaitement, il faut du temps et de la détermination. La plupart du temps, les cavaliers débutants ne décrivent pas des cercles, mais plutôt des patates !

Gardez la hanche et l'épaule intérieures légèrement en avant et la jambe extérieure un peu en arrière et demandez gentiment à votre cheval, en fermant votre main sur la rêne intérieure, de fléchir son encolure et sa tête dans la direction de la courbe. Votre jambe extérieure évite que son arrière-train ne parte vers l'extérieur tandis que votre jambe intérieure, à la sangle, empêche le cheval de tomber à l'intérieur

Les exercices de manège

Lorsque vous pratiquez des exercices, n'oubliez pas :
- d'entretenir l'impulsion, le rythme et l'équilibre du cheval ;
- de maintenir votre direction ;
- de contrôler l'équilibre et la direction du cheval avec vos mains ;
- de contrôler l'arrière-main et la vitesse du cheval avec vos jambes ;
- de regarder dans la direction où vous voulez aller.

Si ce cavalier sourit, c'est qu'il réalise qu'il contrôle seul son cheval et que celui-ci avance en toute confiance.

du cercle. Exercez-vous à faire des cercles aux deux mains, au pas, au trot et au petit galop. Généralement, les cercles d'exercices font 20, 15 ou 10 m de diamètre.

Le changement de main

Le changement de main, ou de direction, est un exercice qu'il faut rapidement maîtriser pour progresser. Pour cela, vous devez savoir diriger le cheval. C'est une étape très importante de l'apprentissage, et il faut prendre le temps nécessaire à l'acquisition de bonnes bases avant de passer à autre chose.

Imaginez que vous marchez à main droite et que vous arrivez au bout du petit côté du manège. Pour faire tourner votre cheval le long du grand côté, donnez les aides habituelles, mais, au lieu de les relâcher, insistez un peu pour le mettre sur la diagonale du manège, et fixez votre attention sur le coin opposé. Dès qu'il est dans l'axe, faites-le marcher en ligne droite sur cette diagonale. En arrivant dans le coin opposé, donnez les aides pour tourner à gauche. Vous venez d'effectuer un changement de main et vous êtes désormais à main gauche.

Les serpentines

Une serpentine consiste en une série de courbes régulières à travers la carrière ou le manège. Elle combine des courbes (portions de cercle) et des lignes droites. Cet exercice est excellent pour progresser dans le contrôle de la direction du cheval et pour pratiquer des changements de main.

Observation

- Une astuce pour décrire un beau cercle est de fixer votre attention au quart du chemin de l'endroit où vous souhaitez arriver, et de poursuivre ainsi jusqu'au moment où vous quittez le cercle. Il est amusant de constater comment les chevaux suivent votre regard et ont tendance à se diriger où vous regardez.
- Regardez devant vous et non votre cheval. Il percevrait la pression et pourrait avancer moins librement.
- Pour décrire un cercle parfait, vous pouvez aussi imaginer que vous êtes canalisé entre les rails d'une voie de chemin de fer.

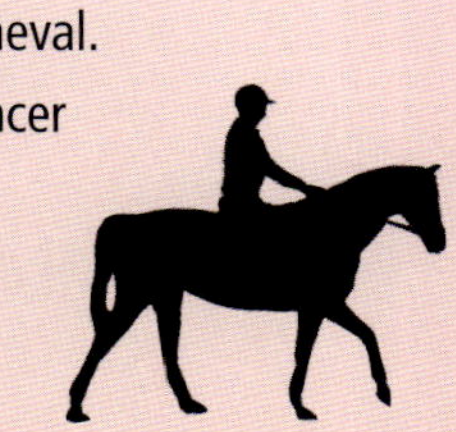

Les leçons en groupe

Votre première leçon en groupe devrait être amusante. Apprendre à partager le manège avec d'autres chevaux demande quelques ajustements, mais cela se fait naturellement. Une leçon collective regroupe des cavaliers de même niveau. L'instructeur ne demande jamais l'impossible, mais pour progresser, il faut bien apprendre des choses nouvelles.

En bref

- ✓ Éviter les accidents
- ✓ Les règles du manège
- ✓ Les exercices
- ✓ Les différents niveaux

Dans une classe de débutants, chaque élève peut avoir son propre accompagnateur, supervisé par l'instructeur.

Les règles à respecter

Dans un groupe de plusieurs cavaliers montant dans un manège ou une carrière, il y a des règles que chacun doit respecter pour éviter les collisions et autres accidents.

• Avant de pénétrer dans un manège, regardez où sont les chevaux et appelez pour demander l'autorisation.

• Si vous voulez quitter le manège, attendez que la piste extérieure soit libre, puis traversez-la au niveau de la sortie. Veillez à bien refermer la porte ou la barrière derrière vous.

• Généralement, les cavaliers se croisent main gauche à main gauche, et ceux qui sont à main gauche ont priorité.

• Lorsque les cavaliers sont en « ordre dispersé » (non les uns derrière les autres), le cheval qui va le plus vite doit être sur la piste extérieure. Par exemple, si un cavalier veut galoper alors que les autres trottent ou marchent, les moins rapides se rabattent sur la piste intérieure (à peu près à 1 m de la piste extérieure, vers l'intérieur), ou vers le centre.

• Si vous voulez sauter un obstacle, prévenez afin qu'un autre cavalier ne coupe pas votre trajectoire, au risque de causer un accident.

• Si vous voulez parler à un ami, mettez-vous au centre du manège et faites-le discrètement.

• L'instructeur donne les ordres ; chacun est tenu d'y obéir sans protester.

Soyez attentif

Lors de votre première leçon en groupe, vous n'aurez plus toute l'attention de votre instructeur. Aussi, soyez toujours vigilant afin d'éviter de provoquer un accident. Vous vous familiariserez rapidement avec le déroulement des différentes reprises (cavaliers qui travaillent ensemble), si vous êtes attentif.

Deux cavaliers peuvent déjà s'apporter beaucoup à s'entraîner ensemble.

Les reprises

Le déroulement d'une reprise d'équitation n'est pas immuable. Une partie du temps est généralement consacrée aux connaissances générales, puis les élèves exécutent les exercices imposés par l'instructeur. Dans chaque reprise, vous aurez certainement à travailler individuellement. Par exemple, l'instructeur peut demander au meneur de la reprise de galoper pour rejoindre le dernier, puis ce sera au tour du deuxième et ainsi de suite, jusqu'à ce que chaque cavalier ait galopé seul.

Pour divers exercices, le groupe peut être divisé. Par exemple, l'instructeur vous demandera de vous mettre à deux côte à côte, puis de vous séparer, la file de gauche tournant à gauche et celle de droite, à droite, etc.

Pour ou contre les cours collectifs

Dans certains centres équestres, les classes sont trop chargées, ne laissant que peu d'opportunité d'être pris à part. Difficile de faire de réels progrès dans de telles conditions. De nombreux cavaliers estiment donc que c'est une perte de temps et d'argent. Une classe de débutants ne devrait pas compter plus de six cavaliers, afin que chacun reçoive l'attention nécessaire. Cependant, moins chères que les leçons individuelles, les reprises restent avantageuses pour les clients.

Les différentes classes

Les centres équestres proposent des classes pour débutants, novices, intermédiaires et confirmés. Il y a aussi des classes de différents niveaux axées sur une discipline particulière, comme le saut d'obstacles (jumping) ou le dressage. Renseignez-vous auprès de votre établissement.

Aller plus loin

Un bon moyen de progresser rapidement est de faire des stages le week-end, par exemple. Les cours du soir permettent aussi aux personnes qui travaillent la journée et n'ont pas toujours le temps le week-end, d'améliorer leurs compétences. Les bons centres équestres sont équipés d'un manège couvert, où les leçons peuvent avoir lieu même s'il fait nuit, ainsi que d'une carrière extérieure. Ils organisent aussi des petits concours, cross-country ou jumping, ou des randonnées dans la région. Vous pouvez généralement y participer avec l'un de leurs chevaux.

Le galop rapide et le grand galop

Les allures rapides sont enivrantes et les maîtriser apporte beaucoup de satisfaction. Vous en aurez d'ailleurs besoin si vous souhaitez faire de la compétition ou des randonnées un peu actives en terrain varié. Pour accélérer le galop, il faut se sentir à l'aise et avoir confiance en son cheval. Si vous craignez de ne pas pouvoir le contrôler ou le ralentir, abstenez-vous. Mieux vaut attendre d'avoir acquis plus d'assurance que de risquer une grande frayeur, voire un accident.

En bref

- ✓ Se mettre en suspension
- ✓ La vitesse
- ✓ Garder le contrôle
- ✓ Les conditions du terrain

La monte en extension

La monte en extension, ou monte en suspension, a évolué au fil des années. Considérée comme la meilleure à l'obstacle, elle n'est toutefois pas aussi pratiquée que dans le monde des courses de plat.

- Le cavalier chausse ses étriers un peu plus court que pour le travail sur le plat, de deux ou trois trous sur l'étrivière, selon la personne.
- Pour que cette position soit confortable, mieux vaut avoir une selle aux quartiers coupés vers l'avant, avec des rembourrages pour caler les genoux.
- Au galop rapide et au grand galop, ainsi que pour négocier des accidents de terrains et des obstacles, le cavalier se penche en avant à partir des hanches, tout en gardant le dos plat. S'il se courbe au niveau de la taille, il arrondit ses épaules et se retrouve dans une position inconfortable.
- Le cavalier est légèrement au-dessus de la selle, en suspension sur les genoux et les chevilles.
- Ses épaules doivent se trouver au-dessus de ses genoux.
- Son poids se reporte sur les jambes, et la cheville reste souple. Les mollets demeurent verticaux et en contact avec les flancs du cheval.
- Le bras est vertical et l'avant-bras doit former une ligne droite, du coude à la main, et *via* les rênes jusqu'à la bouche du cheval. Le contact avec la bouche est léger, mais constant. Les chevaux qui prennent appui sur le mors au galop, et sont donc difficiles à ralentir, ne doivent pas être montés par des débutants.
- Le cavalier regarde devant lui, entre les oreilles du cheval.
- Dans cette position, le cavalier peut s'équilibrer facilement aux allures rapides sans rebondir sur la selle avec les mouvements du cheval.

La monte en suspension moderne est légèrement plus verticale que par le passé. L'assiette est légère sur la selle, avec davantage de poids dans les cuisses, les épaules sont au-dessus des genoux.

CE QU'IL FAUT FAIRE

- Transférer son poids sur les jambes et décoller légèrement de la selle.
- S'équilibrer à l'aide des cuisses.

CE QU'IL NE FAUT PAS FAIRE

- Se pencher exagérément en avant et soulever les fesses trop haut. L'équilibre serait compromis.
- Se raccrocher aux rênes. Cela encourage certains chevaux à s'appuyer sur le mors à grande vitesse et c'est le début de la perte de contrôle.

Progressivement

Votre instructeur vous demandera d'abord d'accélérer le galop dans la longueur ou la diagonale de la carrière extérieure, un espace clos où vous vous sentez en sécurité. Avant cela, vous aurez certainement pratiqué la monte en suspension au trot et au petit galop, pour vous familiariser avec cette nouvelle position, qui fait intervenir de nouveaux muscles. Lorsque vous vous sentez prêt, vous pouvez essayer le grand galop dans un pré, avec un cheval calme et facile.

Au galop moyen, cette cavalière est un peu trop penchée en avant. Elle serait mieux équilibrée dans une position plus verticale.

Question/Réponse

Q Que faire si mon cheval s'emballe ?

R C'est peu probable. Les chevaux d'école sont sélectionnés pour leur tempérament calme et docile. Un cheval difficile n'est pas confié à des débutants ou à des cavaliers peu confirmés. Si le cheval va plus vite que vous ne le souhaitez, donnez les aides habituelles pour le ralentir et l'arrêter. Reprenez les rênes par intermittence (demi-arrêts) et redressez-vous sur la selle. Usez d'un « Ho ! » ferme si le cheval y répond. Vous pouvez aussi le mettre sur un cercle décroissant.

Les conditions du terrain

Le grand galop est éprouvant pour les membres du cheval et ne doit pas être pratiqué sur un terrain trop dur ou trop mou. Un terrain dur occasionne des chocs répétés aux membres, et il peut en résulter une boiterie, tandis qu'en terrain trop mou, le cheval aura du mal à lever ses pieds, au risque d'endommager ses tendons et ses ligaments. N'allez pas trop vite non plus sur un terrain caillouteux ou irrégulier ; le cheval pourrait se contusionner les pieds, voire tomber.

Travailler sur des barres au sol

Le travail sur des barres au sol est une introduction au jumping. Amusant, cet exercice développe les qualités athlétiques et la concentration du cheval. Il permet d'acquérir de l'assurance, de surmonter ses appréhensions face à l'obstacle et d'anticiper les réactions du cheval. Vous apprendrez également à sentir comment le cheval allonge ou raccourcit ses foulées et ajuste son allure pour ne pas trébucher sur les barres.

En bref
- ✓ Passer des barres au sol
- ✓ Les barres en ligne
- ✓ Les techniques
- ✓ Les différentes figures au sol

Passer des barres au sol au trot ou au petit galop est l'un des meilleurs moyens de vous initier aux sensations d'un parcours de sauts d'obstacles.

Une seule barre

Des barres au sol, placées dans divers endroits de la carrière, permettent de travailler sa direction avec précision. Passez la première barre, puis dirigez-vous vers la suivante. Cet exercice constitue le début de l'apprentissage d'un parcours d'obstacles.

Imaginez que les barres sont des obstacles et passez-les comme si vous étiez sur un vrai parcours, en planifiant votre tracé afin qu'il soit direct et aisé pour le cheval : pas de tournants trop courts ni de retour sur vos traces. Exercez-vous à planifier vos tracés d'une façon logique.

Des barres surélevées

En surélevant légèrement les barres à l'aide de blocs en bois de la taille d'une brique, vous obtiendrez un effet plus sensible sur l'action de votre cheval.

Les barres alignées

Un autre exercice consiste à aligner des barres au sol, trois pour commencer, et jusqu'à six.

• Au trot, le cheval a la place de faire une foulée entre des barres espacées de 3 m.

• Pour que le cheval passe une barre à chaque battue, espacez-les de 1 m (un pas moyen). Selon les foulées du cheval, l'instructeur adapte l'écartement des barres.

• Pour franchir une barre à chaque foulée au galop, il faut les espacer d'environ 3,3 m ; là encore, cette distance peut varier d'un cheval à l'autre.

Comment passer des barres au sol

Vous pouvez passer des barres au sol en restant assis sur votre selle ou en vous mettant en suspension. Plus le cheval allonge ses foulées et va vite, plus il faut se pencher en avant. En revanche, si les barres sont peu espacées et

Utilisées comme jalons dans des exercices divers, les barres permettent de visualiser le trajet, d'ajuster les foulées du cheval et de travailler sa précision.

que le cheval raccourcit ses foulées, la position doit être celle du travail sur le plat.

Le secret de la réussite est de garder le cheval en équilibre en utilisant l'assiette appropriée, tout en maintenant son impulsion sur les barres. Si vous baissez les yeux et fixez la première barre en vous demandant si votre cheval va la passer, il risque de fauter. De nombreux chevaux sont capables de « lire » dans les pensées de leur cavalier et d'être influencés. Quoi qu'il en soit, pour vous familiariser à passer des barres au sol, vous aurez besoin de la complicité d'un cheval d'école connaissant bien son travail.

Les couloirs de barres

Travailler dans un couloir avec des angles, un Z étroit par exemple, dessiné avec des barres au sol, est un excellent exercice pour améliorer sa précision, ses changements de main et la bonne flexion de l'encolure et de la tête du cheval. Demandez à votre cheval de s'arrêter à mi-parcours, reculez d'un pas, puis repartez, tournez, enjambez les barres, stoppez à nouveau et ainsi de suite. L'étape suivante consiste à reproduire la même chose au trot, ce qui est bien plus difficile !

D'autres utilisations

Votre instructeur aura sûrement de nombreuses idées d'utilisation des barres au sol. Pour faire des parcours jalonnés d'obstacles ou des jeux, elles pourront être combinées avec des cônes, des tonneaux, des poteaux et d'autres équipements ; le but étant toujours d'améliorer votre coordination, votre contrôle et votre technique.

CE QU'IL FAUT FAIRE

- Afin d'améliorer sa précision et sa technique, s'efforcer de franchir les barres au centre.
- Travailler sur des barres au sol est fatiguant pour le cheval. Aussi est-il préférable de se limiter à quelques exercices de chaque type.

CE QU'IL NE FAUT PAS FAIRE

- Augmenter sa vitesse sur les barres pour maintenir un rythme.
- Perdre la bonne assiette et prendre du retard par rapport à l'action du cheval.

Les croisillons

Quel cavalier n'a pas rêvé de faire l'expérience exaltante de survoler des obstacles sur le dos de son cheval ? Le jumping est un sport fantastique, mais qui demande énormément de travail. Quel que soit votre talent, si vous apprenez avec méthode et détermination, vous pourrez acquérir suffisamment d'assurance pour pratiquer cette discipline, à votre niveau, avec beaucoup de plaisir.

En bref
- ✓ Les croisillons
- ✓ La technique
- ✓ La position en saut
- ✓ Les sauts simples
- ✓ Les petits parcours

Les croisillons

Vous commencerez par sauter des obstacles très bas, construits avec des barres croisées. Ces croisillons font environ 30 cm de haut, au centre, le point le plus bas. Leur disposition encourage le cheval à les franchir au centre. En effet, les chevaux ne sont pas stupides et, pour peu qu'on leur en laisse le choix, ils sautent toujours à l'endroit le plus bas. Le croisillon peut être placé à la fin d'un parcours de barres au sol. Comme vous serez déjà familiarisé avec le passage de barres au sol et de barres surélevées, le croisillon ne sera qu'une formalité. Pour franchir un obstacle si bas, vous n'aurez même pas à raccourcir vos étriers. Adoptez une bonne assiette et entretenez l'impulsion de votre cheval, mais sans le pousser. D'ailleurs, si vous montez un cheval expérimenté, c'est plutôt lui qui vous guidera.

Pour sauter, ce poney vise le centre du croisillon, où les barres sont les plus basses. Le cavalier se concentre sur sa position.

Votre premier saut

Après avoir sauté un croisillon à l'issue d'une ligne de barres au sol, vous pourrez en sauter un isolé.

- Gardez votre cheval dans l'impulsion, le rythme et en équilibre jusqu'à l'obstacle.
- Fixez votre regard sur un point à distance, de l'autre côté de l'obstacle.
- Laissez le cheval avancer librement sans se précipiter.
- Maintenez une bonne assiette.
- Laissez le cheval ajuster ses foulées, c'est-à-dire laissez-le décider de l'approche de l'obstacle et du moment où il prendra son appel.
- Sans regarder l'obstacle, concentrez-vous sur les mouvements du cheval et accompagnez-les.

Motiver son cheval

La motivation du cheval dépend de son tempérament. Il est plus facile de maintenir le rythme et l'équilibre, indispensables à un bon franchissement, avec un cheval naturellement en avant que sur un cheval qu'il faut sans cesse pousser. Un cheval lent aura besoin d'être davantage motivé, par un galop soutenu par exemple, avant d'aborder l'obstacle.

Les ailes placées de chaque côté de l'obstacle canalisent le cheval et les barres au sol, devant et derrière, l'encouragent à effectuer son appel et son enlevé avec précision et à ne pas se précipiter à la réception.

La bonne position pour sauter

À partir du moment où vous vous mettez en suspension (voir pages 132-133), voici ce que vous avez à faire, tandis que votre cheval s'enlève pour négocier le croisillon :

1 Ployez votre corps à partir des hanches (non de la taille) comme si vous vouliez toucher l'encolure du cheval avec votre sternum.

2 Avancez vos mains en diagonale vers ses épaules et sa bouche pour lui permettre d'étirer l'encolure au-dessus de l'obstacle.

3 À la réception, redressez votre buste pour reprendre votre position précédente.

Les problèmes

Vous rencontrerez fatalement des difficultés de temps en temps. Ne vous découragez pas et analysez ce qui s'est passé, puis recommencez. Demandez-vous si :

- votre assiette était équilibrée ?
- vous étiez en retard par rapport à l'action du cheval ?
- vous vous étiez placé trop en avant ?

Ces questions cruciales influencent le franchissement de l'obstacle par le cheval, qui peut avoir pris son appel trop près, trop loin ou pas du tout ! Dans ce dernier cas, il aura fait un refus ou une dérobade.

Nouvelles étapes

Lorsque vous vous sentirez en confiance avec les croisillons, votre instructeur vous demandera de sauter de petits obstacles, appelés cavaletti, où la barre est placée à environ 30 cm du sol. Il pourra également poser une autre barre au sol, sous l'obstacle, pour que le cheval ait une meilleure estimation de la distance.

Approchez la barre de la même façon que le croisillon, en suspension, légèrement ployé au niveau des hanches, en vous reculant légèrement dans la selle, et le regard dirigé au-delà de l'obstacle.

Au fur et à mesure de vos progrès, l'instructeur montera progressivement la barre. Il placera sans doute des barres au sol avant et après l'obstacle pour contrôler les foulées du cheval. Bientôt, vous serez capable de franchir avec aisance et correctement de petits obstacles.

Les petits parcours

Vous passerez ensuite à de petits parcours combinant barres au sol, croisillons et cavaletti. Un parcours simple peut se composer d'une barre au sol, d'un croisillon, d'une barre au sol et d'un cavaletti. Un parcours de quatre à six croisillons vous permettra d'améliorer votre assiette et votre assurance. Pour vous faire progresser, l'instructeur vous proposera différents tracés adaptés à votre niveau et à votre cheval. Plus vite que vous ne l'imaginez, vous serez tenté par des obstacles plus imposants !

Franchir des obstacles plus imposants

Votre progression, des barres au sol aux petits parcours de cavaletti, se sera déroulée si naturellement que vous en serez vous-même étonné. Viendra le moment de passer aux choses sérieuses et de vous frotter à des obstacles plus ambitieux, qui vous procureront le grand frisson ! Si votre centre équestre dispose de petits obstacles cross-country à l'extérieur, vous prendrez sans doute aussi plaisir à les sauter.

En bref
- ✓ Aborder l'obstacle
- ✓ Aider le cheval
- ✓ L'enlevé
- ✓ La réception
- ✓ Les obstacles de cross-country
- ✓ Se motiver
- ✓ La sécurité

Faire corps avec le cheval

En équitation, le style est important et, en tant que débutant ou novice, vous trouverez peut-être difficile d'être toujours en phase avec l'action de votre cheval au cours d'un saut. Il vous arrivera de vous sentir « laissé en arrière » et de perdre votre assiette. Travaillez régulièrement votre monte en extension au galop (voir pages 132-133).

Aborder l'obstacle

L'approche de l'obstacle est une phase importante. Si vous maîtrisez l'amplitude, l'équilibre et le rythme des foulées de votre cheval, le reste viendra facilement. Pour mettre votre cheval en équilibre, gardez sa tête haute en levant un peu les mains et en l'encourageant avec les jambes à engager ses postérieurs plus loin sous lui. Cela lui permet de transférer une partie de son poids de ses épaules vers son arrière-train et d'avoir un galop plus efficace pour aborder l'obstacle.

Si vous laissez le cheval baisser la tête, son centre de gravité est déporté vers l'avant et il est incapable de faire un saut correct. Son saut sera « plat », alors qu'il devrait dessiner une parabole au-dessus de l'obstacle.

Ce cavalier, en équilibre sur ses étriers, fait corps avec sa monture. Ses mains, descendues, permettent au cheval de s'arrondir au-dessus de l'obstacle.

Le saut

Lorsque vous serez sur la trajectoire d'un obstacle, ne cherchez pas à contrôler les foulées du cheval afin qu'il fasse sa battue d'appel à un endroit précis. Vous n'arriverez à rien si vous cherchez à accélérer ou ralentir sans cesse son allure. Vous devez adopter un galop actif, régulier et équilibré avant et après chaque saut. Vous décidez de la vitesse et de la direction, et le cheval décide quand sauter. Accompagnez le mouvement de l'encolure avec votre buste

La sécurité avant tout

- Vérifier toujours sa sangle avant de sauter.
- Porter des gants pour protéger les mains.
- Porter un gilet de protection et un casque bien attaché, en cas de chute.

L'instructeur encourage cette cavalière qui négocie un obstacle panoramique en contrebas. Sa position lui assurera de ne pas se trouver déséquilibrée vers l'avant à la réception.

Observation

Si vous sentez la nervosité vous envahir, rappelez-vous que les obstacles vous paraissent plus imposants (surtout quand vous êtes à pied) qu'au cheval !

et vos bras, et maintenez votre position en équilibre, puis redressez votre buste en souplesse pour la réception.

La réception

Lors de la réception, efforcez-vous de ne pas retomber brutalement sur la selle. Restez en équilibre, proche de la selle, et maintenez l'impulsion et le rythme du cheval avec le bassin, sans le laisser se précipiter. Regardez devant vous, il y a peut-être un autre obstacle à franchir !

Le cross-country

Vous commencerez par franchir des obstacles simples, comme un tronc au sol, puis vous sauterez des obstacles tels que des ballots de paille, des fossés, des haies et des barrières. Certains seront installés sur des descentes ou des montées, ce qui compliquera leur franchissement.

Plus que le jumping, le cross-country est une question d'équilibre et de contrôle de la vitesse sur les obstacles. Le rythme d'un parcours de cross-country est plus soutenu que celui d'un parcours de jumping classique. L'allure étant plus rapide, il faut monter avec des étriers courts et donner davantage de jambes, tout en maintenant sa position en équilibre.

Pour sauter, prenez une position adaptée au profil de l'obstacle, et relancez la vitesse ou adaptez-vous à la configuration du terrain dès la réception. Maintenez bien votre cheval entre vos jambes et vos bras, tout en lui permettant d'étirer l'encolure pour sauter, sinon il sera gêné.

Détermination et courage

Alors que vous avancez vers un obstacle avec détermination, il se peut, en arrivant dessus, que vous fassiez l'expérience d'un instant de panique… et que vous communiquiez cette panique à votre monture qui, en conséquence, fera probablement un refus.

Ne vous inquiétez pas si cela vous arrive. Tout cavalier passe par ce genre de mauvaise expérience. Reprenez courage et remettez-vous au travail jusqu'à surmonter toutes vos appréhensions. Vous ne le regretterez pas.

Sur la route

De nombreux cavaliers ne montent pratiquement qu'en manège ou en carrière, se privant d'une des facettes les plus agréables de l'équitation : les randonnées. En outre, les chevaux finissent par s'ennuyer à faire toujours la même chose et il est bon de les sortir régulièrement. Pour atteindre les chemins de randonnée, il faut souvent passer par des routes et savoir s'accommoder de conducteurs de véhicules ne connaissant rien au comportement des chevaux.

En bref
- ✓ Le code de la route
- ✓ L'équipement de visibilité
- ✓ Les routes glissantes
- ✓ Des situations stressantes

Marchez du bon côté de la route. En France, c'est à droite ! Concentrez-vous sur la circulation et agissez avec prudence et courtoisie.

Les règles de base

- Observez le code de la route et faites en sorte de ne pas perturber la circulation. Évitez les routes principales, très dangereuses, et respectez les panneaux de signalisation.
- Restez toujours du bon côté de la route. En France, les chevaux sont considérés comme des véhicules et sont tenus de marcher sur le côté ou le bas-côté droit de la route.
- Portez des vêtements voyants et des bandes réfléchissantes.
- Soyez poli et remerciez les conducteurs qui ralentissent pour vous. Toutefois, gardez en mémoire qu'ils ne pourront voir votre signe que dans leur rétroviseur, après vous avoir doublé, car vous vous trouvez au-dessus d'eux.
- Vous pouvez monter à deux de front (pas plus), mais le mieux est de former une file sur le bas-côté.
- Les cavaliers les moins expérimentés doivent se placer au centre du groupe, ou être protégés du trafic par des cavaliers expérimentés placés sur la file extérieure.

Visibilité et sécurité

Les commerces spécialisés offrent un grand choix de vêtements clairs, de brassards et de bandes réfléchissantes à mettre sur le harnachement des chevaux. Équipez-vous

Être vigilant

Lorsque vous circulez à cheval sur une route, soyez toujours vigilant. Il est dangereux et irresponsable de discuter avec un ami et de perdre de vue la circulation.

avant de vous lancer sur une route. Il existe aussi des lampes à attacher aux étriers par mauvaise visibilité. Les véhicules, qui vont beaucoup plus vite que vous, peuvent ne vous voir qu'à la dernière seconde et il est extrêmement dangereux de se promener sur une route sans être visible. En fonction de la luminosité ou de l'heure à laquelle vous prévoyez de rentrer, mettez des bandes réfléchissantes aux membres de votre cheval et portez un gilet et un casque réfléchissants. Vous pouvez aussi utiliser un équipement de cycliste, comme des gants réfléchissants et des bandes en travers de votre buste.

Les problèmes

N'importe quel cheval, même le plus calme, peut prendre peur dans certaines circonstances et, sur une route, c'est extrêmement dangereux.

- Chaque situation est différente et vous aurez à improviser. Par exemple, si vous croisez un troupeau de moutons ou de vaches, faites-lui face pour que votre cheval n'ait pas l'impression d'être poursuivi.
- Si votre cheval s'énerve, tournez dans un chemin pour vous éloigner, ou faites des signaux manuels pour ralentir le trafic, et détournez la tête du cheval de ce qui l'effraie.
- Quand vous êtes en groupe, laissez l'intervalle d'un cheval entre chacun de vous pour éviter tout risque de ruade.

Les surfaces glissantes

Certaines routes sont glissantes et donc difficiles pour un cheval. Si vous devez emprunter une telle route régulièrement, demandez au maréchal-ferrant de mettre à votre cheval des fers antidérapants sur lesquels vous pourrez viser des clous avant de partir. Si votre cheval dérape, détendez les rênes et déchaussez les étriers. Évitez les mouvements inutiles jusqu'à ce qu'il ait retrouvé son équilibre. Déchausser les étriers vous permet de sauter du cheval plus facilement et de dégager vos jambes s'il tombe.

Rien ne remplace l'expérience

Plus vous sortirez à cheval et plus vous prendrez confiance en vous. Ce n'est qu'en gérant toutes sortes de situations que vous parviendrez à anticiper. Remerciez toujours chaleureusement les conducteurs courtois. En revanche, si vous êtes mis délibérément en danger par un véhicule, notez son immatriculation et reportez l'incident à la gendarmerie locale ou à votre centre équestre.

La sécurité avant tout

- Ne sortez pas à cheval par temps de brouillard ou par mauvaise visibilité. Si les conditions se gâtent au cours de votre promenade, rentrez immédiatement.
- L'obscurité tombe vite, surtout en hiver. N'entreprenez pas une randonnée dont vous ne pourrez pas revenir avant la nuit.

Se faire accompagner est un bon moyen de se familiariser avec les dangers de la route. Notez que ces deux cavalières portent des vêtements voyants.

Les signaux manuels

Apprenez les signaux d'usage pour avertir les usagers de la route (votre centre équestre doit vous les enseigner). Faites-les à l'avance et, avant de vous exécuter, assurez-vous que les conducteurs ont bien compris ce que vous avez l'intention de faire.

En promenade

Il n'existe pas de meilleur moyen de profiter de la nature et des paysages que de s'y promener à cheval. La faune sauvage n'est pas effarouchée par les chevaux et vous aurez maintes occasions d'observer des animaux. En outre, vous pourrez les approcher bien plus près que si vous étiez à pied ou à vélo. En promenade, vous pourrez aussi vous faire accompagner par d'autres cavaliers, ou des amis à vélo, et même votre chien !

En bref
- ✓ Mettre en pratique ses compétences
- ✓ Partir accompagné
- ✓ Où aller se promener
- ✓ Quoi emporter
- ✓ Les randonnées
- ✓ Ouvrir et fermer une barrière

Apprenez en randonnant

En promenade, rien ne vous empêche de réviser toutes sortes d'exercices appris dans le manège ou la carrière. Le cheval étant hors de son environnement familier, cela représente à la fois un défi et un bon moyen de réaliser tous les progrès que vous avez déjà accomplis. Vous serez peut-être agréablement surpris !

Partir seul ou accompagné

Mieux vaut ne pas vous aventurer seul avant d'avoir acquis une expérience suffisante (voir pages 144-145). Dans l'idéal, il est conseillé de partir au moins à deux. En cas d'accident, l'un des cavaliers peut donner l'alerte. Toutefois, il est parfois préférable de partir seul sur un cheval tranquille et expérimenté, qu'avec un compagnon égoïste montant un cheval excité et qui ne pensera qu'à galoper à bride abattue.

Où se promener

En général, vous pouvez vous promener à cheval sur certains chemins communaux et sur les pistes cavalières des forêts domaniales. Renseignez-vous et procurez-vous une carte détaillée de votre région pour établir un itinéraire. Ne passez jamais sur des propriétés privées sans avoir l'autorisation des propriétaires. Si vous montez dans un centre équestre, le mieux est de participer aux sorties qui y sont organisées. Les gérants connaissent bien leur région et vous feront découvrir les sentiers de randonnée autorisés aux chevaux.

Partir en promenade avec un ami permet de se détendre. N'oubliez pas que les chevaux s'effraient facilement et restez vigilant en toutes circonstances.

Précautions de bon sens

Que vous partiez seul ou accompagné, prévenez toujours une tierce personne et donnez-lui votre itinéraire. Assurez-vous que la ferrure de votre cheval est en bon état et habillez-vous en fonction de la météo. Marchez au pas

Ouvrir et refermer une barrière

1 *Placez votre cheval le long de la barrière et penchez-vous pour atteindre le loquet. Prenez garde de ne pas perdre l'équilibre !*

2 *Poussez la barrière pour l'ouvrir. Elle doit être suffisamment ouverte pour que vous puissiez passer avec votre cheval. Maintenez-la afin qu'elle ne se referme pas sur votre cheval avant qu'il soit de l'autre côté.*

3 *Faites pivoter votre cheval et refermez-la correctement avant de vous éloigner.*

pendant le premier kilomètre à l'aller et le dernier au retour. En effet, votre cheval aura besoin de s'échauffer avant d'accélérer l'allure, de se calmer et de sécher avant de rentrer. Un cheval revenant de promenade excité et trempé de sueur prouve qu'il a été monté par un bien piètre cavalier.

Ce qu'il faut emporter avec vous

Emportez un téléphone portable et un kit de premiers soins. Mettez vos nom, adresse et le numéro de téléphone d'un contact en évidence. Attachez une médaille d'identité à la bride de votre cheval.

En randonnée

Si vous partez plusieurs heures, emportez une bouteille d'eau et quelque chose à manger. N'oubliez pas que le cheval a aussi des besoins. Mettez pied à terre de temps en temps, remontez vos étriers, desserrez la sangle et laissez-le uriner et brouter un peu et, si possible, boire.

Les bas-côtés

Soyez prudent lorsque vous montez sur le bas-côté d'une route. Des conducteurs peu délicats y jettent fréquemment des ordures de toutes sortes, comme des bouteilles, qui peuvent représenter un réel danger pour le cheval.

Respecter l'environnement

- Refermer toutes les barrières qui ont été ouvertes.
- Ne jamais galoper dans les pâtures du bétail.

Vous pourriez semer la pagaille dans les troupeaux.

- Contourner les champs cultivés.
- Ne pas jeter de déchets dans la nature.

Partir seul

La plupart des cavaliers expérimentés apprécient les sorties à cheval en solitaire. Certains y voient une communion avec la nature. Lorsque personne n'est disponible pour vous accompagner, monter seul sera la seule solution. De nombreux cavaliers ne prennent toutefois pas la peine de familiariser leurs chevaux au travail en solitaire, et cela réduit leurs compétences ainsi que la polyvalence et l'éducation des chevaux, et en conséquence, le parcours du couple cavalier/cheval.

En bref

- ✓ Les bonnes bases
- ✓ Garder le contrôle
- ✓ Relever des défis
- ✓ Prendre ses précautions
- ✓ Gérer les problèmes

Pratiquer les bases

Que vous soyez à quelques mètres de votre instructeur ou à plusieurs kilomètres de votre centre équestre, vous êtes désormais seul sur le dos du cheval et donc seul maître à bord ! C'est une merveilleuse sensation de liberté, mais ne vous laissez pas emporter par votre enthousiasme tant que vous ne maîtriserez pas parfaitement les bases. Pratiquez encore et encore les exercices appris dans le manège ou la carrière. C'est le meilleur moyen de construire votre assurance et votre confiance en vous.

Élargir ses horizons

Quand vous vous sentirez prêt, votre instructeur vous encouragera à sortir de la carrière et, pour s'assurer que vous vous débrouillez bien, il vous accompagnera (ou vous fera accompagner) lors de vos premières balades.

Toujours garder le contrôle

Pouvoir stopper votre cheval en toutes circonstances est un point crucial qui vous permettra d'entretenir votre confiance en vous. Le cheval se montrera parfois plus énergique que d'habitude et tentera de vous emmener dans un galop effréné que vous ne vous sentirez pas capable de contrôler. Calmez-le en vous redressant sur la selle et en déportant votre poids vers l'arrière. Mettez de la pression sur les rênes et dites « Ho ! », ou tout ordre vocal auquel il répond habituellement. Si, malgré vos efforts, vous sentez que vous perdez le contrôle, tournez-lui la tête pour le mettre sur un petit cercle. Il n'aura pas d'autre choix que de ralentir et s'arrêter. Dès qu'il s'exécute, relâchez votre pression sur les rênes, caressez-le et évaluez la situation.

Sur certaines petites routes, les bas-côtés sont parfois difficilement praticables, et il vous faudra marcher sur la chaussée. Surveillez le trafic et rangez-vous dès qu'un véhicule apparaît.

Problèmes courants

Problèmes	Solutions
Le cheval baisse la tête et tente de ruer.	Faites-lui redresser la tête en tirant sur une seule rêne.
Le cheval n'avance pas.	Relâchez les rênes et utilisez vos jambes avec plus de fermeté.
Le cheval va trop vite et/ou devient incontrôlable.	Mettez-le sur un cercle et arrêtez-le en raccourcissant les rênes.

Situations difficiles

- Ne paniquez pas ; le cheval le percevrait et prendrait peur à son tour.
- Gardez votre calme et parlez tranquillement à votre cheval pour l'apaiser.
- Si nécessaire, mettez-le sur un cercle et reprenez-le en main.

Afin de garder votre équilibre dans une descente, redressez-vous pour ne pas surcharger l'avant-main du cheval et lui éviter de trébucher. Restez au pas, et gardez un contact léger dans les rênes.

Problème ou opportunité ?

Au cours de votre apprentissage, vous traverserez des moments de doute et de découragement. Parlez-en à votre instructeur ; il pourra vous conseiller et vous proposer une solution pour résoudre un problème particulier. Certains chevaux, au tempérament très personnel, doivent être manipulés d'une certaine manière. Apprendre à gérer ce genre de situation vous sera d'une grande utilité pour entretenir votre assurance tout au long de votre vie de cavalier.

Le meilleur moyen d'y parvenir est de vous confronter à des situations variées. Plus vous parviendrez à les gérer avec succès, et plus vite vous apprendrez à ne plus redouter l'imprévu.

Le bon sens

Lisez et suivez les conseils donnés en pages 140-141 et 142-143. Portez votre casque en toutes circonstances, ainsi que des bottes ou des chaussures robustes et, ce qui est encore mieux, un gilet de protection.

Si vous partez seul à cheval, c'est que vous avez votre propre monture, ou avez emprunté celle d'un ami proche. Les centres équestres n'autorisent généralement pas un client à partir seul en promenade avec l'un de leurs chevaux. En effet, les polices d'assurance ne couvrent pas les cavaliers non accompagnés, car, en cas d'accident, les établissements seraient tenus pour responsables.

Sortir en groupe

Sortir à cheval avec d'autres cavaliers est très agréable. C'est un bon moyen de faire connaissance et de lier amitié. Observer une autre personne monter un cheval peut aussi vous donner envie de l'essayer. Tous les chevaux et tous les cavaliers sont différents, de par leurs attitudes, leurs expériences (bonnes et mauvaises), et leur comportement. Monter des chevaux différents ne peut être qu'enrichissant pour votre apprentissage personnel.

En bref

- ✓ Monter en compagnie d'autres cavaliers
- ✓ Prendre de l'assurance
- ✓ L'importance du respect mutuel
- ✓ Une vigilance de chaque instant
- ✓ Mettre les leçons en pratique

Monter en compagnie

Votre première sortie hors de la carrière se fera certainement en compagnie de votre instructeur ou d'un employé expérimenté du centre équestre connaissant vos capacités, et sur un itinéraire sans difficulté. Votre accompagnateur ne prendra pas de risques, mais vous encouragera peut-être à vous mettre devant pour accroître votre confiance et votre détermination. Lorsque vous vous en sentirez capable, vous pourrez sortir avec des amis.

Traverser une forêt et observer la faune est une expérience passionnante. Prenez toutefois garde aux branches basses. Penchez-vous en avant pour passer dessous et éviter les égratignures. Et ce n'est pas parce que les autres cavaliers vont vite, sautent des troncs et des fossés, que vous devez en faire autant. Si vous ne vous en sentez pas capable, n'ayez pas peur de dire non. Mieux vaut renoncer que de vous faire peur ou avoir un accident. Faites attention aux racines sur lesquelles les chevaux peuvent trébucher et aux animaux sauvages qui débouchent de nulle part !

Soyez respectueux

Les membres d'un groupe doivent se respecter mutuellement. Il s'agit que chacun adopte des bonnes manières, reste poli et courtois en toutes circonstances. Au contact de chevaux, il est important de savoir garder son calme.

- Si vous êtes sur une allée suffisamment large pour deux cavaliers de front, ne restez pas au milieu, obligeant l'autre cavalier à marcher sur le bord.
- Si vous marchez sur une route et que votre cheval est le plus calme, proposez de vous mettre à l'extérieur. Ne le faites que si vous avez une bonne expérience des routes.

Une sortie en groupe peut être une agréable expérience ou se transformer en véritable cauchemar. Les conversations ne doivent pas vous distraire des principes élémentaires de sécurité, surtout sur route.

La sécurité routière

Respectez toujours le code de la route et apprenez les signaux manuels du pays où vous montez (voir pages 140-141).

La cravache

En randonnée, une cravache est souvent une aide appréciable. Si le cheval ne répond pas correctement à vos aides, ou s'il aperçoit quelque chose qui l'inquiète, elle vous servira à le remettre en avant.

De nombreux chevaux apprécient de se promener dans l'eau. Veillez à ce que votre cheval soit toujours en mouvement si le fond est sablonneux et que sa tête soit toujours bien hors de l'eau.

• Descendez de cheval à votre tour pour ouvrir une barrière difficile.

• Aux intersections, ne passez pas en laissant derrière vous un cavalier monté sur un cheval nerveux. Traversez deux par deux, ou mieux, tous ensemble si possible.

• Ne galopez pas ou ne sautez pas si cela énerve le cheval d'un autre cavalier. Un accident est trop vite arrivé.

Attendez la même considération en retour

• Vous croiserez peut-être des usagers des chemins, autres cavaliers, chasseurs ou promeneurs peu scrupuleux, s'imaginant qu'ils ont tous les droits. Restez ferme, mais polis, quant à vos propres droits.

• Votre plaisir et votre sécurité sont aussi importants que ceux des autres. Au sein d'un groupe, donnez votre opinion sur l'itinéraire, ou sur ce que vous voulez faire.

• Une promenade en groupe doit se faire au niveau du cavalier le moins expérimenté. Toute autre conduite est dangereuse. S'il s'agit de vous, dites-le haut et fort. Ne faites rien qui puisse vous effrayer ou vous mettre en danger.

• Si le cavalier qui est à vos côtés vous repousse constamment hors du sentier, faites-le-lui remarquer pour qu'il vous laisse de la place, ou ralentissez votre cheval, passez derrière lui (à quelques mètres pour éviter un éventuel coup de pied), et placez-vous de l'autre côté. S'il recommence, changez de voisin !

Une vigilance de chaque instant

Apprenez à anticiper. À tout moment, vous pouvez avoir à vous ranger pour laisser passer un véhicule. Ajustez votre assiette en fonction du terrain : penchez-vous en avant pour monter et restez en position verticale pour descendre. Les temps de galop font partie du plaisir. N'allez pas trop vite, à moins de vous sentir capable de contrôler votre cheval.

Mettre les leçons en pratique

En promenade, vous pouvez mettre en pratique certaines leçons. Cela peut être amusant si vous sortez avec votre instructeur et des élèves du même niveau que vous. Vous pouvez faire des figures autour d'obstacles comme des arbres, et des exercices appris en carrière. C'est un bon moyen d'évaluer votre niveau et de vous rendre compte que les autres cavaliers rencontrent aussi des difficultés.

Problèmes et solutions

Personne ne vous dira que monter à cheval est facile et que vous ne rencontrerez aucun problème. Les chevaux sont des êtres vivants et non des machines. Ils ont un cerveau, pensent, et leur mémoire est excellente. Nous ne sommes pas tous des graines de « chuchoteurs », et cela engendre souvent l'incompréhension. Les chevaux peuvent prendre des décisions. S'ils ne veulent pas faire quelque chose, ou que nous les traitons mal, ils sont tout à fait capables de nous le faire savoir !

En bref

- ✓ Reprendre le contrôle
- ✓ Éviter les risques inutiles
- ✓ Gérer une situation périlleuse
- ✓ Résoudre un problème à l'obstacle
- ✓ Rester positif

La perte de contrôle

En cas de perte de contrôle, réagissez sans paniquer. Ralentissez et reprenez votre cheval sur une série de cercles. Rien ne sert de tirer constamment sur les rênes ; le cheval s'appuiera dessus et s'emballera de plus belle. Faites des demi-arrêts en tirant et en relâchant une ou les deux rênes et en basculant votre poids vers l'arrière. Déséquilibré, le cheval sera obligé de ralentir.

Pas de risques inutiles

Si votre cheval a eu peur, parlez-lui et frottez-le au niveau du garrot. Raccourcissez les rênes jusqu'à ce que vous ayez retrouvé votre calme. Si vous sentez qu'il va à nouveau s'énerver, le mieux est de mettre pied à terre, de remonter les étriers et de le prendre par les rênes pour le faire marcher jusqu'à ce qu'il se calme complètement.

Gérer une situation périlleuse

Pour être un bon cavalier, il faut être capable de réagir rapidement à toutes sortes de situations avec tact et fermeté. Ne perdez jamais votre sang-froid, ne criez pas et ne gesticulez pas, même si la situation est angoissante.

Votre attitude

Ne vous découragez pas lorsque les choses se passent mal. Plutôt que de vous énerver (ça ne sert à rien avec les chevaux) arrêtez-vous, calmez-vous et prenez le temps de la réflexion. Parlez-en avec votre instructeur ou des cavaliers expérimentés. Il existe une solution à chaque problème.

Si un cheval pose un problème de comportement, demandez-vous si ce n'est pas vous qui en avez un ! Gardez votre calme et pensez-y à tête reposée.

Ce cavalier n'est pas en phase avec son cheval, mais en retard par rapport à son mouvement. Il devrait être en équilibre, en avant. Il a cependant donné au cheval la liberté de l'encolure en avançant les mains.

Les problèmes à l'obstacle

La plupart des problèmes à l'obstacle sont engendrés par un manque de préparation du cavalier.

Une mauvaise approche

Lorsque la trajectoire d'approche d'un obstacle n'est pas correcte, le cheval n'a pas suffisamment de temps pour apprécier le saut qu'il doit effectuer. Si sa vitesse n'est pas non plus suffisante, ou que l'obstacle est trop imposant pour l'expérience et les capacités du couple cheval/cavalier, il risque de se dérober ou d'opposer un refus.

Il faudra recommencer, avec une impulsion plus importante et un tracé plus direct, en fixant votre regard au-delà de l'obstacle et non dessus ou sur le cheval. Cela résoudra probablement le problème.

Être décalé par rapport au cheval

C'est une faute très commune. Quand le cavalier se met trop en avant, il gêne l'élévation de l'avant-main du cheval qui peut alors être rebuté par l'effort. Restez droit sur votre selle et apprenez à contrôler la mobilité de votre buste.

L'inverse se produit aussi fréquemment. Le cavalier, assis trop en arrière, donne une violente traction dans la bouche du cheval au moment de l'enlever et retombe brutalement sur la selle à la réception. Un cheval pourra supporter un tel traitement une ou deux fois, mais il finira par refuser de sauter ou par ruer. Pour remédier à cette faute, vous devrez améliorer votre équilibre et votre technique avant de recommencer à sauter.

Gardez toujours en mémoire que vous devez être en rythme et en équilibre avec votre monture. Pour obtenir une assiette souple en toutes circonstances, gardez le dos bien droit et pliez-vous au niveau des hanches et non de la taille.

Jeunes chevaux et chevaux difficiles

Après une mauvaise expérience ou une longue coupure, vous vous êtes inscrit dans un centre équestre afin de reconstruire votre confiance en vous. C'est une très bonne idée. Les bons établissements ont d'excellents chevaux d'école, calmes et dociles. Au fur et à mesure de vos progrès, vous aurez à monter des chevaux plus difficiles ou encore jeunes, que vous devrez maîtriser. Vous ne ferez pas mentir le dicton : « À jeune cavalier, vieux cheval et à jeune cheval, cavalier expérimenté » !

En bref
- ✓ Monter de jeunes chevaux
- ✓ Des aides précises
- ✓ Les problèmes
- ✓ Faire preuve de persévérance
- ✓ Pourquoi les chevaux deviennent-ils difficiles
- ✓ Les chevaux rétifs

Pour débuter un jeune cheval à l'obstacle, il faut le faire passer en longe sur des barres au sol.

Monter de jeunes chevaux

Si votre instructeur vous propose de monter un jeune cheval, prenez cela comme un compliment. C'est qu'il considère que vous êtes assez aguerri pour vous en sortir. Mais c'est aussi une responsabilité. En effet, la plupart des problèmes se développent quand les chevaux sont jeunes, alors qu'ils sont montés par un trop grand nombre de cavaliers appliquant des aides et des techniques différentes, et cela avant qu'ils aient compris ce qu'on attendait d'eux.

Par exemple, un cavalier qui a chuté parce qu'un cheval a exprimé son incompréhension en ruant ou en se cabrant, encouragera malgré lui ce cheval à refaire la même chose à chaque fois qu'il aura un problème avec un cavalier.

Des aides précises

Lorsque vous montez un jeune cheval, vos aides doivent être précises et fermes, sans être brutales. Utilisez votre voix pour certains ordres, pour calmer ou récompenser, et montez avec une assiette légère. Donnez au cheval le temps et l'espace pour s'exécuter.

Varier les exercices

À 4 ans, un cheval peut être introduit à l'obstacle par des barres au sol, des croisillons et des petits parcours de cavaletti. Au fur et à mesure de son développement musculaire et de son entraînement, il apprendra à ramener ses postérieurs sous lui et à se mettre « sur le mors », c'est-à-dire à accepter le mors sans le redouter. Afin d'entretenir son intérêt, les leçons doivent être variées : travail sur le plat, dressage, petits obstacles, sorties à l'extérieur et, pourquoi pas, de petites compétitions.

Les problèmes

Lorsque vous montez ou que vous entraînez un jeune cheval, vous rencontrerez fatalement des problèmes. Gardez votre calme et revenez à la leçon précédente. Il est indispensable d'avoir un entraîneur ou quelqu'un d'expérimenté qui peut vous observer et vous aider si les choses ne se passent pas bien. Continuez de monter des chevaux bien dressés est aussi important. Ainsi, vous ne serez pas découragé.

Tester l'homme

De nombreux entraîneurs affirment qu'un jeune cheval cherchera à tester son cavalier afin de déterminer jusqu'où il peut aller. Pourtant, selon les éthologistes, les chevaux n'ont pas un esprit aussi tordu, un tel comportement peut être expliqué par une détresse physique ou mentale ou par l'inconfort. Quoi qu'il en soit, il est vrai que tout jeune cheval passe par une phase de « rébellion » et qu'il faut persévérer pour la surmonter.

Il faut vous assurer que les progrès effectués par le cheval ne vous incitent pas à aller trop vite dans son entraînement. Il est essentiel de lui laisser le temps d'assimiler les leçons. Peut-être qu'il ne saisit pas les aides les plus fines que vous lui donnez. Assurez-vous aussi que vous ne le surmenez pas et qu'il ne finit pas par être dégoûté par la répétition des exercices, ou qu'une blessure n'est pas passée inaperçue. Une trop forte pression mentale ou physique peut se révéler désastreuse. Faites appel à un œil extérieur expérimenté pour déterminer ce qui ne va pas.

Les chevaux difficiles

Les chevaux difficiles sont généralement des chevaux maltraités par de mauvais entraîneurs ou des cavaliers qui les ont punis en les frappant. Pour un mauvais cavalier, il est plus facile de frapper un cheval qui n'obtempère pas que de remettre en question sa façon d'agir et son attitude envers un animal incapable de comprendre ce que son tortionnaire attend de lui. Des chevaux peuvent aussi se montrer rétifs quand ils ne sont pas bien entraînés. Certains cavaliers emploient des mors très durs, utilisent leurs éperons à tort et à travers et des enrênements contraignants. Dans ces conditions, même un cheval bien mis et docile pourra facilement devenir rétif.

Reprendre à zéro

En tant que client d'un centre équestre, vous n'aurez pas à monter de chevaux dangereux, mais apprendre à maîtriser un cheval difficile fera partie de votre formation. Avec un tel cheval, il faut être déterminé et patient. Si vous êtes dur, il risque de se rebeller. L'idéal est de reprendre son entraînement au début, sans le brusquer, en récompensant chaque progrès. Supervisé par un entraîneur, vous pourrez peut-être réconcilier un cheval abusé avec les hommes.

Ce cheval s'apprête à se cabrer et, au lieu de le remettre en avant avec fermeté, son cavalier tire sur les rênes, ce qui est la pire des réactions.

Le droit de refuser

Les chevaux se comportant mal sous la selle poussent parfois les cavaliers insuffisamment expérimentés dans leurs derniers retranchements, au point que certains abandonnent l'équitation. C'est vraiment dommage. N'hésitez pas à dire à votre instructeur que vous avez peur de monter un certain cheval et expliquez-lui votre problème. Vous avez le droit de refuser de monter un cheval sur lequel vous ne vous sentez pas en sécurité. Après tout, chevaux et cavaliers ayant des caractères différents, tous ne sont pas faits pour s'entendre !

Un entraîneur particulier

Si vous achetez votre propre cheval, ou que vous voulez progresser en montant des chevaux de haut niveau et sortir en compétition, vous aurez besoin d'un entraîneur particulier. Selon la discipline que vous pratiquez, tous n'auront pas la même philosophie ni la même approche du cheval. Celui que vous choisirez devra convenir à vos aspirations.

En bref
- ✓ Les sources d'information
- ✓ Assister à une leçon
- ✓ Évaluer les qualifications
- ✓ L'assurance

Le bouche à oreille

Le meilleur moyen de trouver la « perle rare » est de consulter un cavalier très compétent, en qui vous avez toute confiance. Il pourra vous recommander quelqu'un qui pourra vous guider et vous faire progresser.

La fédération équestre nationale peut aussi vous fournir une liste d'instructeurs certifiés.

La publicité

Certains entraîneurs passent des publicités dans la presse régionale ou équestre. Les magazines spécialisés dans une discipline publient aussi des annonces.

Certains propriétaires de chevaux de concours recherchent de bons cavaliers pour faire travailler leurs chevaux. En général, ces chevaux de grande valeur sont en pension dans des centres équestres prestigieux et s'entraînent sous la houlette d'instructeurs très qualifiés. Avant de vous voir confier un tel cheval pour le détendre de temps en temps ou le travailler, vous devrez faire vos preuves, mais cela peut en valoir la peine. En montant une « Formule 1 », supervisé par un entraîneur de renom, vous ferez d'énormes progrès. Vous bénéficierez de conseils avisés, mais n'oubliez pas que vous devrez travailler encore plus dur. Si vous avez cette chance, ne la laissez pas passer !

Ce cheval avance au pas correctement. Remarquez l'engagement de son postérieur. Le cavalier devrait toutefois se redresser un peu, reculer ses épaules au-dessus de ses hanches et rendre légèrement les rênes pour avoir une position parfaite.

Assurance

Si vous montez votre propre cheval sous la houlette d'un entraîneur privé, celui-ci s'assurera qu'il est en parfaite santé, avec des pieds et une ferrure en bonne condition, et que votre harnachement est en bon état et convient à votre cheval comme à vous. Une licence de cavalier vous sera indispensable pour être couvert en cas d'accident. Il est aussi recommandé de souscrire une assurance pour votre cheval. De nombreuses compagnies en proposent, il existe aussi des assureurs spécialisés dans ce domaine.

Assister à une leçon

Lorsque vous pensez avoir trouvé l'entraîneur de vos rêves, prenez contact et déplacez-vous pour assister à une leçon. Si le cheval appartient à un propriétaire privé, rencontrez-le pour discuter des termes de votre futur arrangement : combien de fois par semaine aura-t-il besoin de vous et le niveau d'équitation requis pour monter son cheval. L'entraîneur et le propriétaire vous poseront des questions sur votre expérience et vos qualifications et vous feront essayer le cheval. Ce sera alors à vous de jouer.

Question de pédagogie

La faculté d'enseigner est un don que tout le monde n'a pas. Un bon instructeur doit avoir une formation reconnue ou de très bonnes expériences professionnelles, mais il est aussi essentiel qu'il se montre coopératif et aimable avec le cavalier et le cheval.

Certains instructeurs, très qualifiés, peuvent se révéler de piètres enseignants, parce que manquant de patience ou de pédagogie, ou ne sachant pas s'exprimer clairement. Ils préféreront entraîner votre cheval plutôt que de vous donner des cours.

D'autres, en revanche, auront un niveau d'équitation moindre, mais seront d'excellents pédagogues, capables de transmettre leur passion et d'encourager leurs élèves. Là encore, à vous de déterminer, en rencontrant des gens différents, ceux qui conviendront le mieux à votre caractère et à vos aspirations. Il existe, en effet, des entraîneurs qui conviennent mieux aux débutants, tandis que d'autres se consacrent principalement aux cavaliers déjà expérimentés.

Un bon professeur doit toujours être à votre écoute pour répondre à vos questions. N'hésitez pas à vous adresser à lui si vous ne comprenez pas quelque chose.

Coût

Le prix de leçons privées peut être assez élevé. Sachez qu'une bonne leçon mensuelle (si vous en avez les moyens) est souvent plus profitable qu'une hebdomadaire d'un niveau médiocre.

En outre, un bon entraîneur pourra vous élaborer un plan de travail sérieux jusqu'à la leçon suivante et restera à votre disposition pour discuter d'un problème au téléphone, auquel vous pourriez vous heurter entre-temps.

LES SPORTS ÉQUESTRES

On dit souvent que meilleur on est dans une discipline et plus on y prend de plaisir. L'équitation étant considérée comme un sport dangereux, plus vous pratiquerez à un niveau avancé et moins vous courrez donc de risques. Certes, vous ne visez probablement pas le niveau international, mais vous apprendrez énormément en vous adonnant à votre sport favori à haut niveau. L'étude du cheval et de l'éthologie est passionnante et vous aidera certainement à pratiquer une équitation encore plus respectueuse de ce merveilleux animal. Vous découvrirez aussi que les chevaux de compétition, lorsqu'ils sont bien traités et entraînés avec considération et compétence, apprécient beaucoup leur travail. Mais, avant d'en arriver là, il faudra faire beaucoup d'efforts et de sacrifices.

M
Telefonica
OSBORN

L'équitation western

L'équitation western, dont les origines remontent aux conquistadors débarqués en Amérique au XVIe siècle, diffère de l'équitation classique tant par la tenue que par le dressage des chevaux et la manière de se tenir en selle. Elle s'est forgée au cours des siècles dans les grands ranchs d'élevage de bétail et offre aujourd'hui plusieurs disciplines, dont le reining, équivalent du dressage en équitation classique, qui a fait son entrée aux Jeux équestres mondiaux, en Espagne, en 2002.

En bref

- ✓ Le rodéo
- ✓ Les origines
- ✓ Les disciplines de l'équitation western

Le rodéo

Le rodéo américain regroupe plusieurs épreuves dérivant directement du travail avec le bétail dans les ranchs d'élevage. Il a pour but de tester l'habilité, la dextérité et le courage des cow-boys, ainsi que le dressage, l'agilité et l'obéissance des chevaux.

Calf roping Voir encadré ci-contre.

Steer wrestling Deux cavaliers se lancent derrière un taurillon et, tandis que le premier cherche à se laisser tomber sur lui pour lui saisir les cornes et tenter de le renverser, l'autre l'encadre pour le maintenir en ligne droite. Cette épreuve, qui se déroule sur quelques secondes, requiert à la fois force, rapidité et courage.

Saddle bronc riding et bareback bronc riding Ces deux épreuves consistent à monter des chevaux sauvages avec ou sans selle (à cru). Le cavalier ne peut utiliser qu'une main pour se tenir sur le dos de l'animal ruant et bondissant, et doit s'y maintenir au moins 8 secondes.

Lors d'une épreuve de calf roping, ce cow-boy vient de capturer un veau. Il monte un Quarter Horse, race réputée pour son « sens du bétail ». Ces chevaux semblent en effet pressentir les réactions des bovins, voire les devancer.

Calf roping

Un cavalier galope à la poursuite d'un veau et doit l'attraper au lasso, le renverser et lui lier trois pattes en un temps record. Le cheval doit régler sa vitesse sur celle du veau et stopper net dès qu'il est capturé. Avant de sauter de cheval, le cavalier attache son lasso au pommeau de la selle.

Ces épreuves dérivent directement des méthodes brutales autrefois utilisées par les cow-boys pour débourrer des chevaux sauvages. Pour encourager les chevaux à ruer, une sangle est serrée autour de leurs reins.

Bull riding Épreuve reine du rodéo, c'est le sport le plus dangereux du monde. Il consiste à monter un taureau de plus de 900 kg, et requiert courage et folie ! Le cow-boy ne peut se tenir qu'avec une main à une corde passée autour de l'animal furieux. Il doit rester sur le taureau 8 secondes et il est éliminé s'il le touche de sa main libre.

Barrel racing Réservée aux femmes, cette épreuve de vitesse et d'agilité est une course autour de tonneaux disposés en triangle. La difficulté réside à faire pivoter le cheval très court autour des tonneaux sans les renverser.

Autres disciplines western

Reining Cette épreuve se rapproche du dressage classique. Sur un parcours imposé, ou « pattern », le cheval doit démontrer son agilité et sa maniabilité. Il doit pouvoir galoper vite, puis lentement, changer de pied, s'arrêter net (*sliding stop*), tourner sur les hanches (*roll back*) et repartir.

Western pleasure Le cheval, éduqué à trotter et galoper très lentement, effectue un parcours en démontrant son calme et son obéissance.

Cutting C'est le travail du cow-boy par excellence. Il s'agit de séparer des bêtes d'un troupeau et de les mener dans un autre enclos sans les laisser s'échapper. Le cavalier doit faire preuve de style et le cheval d'un grand sens du bétail.

Trail Cette épreuve dérive des actions que les cow-boys devaient effectuer à cheval dans les ranchs, comme d'ouvrir et de refermer les barrières des corrals, de passer dans des endroits difficiles, de reculer entre des troncs. Le cheval doit s'exécuter entre les obstacles, sans crainte.

Le saddle bronc riding est très dangereux. Le cavalier ne peut se tenir qu'à une longe attachée à la tête du cheval. Les chutes et les blessures sont fréquentes.

Les chevaux d'équitation western

Même si n'importe quel cheval, quelle que soit sa race, peut être mis à l'équitation western de loisir, les races américaines restent les mieux adaptées à la compétition. Le Quarter Horse y occupe une position prépondérante. Il excelle en reining et en cutting. Dérivant des chevaux ibériques des conquistadors, les quarter horses sont puissants, agiles, dociles et rapides. La race est même la plus rapide sur le quart de mile. L'Appaloosa, avec sa robe tachetée, est aussi très prisé. Excellent cheval de loisir et de compétition, il est polyvalent et facile. La race fut développée dans le Nord-Ouest des États-Unis, vers le milieu du XVIIe siècle, par les Indiens Nez Percés, à partir de descendants de chevaux ibériques retournés à l'état sauvage.

Monter en amazone

La monte en amazone évoque irrésistiblement l'élégance des femmes de la bourgeoisie et la vie insouciante d'autrefois. D'ailleurs, au XIXe siècle, il était indigne pour une femme de monter à califourchon. Tombée en désuétude, cette forme d'équitation connaît aujourd'hui un regain d'intérêt, et des amazones modernes présentent cette équitation gracieuse lors d'exhibitions et de spectacles estivaux.

En bref
- ✓ L'histoire
- ✓ La selle et la tenue
- ✓ Le bon cheval
- ✓ Monter en amazone

Montées sur de splendides chevaux, ces deux amazones offrent un tableau ravissant.

L'histoire

La monte en amazone connut son âge d'or au XIXe siècle. Des peintures et des gravures du Ve siècle avant J.-C. montrent déjà des femmes assises sur des chevaux avec les deux jambes pendant du même côté.

Un type de selle d'amazone fut utilisé en Angleterre vers le milieu du XIIe siècle, bien que les femmes eussent probablement monté de cette façon bien avant. La selle moderne, dotée de deux fourches, fut introduite vers 1500 par Catherine de Médicis. Le modèle évolua pour donner, au début du XXe siècle, la selle que l'on connaît aujourd'hui, adaptée à l'assiette plus en avant employée à la chasse.

La selle

Presque toutes les selles d'amazone sont conçues pour que les jambes de la cavalière soient sur la gauche du cheval. La selle a deux fourches : une fourche supérieure fixe, qui fait partie de l'arçon, et une fourche inférieure mobile. La fourche supérieure porte la jambe droite, qui se trouve la plus haute sur la selle. La fourche inférieure permet de s'accrocher. Le siège est plat et il n'y a qu'un étrier. La sangle comporte une courroie, ou balancine, reliée à l'arrière de la selle et qui évite à celle-ci de glisser, et une sursangle qui retient le quartier droit. Il est important qu'elle soit adaptée au dos du cheval afin de ne pas le blesser, et à la cavalière, pour favoriser une position correcte.

La tenue

Les cavalières qui montent en amazone pour des spectacles ou des présentations revêtent généralement une tenue d'époque, élégante tout en restant pratique, puisque généralement conçue pour la randonnée ou la chasse à courre. Elle comprend une jupe, aussi appelée tablier, dont l'ourlet, lourd, doit pendre sans flotter, et une veste assortie, courte et ajustée. Sous le tablier, les amazones modernes portent une culotte d'équitation et des bottes. La tenue peut être complétée par des accessoires : cravate, chapeau, col, casquette…

Cette magnifique cavalière montée en amazone est parfaitement en équilibre sur un cheval bien mis.

Comment seller

1 Portez la selle sur votre avant-bras droit, les fourches contre votre hanche. La sangle et la balancine sont attachées du côté gauche. Tenez-les dans votre main gauche avec la sursangle.

2 Posez la selle sur le cheval, un peu en avant, puis faites-la glisser un peu vers l'arrière, comme avec une selle classique.

3 Bouclez la balancine au contre-sanglon avant situé sous le quartier droit, et la sangle aux deux contre-sanglons suivants. La balancine, qui passe sur la sangle, ne doit pas être plus serrée que cette dernière, de même que la sursangle retenant le quartier droit.

Il est bon d'être deux pour seller. Pendant qu'une personne maintient la selle, l'autre ajuste toutes les courroies. Une fois la cavalière en selle, elle peut ressangler la sangle et la balancine à droite. Notez qu'en amazone, on ne ressangle pas à gauche, sous les jupes !

Se mettre en selle

Le plus facile pour monter sur une selle d'amazone est de se faire aider par quelqu'un qui vous soulève dans la bonne position. Une autre méthode consiste à se mettre à califourchon et à balancer la jambe droite en place. Mettez votre pied gauche dans l'étrier en tenant votre tablier sur le bras gauche. Les rênes dans la main gauche, attrapez l'arrière de la selle et sautez pour vous mettre à califourchon.

Pour mettre pied à terre, prenez les rênes dans la main droite, déchaussez l'étrier, soulevez la jambe droite et passez-la au-dessus des fourches. Laissez-vous glisser au sol en vous écartant des fourches.

La position

Vous devez vous tenir droite, votre poids bien réparti sur le dos du cheval. De derrière, vous devez sembler à califourchon, jambe droite manquante. Votre cuisse droite doit être en contact avec la selle et votre jambe gauche dans la même position que sur une selle classique. Votre étrier ne doit pas être trop court, de façon que votre cuisse ne soit pas coincée contre la fourche, mais s'en écarte. Placez vos mains au-dessus de votre cuisse droite, ou de chaque côté.

Les aides

Pour remplacer les aides de votre jambe droite, vous avez une cravache. Pour demander le pas, donnez en même temps de votre jambe gauche et de votre cravache. La souplesse de vos hanches et de vos reins devrait vous permettre de suivre les mouvements du cheval. Pour passer au trot, penchez-vous un peu en avant. Pour partir au galop, une légère poussée d'une des fesses devrait suffire, sinon appliquez les aides normales du galop en utilisant la cravache comme votre jambe droite. Pour monter en amazone, il faut un cheval spécialement éduqué à cette discipline.

Le saut d'obstacles

Le saut d'obstacles, ou jumping, est le sport équestre le plus récent. Mentionné pour la première fois dans un manuel de cavalerie de 1788, il dérive des manifestations hippiques organisées en Grande-Bretagne et en Irlande, dans les années 1860, pour les chevaux de chasse. En 1866, une sorte de cross-country fut organisée à Paris, puis des compétitions commencèrent à se dérouler dans des espaces clos. De nos jours, des races de demi-sang ont été développées spécialement pour cette discipline.

En bref
- ✓ Le développement du saut d'obstacles
- ✓ La Fédération équestre internationale (FEI)
- ✓ Les compétitions
- ✓ Les chevaux de jumping

Un sport international

L'Irlande est sans doute le berceau du jumping. C'est aussi le pays d'origine du steeple-chase. En 1865, durant le show annuel de la Royal Dublin Society, il y avait des compétitions de sauts « en hauteur » et « en largeur ». À Paris, en 1866, les cavaliers paradaient, puis disparaissaient pour sauter des obstacles dans la nature ! Au Royaume-Uni, les jumpings se déroulèrent d'abord lors d'exhibitions agricoles. Le premier concours officiel eut lieu à Londres, en 1876. Aux États-Unis, le National Horse Show fut organisé pour la première fois à New York, en 1883. Quelques années plus tard, des compétitions se tenaient à travers toute l'Allemagne.

La Fédération équestre internationale

La Suède et la France fondèrent la FEI en 1921, pour uniformiser ce sport international. Les autres pays fondateurs sont la Belgique, le Danemark, l'Italie, le Japon, la Norvège et les États-Unis. L'Allemagne les rejoignit la même année et la Suisse en 1922. Le Royaume-Uni fonda sa propre British Showjumping Association en 1923 et rallia la FEI en 1925. En 1926, la Royal Dublin Society organisa les premières compétitions internationales de jumping.

Les compétitions

Les concours hippiques se déroulent sur une carrière couverte ou en plein air. Les concurrents doivent effectuer un parcours jalonné d'obstacles colorés, en faisant tomber le moins de barres possible, chaque barre renversée apportant des points de pénalité.

Ce cheval a parfaitement ramené ses antérieurs contre lui pour passer largement au-dessus de la barre.

Ce cheval n'a pas correctement ramené ses antérieurs sous son corps. Il doit donc sauter plus haut, faute de quoi il heurtera l'obstacle.

Avant le départ de la compétition, les cavaliers ont le droit de reconnaître le parcours, c'est-à-dire de l'arpenter à pied, d'un obstacle à l'autre, afin d'évaluer le meilleur tracé, les difficultés et le nombre de foulées que le cheval devra faire entre chaque obstacle. Si, à l'issue du parcours, des cavaliers sont ex æquo, ils disputent un second parcours, appelé barrage, généralement plus court, mais dont les obstacles ont été rehaussés.

Les types d'obstacles

Ils sont classés en deux catégories, les verticaux et les larges. Les premiers testent le cheval sur la hauteur. Pour franchir les seconds, le cheval ne doit pas uniquement sauter haut, mais aussi loin. Leur disposition accroît les difficultés. Ainsi, certains sont combinés, c'est-à-dire composés de plusieurs obstacles successifs. De telles combinaisons sont de véritables défis techniques pour le cheval et son cavalier qui doivent ajuster les foulées et calculer le tracé.

Les chevaux de jumping

Un bon cheval de saut d'obstacles doit être doté d'un tempérament égal, calme et courageux. Il doit être capable de négocier des obstacles difficiles avec docilité. Les chevaux qui « chauffent » et s'excitent ne sont pas adaptés à l'obstacle, car ils peuvent devenir incontrôlables. Le mental d'un cheval d'obstacles doit aussi être à toute épreuve, car il doit supporter un entraînement long et fastidieux avant de pouvoir être performant.

De nombreux pays ont développé des races aptes à cette discipline. On peut citer l'excellent Selle français, l'Anglo-Arabe, le Trakehner, le Hanovrien ou le Holstein.

Les compétitions

Concours nationaux et championnats internationaux ont lieu un peu partout dans le monde. En France, il existe cinq catégories d'épreuves, en fonction de votre niveau d'équitation (ou galop). La 5e catégorie, ou Club, est ouverte à tous les cavaliers et tous les chevaux. De nombreuses compétitions sont organisées par les centres équestres et vous permettront de juger de vos progrès pendant toute l'année. Au-dessus, les catégories sont dites officielles. Il y a aussi une catégorie Ponam, ouverte aux poneys.

Le dressage

Le dressage est une discipline populaire à la portée de tous les cavaliers. Il n'y a pas d'obstacles à franchir. Les reprises de classe E, réservées aux débutants, ne demandent que la maîtrise du pas, du trot et du petit galop, en lignes droites et sur des courbes et des cercles. Le but du dressage est d'avoir un cheval souple, docile, obéissant et confortable à monter. L'harmonie du couple cheval/cavalier est recherchée à tous les niveaux.

En bref
- ✓ Les figures et les mouvements
- ✓ Les reprises
- ✓ La notation des reprises
- ✓ Le cheval de dressage

Les figures et les mouvements

En France, les reprises de dressage s'échelonnent de la classe E (débutant) à la classe A. Il existe aussi quatre compétitions internationales prestigieuses, dont la plus célèbre et la plus difficile est le Grand Prix.

En dressage de haut niveau, les chevaux doivent être capables d'exécuter un certain nombre de figures et de mouvements.

Travail latéral Le cheval se déplace de côté, ses postérieurs ne suivant pas les mêmes traces que ses antérieurs.

Demi-tours et pirouettes sur les épaules ou sur les hanches. Par exemple, une pirouette au galop implique que les antérieurs se déplacent en cercle autour des postérieurs ; ces derniers dessinant un petit cercle sur place.

Passage Le cheval se livre à un trot lent et cadencé, très rassemblé et élevé. Les temps de suspension sont longs, ce qui donne une impression de souplesse et de « ralenti ».

Piaffé Le cheval exécute sur place un trot élastique et élevé, les postérieurs bien engagés sous le corps. Il doit sauter en rythme, avec un temps de suspension marqué.

Les reprises

Les carrières de dressage font 40 x 20 m ou 60 x 20 m. Des lettres sont placées à des points précis du périmètre et servent de repères pour effectuer des figures et des mouvements. Les petites carrières servent aux reprises de niveaux inférieurs et les grandes, aux reprises de niveaux

Selon le développement musculaire du cheval, un expert peut évaluer son niveau d'entraînement.

supérieurs et aux compétitions internationales. Les chevaux ont en effet besoin de plus de place pour exécuter des mouvements plus complexes et allonger leurs allures.

Au début d'une compétition, chaque concurrent se voit remettre une feuille avec le texte de la reprise qu'il a à réaliser. Il y est noté l'ordre dans lequel les mouvements doivent être effectués, la lettre à laquelle chaque mouvement doit commencer, en quoi il consiste et l'allure à laquelle il doit être exécuté, ainsi que le nombre de points que le juge peut lui accorder.

La reprise est notée sur la fluidité des mouvements, l'équilibre, le rythme, l'obéissance, les qualités athlétiques, la discrétion des aides du cavalier, l'harmonie du couple et la justesse d'exécution.

Dans les classes internationales, le cheval doit en plus avoir de la prestance et de la personnalité.

Les chevaux de dressage

Bien que de nombreuses races se prêtent au dressage, certaines ont été spécialement développées pour cette discipline. Elles allient élégance, qualités athlétiques, mental équilibré et docilité. Ce sont des chevaux de demi-sang ou près du sang (Holstein, Hanovrien, Anglo-Arabe…) issus d'un métissage de Pur-Sang, race réputée pour son courage et sa fougue, d'Arabe pour son panache et sa vigueur et de races lourdes pour leur calme. La célèbre École espagnole de Vienne, qui présente des spectacles de haute école, utilise des étalons Lipizzan, race dérivant de chevaux ibériques.

Questions/Réponses

Q En compétition, qu'est-ce que les juges regardent dans le couple cheval/cavalier ?

R Tout d'abord, l'exactitude des figures d'écoles et des mouvements et la justesse des allures du cheval. D'autres facteurs influencent les juges, comme l'obéissance, la présence et la personnalité et, en haut niveau, l'harmonie que dégage le couple, ainsi que sa présentation (tenue du cavalier et toilettage du cheval).

Q Puis-je concourir en dressage, même si je ne possède pas un demi-sang coûteux ?

R Certainement. N'importe quel cheval sain, bien conformé, capable de se mouvoir harmonieusement, et correctement monté, a une chance de gagner des rosettes dans des reprises de niveaux élémentaires et moyens. Les qualités primordiales sont la bonne volonté et la précision. La race du cheval n'est pas importante, mais si ses allures sont un peu élastiques et relevées, c'est préférable.

Le dressage est un sport exténuant pour le cheval, mais, au cours de son entraînement, il acquiert force et agilité.

Le concours complet

Le concours complet est un triathlon équestre. Chevaux et cavaliers doivent rivaliser de prouesses dans trois disciplines : le dressage, le cross-country et le saut d'obstacles. La reprise de dressage se déroule en premier, puis vient le cross-country jalonné d'obstacles fixes, où la vitesse est primordiale, et enfin l'épreuve de jumping. La compétition se déroule sur un, deux ou trois jours, selon le niveau des épreuves.

En bref

- ✓ Des origines militaires
- ✓ Les trois épreuves
- ✓ Les compétitions
- ✓ Les chevaux de concours complet

L'histoire

Ce sport trouve ses origines dans l'entraînement militaire. Les régiments de cavalerie sélectionnaient des chevaux résistants et obéissants. C'est en France, en 1902, que se tint la première manifestation de ce type : le Championnat du Cheval d'armes. Elle comportait du dressage, un steeple-chase, un raid d'endurance de 48 km et du saut d'obstacles. Cette dernière épreuve devant prouver que les chevaux, après d'énormes efforts, avaient encore des ressources.

Le concours complet fit son entrée aux Jeux olympiques de Stockholm, en 1912. Les concurrents étaient des militaires, mais, progressivement, des civils prirent la relève.

L'épreuve de dressage

La reprise de dressage, à la fois danse et gymnastique équestre, doit démontrer le niveau d'entraînement, l'obéissance, la soumission et les qualités athlétiques du cheval, ainsi que les compétences et l'habilité du cavalier.

Les juges apprécient les allures de base – pas, trot et petit galop –, ainsi que leurs variations – rassembler et allonger – au fur et à mesure que le cheval progresse et change de niveau. En haut niveau, des figures comme les pirouettes ou le travail latéral sont requises (voir pages 162-163). À niveau égal, le standard est moins élevé que pour les chevaux spécialisés dans le dressage.

Pour cette première épreuve, la principale difficulté est d'avoir un cheval calme. Pour un tel concours, les chevaux sont très entraînés et arrivent pleins d'une énergie dont ils auront bien besoin pour le cross et le jumping. Ils doivent prouver qu'ils peuvent exécuter une reprise en restant aux ordres de leur cavalier, sans s'exciter.

L'épreuve de dressage juge le calme du cheval, ses capacités physiques, son agilité et son obéissance aux ordres de son cavalier.

L'épreuve de cross-country

Le cross-country se décompose en trois phases : routes et sentiers, steeple-chase et cross-country à proprement parler. Les variations naturelles du terrain font qu'aucun cross-country ne ressemble à un autre.

Routes et sentiers : la phase A fait environ 15 km. Elle s'effectue au trot et au petit galop en un temps donné. La phase C, plus longue, se déroule après le cross.

Le steeple-chase : la phase B est constituée d'une course de 1 à 3 km jalonnée d'une dizaine d'obstacles.

Le cross-country est la phase D. Le parcours est jalonné d'obstacles fixes. Les cavaliers sont autorisés à reconnaître le terrain à pied pour déterminer le meilleur tracé afin d'économiser leurs chevaux et gagner du temps.

Cette épreuve, la plus difficile, est destinée à tester les facultés de jugement des cavaliers, ainsi que l'envergure, le courage et l'obéissance des chevaux. À l'issue de la phase C, les chevaux subissent un contrôle vétérinaire pour déterminer s'ils sont aptes à poursuivre. Au cours d'un concours complet, les chevaux sont contrôlés plusieurs fois. Ceux qui sont blessés ou trop fatigués sont éliminés.

L'épreuve de cross-country est la plus excitante. Le cheval doit être courageux, doué pour le saut, rapide et endurant, et le cavalier énergique et déterminé.

Le saut d'obstacles

Les obstacles ne sont pas aussi hauts que pour un concours du même niveau, mais considérant les efforts déjà accomplis par les chevaux, ils représentent un dernier défi. En effet, en les franchissant sans difficulté, les chevaux doivent prouver qu'ils sont encore suffisamment en forme. Toutefois, dans les concours complets sur une journée, le dressage et le jumping se disputent en premier ; le cross-country venant en dernier.

Lors d'un concours complet sur trois jours, le saut d'obstacles est décisif pour le classement. Les résultats ne sont souvent connus qu'à la dernière minute.

Les chevaux de complet

Ce sont généralement de grands et puissants chevaux, aussi robustes que résistants, bien conformés et dont les allures, rapides, couvrent beaucoup du terrain. La franchise à l'obstacle est une qualité indispensable, ainsi qu'une bonne envergure d'action.

Les courses de plat

Jouissant toujours d'une immense popularité, les courses de plat étaient autrefois considérées comme le « sport des rois ». Le Pur-Sang, « Formule 1 » des sports hippiques, fut développé uniquement pour la vitesse. Les courses passionnent des milliers de gens, particulièrement des parieurs, dont beaucoup ne connaissent rien aux chevaux. Cette énorme industrie internationale voit régulièrement naître des chevaux mythiques.

En bref
- ✓ Des origines britanniques
- ✓ Le cheval de course suprême
- ✓ L'élevage des Pur-Sang
- ✓ Les courses internationales
- ✓ La course la plus prestigieuse

L'histoire

Les courses de chevaux existent probablement depuis la domestication du cheval. Passionné de vitesse, l'homme n'a eu de cesse de sélectionner des chevaux toujours plus rapides.

Avant le XVIIe siècle, au Royaume-Uni, berceau du Pur-Sang, les chevaux de course étaient des Galloway, une race de poneys très résistante. Les chevaux orientaux – Arabe, Barbe et Turcoman – avaient également une solide réputation en course. Les Romains avaient d'ailleurs déjà importé certains de ces chevaux dans les Îles britanniques, et les avaient croisés avec le cheptel local. Entre 1660 et 1760, plus de deux cents y furent à nouveau introduits, principalement pour la reproduction.

C'est à Charles II que l'on doit le sport équestre tel que nous le connaissons aujourd'hui. En effet, en passionné, il développa les courses à Newmarket, dans le Suffolk, en Angleterre, où son père, Charles Ier, fonda la première Cup en 1634.

Les courses de vitesse se répandirent rapidement à travers le Royaume-Uni, mais les règles restaient très laxistes. Vers 1750, un groupe d'aristocrates et d'enthousiastes de Newmarket forma le Jockey Club, qui s'imposa progressivement comme l'autorité suprême sur toutes les courses du pays. Depuis, de nombreux pays ont fondé leur propre Jockey Club et les courses sont devenues une industrie mondiale très prospère.

Certains yearlings (Pur-Sang de 1 an) atteignent des prix considérables lors de ventes aux enchères, mais, en l'absence de résultats, leur valeur chute dramatiquement.

Le Pur-Sang

Cheval de sang chaud par excellence, le Pur-Sang fut créé en Angleterre, entre la fin du XVIIe siècle et le début du XVIIIe. Il est issu du croisement de races locales avec des chevaux orientaux, Arabes, Barbes et Turcs. Étant donné sa large base génétique, sa conformation reste sujette à des variations, mais, en général, c'est un cheval longiligne et fin, souvent raffiné et alerte. Sélectionné et élevé uniquement pour la vitesse, au détriment d'autres qualités, il a cependant donné naissance à des lignées affaiblies souffrant de problèmes de tempérament et de mauvais pieds. Le Pur-Sang reste un cheval sensible et assez fragile, qui doit être manipulé avec douceur par des personnes compétentes.

Dans le feu de l'action, les chevaux sont lancés à plus de 60 km/h. La moindre faute ou dérapage entraîne des chutes spectaculaires et souvent graves. Les jockeys montent avec des étriers très courts et sont donc en équilibre précaire.

Certains demi-sang modernes, dits « près du sang », ont une forte proportion de Pur-Sang dans leur ascendance.

Le sport de nos jours

Les courses de plat ont récemment connu un développement fulgurant dans les pays du Proche et du Moyen-Orient, où l'argent du pétrole coule à flots. Le Pur-Sang retrouve ainsi ses origines orientales.

Dans le monde entier, cette industrie, aussi prospère que populaire, regroupe des milliers d'éleveurs, d'entraîneurs et de jockeys et brasse d'énormes sommes d'argent. Certains jeunes chevaux atteignent des prix incroyables.

L'organisation des courses est très simple et identique dans tous les pays.

Les courses les plus prestigieuses

En France, le Prix de l'Arc de Triomphe est la course de plat la plus célèbre. Réservée aux chevaux de 3 ans et plus, elle se dispute le premier dimanche d'octobre, à l'hippodrome de Longchamp, sur une distance de 2 400 m. Depuis sa première édition, le 3 octobre 1920, le Prix de l'Arc de Triomphe est devenu la plus grande épreuve internationale de plat. Elle attire des parieurs du monde entier et les enjeux sont colossaux.

Le Derby d'Epsom, qui se court dans le Surrey, en Angleterre, est une autre course prestigieuse. Inaugurée en 1780, avec le nouvel engouement pour les chevaux de course, elle est réservée aux poulains de 3 ans et se dispute sur 2 400 m.

Parmi les autres courses classiques, on peut citer le Kentucky Derby et les Breeders'Cups aux États-Unis, et la Melbourne Cup, en Australie.

Steeple-chases et courses de haies

Un steeple-chase est une course jalonnée d'obstacles : haies, rivières, fossés. Les sommes entrant en jeu sont moindres que dans les courses de plat et les chevaux sont souvent des hongres. Les obstacles sont hauts et difficiles, tel le saut de la rivière des tribunes à Auteuil. La distance couvre de 4 300 à 4 400 m. Certaines courses sont plus longues. Dans les courses de haies, longues de 3 000 à 5 000 m, les obstacles, des haies de buisson, sont assez modestes.

En bref
- ✓ L'histoire
- ✓ Un sport britannique et irlandais
- ✓ Un type de Pur-Sang spécifique
- ✓ Les chevaux de légendes
- ✓ Les courses internationales

Le steeple-chase est l'un des sports hippiques les plus dangereux. De nombreux jockeys sont contraints d'arrêter à la suite de chutes ayant causé de graves blessures.

Le premier steeple-chase ?

Les archives mentionnent qu'en 1752, deux chasseurs irlandais, Blake et O'Callaghan, s'affrontèrent dans une course de 7 200 m à travers la campagne irlandaise, de l'église de Buttevant à celle de St Leger, dans le comté de Cork, donnant ainsi à ce sport moderne son nom de « steeple-chase », littéralement « course de clochers ».

L'histoire

Ce type de course trouve ses racines dans l'Irlande et l'Angleterre du XVIIIe siècle, où il était d'usage d'organiser des courses de chevaux à travers les campagnes, de clocher à clocher (*steeple* en anglais). Elles dérivent en effet du besoin d'entraîner les chevaux de chasse à courre sur divers obstacles, comme des haies, des fossés, des troncs, des barrières ou des murets, qu'ils étaient susceptibles de rencontrer au cours d'une chasse. En Angleterre, le premier steeple-chase officiel se déroula à Leicestershire, en 1792, en pleine nature. La première véritable course sur un hippodrome eut lieu en 1811, à Bedford. L'année 1837 vit la première édition de ce qui est devenu l'un des plus prestigieux steeple-chases du monde, le Grand National d'Aintree, près de Liverpool. Cette course éprouvante, longue de 6 400 m et dans laquelle les chevaux portaient 76 kg, était jalonnée de vingt-neuf obstacles. Ce premier steeple-chase fut remporté par un cheval bai du nom de Lottery.

Les chevaux de steeple-chase

Les chevaux de steeple-chase et de course de haies ne sont pas aussi rapides que les Pur-Sang de course de plat. Ce sont aussi des Pur-Sang, mais d'un type plus charpenté. Certains chevaux de plat finissent cependant leur carrière en course de haies. En effet, les obstacles des courses de haies sont plus petits et plus bas que ceux des steeple-chases et permettent donc une plus grande vitesse.

Généralement, les chevaux d'obstacles ne sont pas débourrés sous la selle avant 3 ou 4 ans, alors que les Pur-Sang de plat commencent souvent à courir dès 18 mois.

Ce type de Pur-Sang ressemble aux chevaux de concours complet. D'ailleurs, certains chevaux de complet viennent du milieu des courses d'obstacles et vice-versa. Une conformation correcte assortie d'un arrière-train puissant et d'une bonne capacité à sauter à pleine vitesse sont des qualités indispensables. De plus, ces chevaux doivent faire preuve d'une plus grande résistance car leur carrière en course est généralement plus longue que celle des Pur-Sang de plat.

À l'instar des chevaux de plat, certains steeple-chasers deviennent des célébrités, comme Golden Miller, Reynoldstown, Crisp, Mill House, Arkle (né dans le comté de Dublin en 1957 et qui gagna vingt-sept courses dont trois Cheltenham Gold Cups), Red Rum (le seul cheval ayant gagné le Grand National trois fois), Dawn Run, Desert Orchid et, de nos jours, Best Mate (triple vainqueur de la Gold Cup et qui mourut d'une crise cardiaque, en 2005, fauché en pleine course).

Le monde des courses

Même si ce sport est surtout populaire au Royaume-Uni, d'autres pays l'ont développé. Aux États-Unis, le premier steeple-chase eut lieu en 1865. Il dérivait également des courses organisées pour des chevaux de chasse dans les États de l'Est. De nos jours, le calendrier est marqué par la fameuse Maryland Hunt Cup, qui se dispute sur 6 400 m. Les cavaliers sont tous amateurs et les obstacles sont constitués de poteaux de bois fixes. La Colonial Cup, à Camden, en Caroline-du-Sud, offre des obstacles plus conventionnels.

En France, l'équivalent de la Cheltenham Gold Cup est le Prix du Président de la République. Il se déroule à Auteuil, en juin, sur 5 800 m.

La République tchèque accueille la course la plus redoutable, le Gran Pardubice, dont les terribles obstacles, aménagés sur des accidents de terrain, ont été fatals à de nombreux chevaux. Heureusement, sous la pression de sociétés de protection des animaux, le tracé a subi des modifications pour améliorer la sécurité. Le parcours de 6 800 m se déroule en partie en terrain labouré, ce qui rend la course éreintante.

Les obstacles des courses de haies ne sont pas aussi imposants que ceux des steeple-chases et peuvent être renversés. L'allure est donc plus rapide. Pour sauter en plein galop, les chevaux doivent faire preuve de courage et de grandes capacités athlétiques.

Le Point-to-Point

Le Point-to-Point, version amateur du steeple-chase est surtout populaire au Royaume-Uni et en Irlande. La saison, de la fin de l'hiver au début du printemps, est nettement plus courte. Les courses sont organisées par les équipages de chasse à courre pour collecter des fonds et sont réservées à des chevaux qui ont effectivement chassé pendant la saison.

En bref

- ✓ La chasse à courre
- ✓ Le bon cheval
- ✓ Les liens avec la chasse
- ✓ L'entraînement
- ✓ Les races

Le point-to-point est un sport saisonnier, qui demande de gros efforts de la part des chevaux et des cavaliers, l'entraînement étant très rigoureux.

L'histoire

Comme les steeple-chases et les courses de haies, le point-to-point trouve ses origines dans la tradition de la chasse à courre. Au cours de la première moitié du XIXe siècle, ce sport se divisa en deux types de compétitions, l'une réservée aux amateurs, basée sur les éléments de chasse à courre, et qui donna naissance au véritable point-to-point, et l'autre gagnant une aura professionnelle avec des courses organisées sur des hippodromes publics.

Les chevaux de point-to-point

Le point-to-point est considéré comme une pépinière de jeunes talents, chevaux et cavaliers, ou de chevaux et cavaliers proches de la retraite. Certains chevaux sont néanmoins spécialisés dans cette discipline. Le type de cheval est le même que pour le concours complet ou la chasse à courre. Il doit être rapide, résistant, avoir de l'envergure, une bonne conformation et des qualités de sauteur.

Le point-to-point moderne

De nos jours, les obstacles de point-to-point sont plus proches de ceux des steeple-chases que de ceux des courses de haies, et les performances sont souvent assez professionnelles.

Pour toutes les courses (à l'exception de celles réservées à la promotion de la chasse, appelées Members' Races), les propriétaires doivent obtenir un certificat d'un équipage de courre prouvant que le cheval a chassé « régulièrement et équitablement » toute la saison avec des meutes reconnues.

Cependant, la chasse à courre étant interdite en Angleterre et au Pays de Galles depuis 2005, et plus précisément la chasse aux animaux sauvages (renards, cervidés, visons ou lièvres) avec des chiens, la législation a été modifiée. Les chevaux participent à un type de chasse sans mise à mort, appelée *drag*. L'animal traqué est remplacé par une piste odorante artificielle, ou *trail*. Un homme à pied ou à cheval parcourt la campagne en traînant un sac contenant une odeur sur laquelle l'équipage lance la meute.

Courses, distances et poids

Les courses de point-to-point sont comparables à de petits steeple-chases, avec une distance minimum de 4 800 m, certaines se courant sur 6 400 m. Les courses réservées aux jeunes chevaux sont plus courtes, généralement 4 000 m.

La course la plus longue est la Ralph Grimthorpe Gold Cup qui se tient aux « meetings » de Middelton, dans le Yorkshire, sur 7 200 m.

Un meeting comporte généralement 5 ou 6 courses : la Member's Race, l'Adjacent Hunts Race, deux Open et une Ladies's Race. Hommes et femmes s'affrontent sur une base d'égalité et portent le même poids (80 kg). Dans les Ladies's Races, cependant, la charge des chevaux ne dépasse pas 70 kg.

L'entraînement du cheval de point-to-point

Contrairement au monde des courses professionnelles, où les chevaux sont entraînés chez des entraîneurs licenciés, les chevaux de point-to-point peuvent être entraînés par leurs propriétaires. Certains bénéficient cependant d'entraîneurs spécialisés dans ce sport.

Entraîner son propre cheval fait partie du plaisir du point-to-point et permet de renforcer les liens unissant le cheval à son cavalier, en particulier si ce cavalier participe à des chasses et s'occupe quotidiennement de son cheval.

L'entraînement de base consiste à parcourir des routes et des sentiers à partir de la fin de l'été, époque à laquelle le cheval est rentré de sa mise à l'herbe estivale. Il doit être fin prêt pour l'ouverture de la saison de chasse, le 1er novembre. La plupart des pointers arrêtent de chasser après Noël, afin de se consacrer à leur entraînement en vue des courses planifiées de février à début juin.

Autrefois, le point-to-point se déroulait à la campagne, sur des haies naturelles. Aujourd'hui, elles sont organisées sur des pistes spéciales jalonnées d'obstacles.

L'endurance

De nos jours, la santé du cheval est mise au premier plan des raids d'endurance. À la portée de tous les cavaliers, même novices, ce sport connaît un développement rapide. De nombreux cavaliers amateurs participent à des randonnées longues distances, qui leur permettent de tester la condition physique et mentale de leurs chevaux, mais, comme dans les autres sports équestres, le haut niveau est réservé à une élite.

En bref

- ✓ Un sport international
- ✓ Les chevaux d'endurance
- ✓ Les types de raids et les distances
- ✓ L'entraînement
- ✓ Les contrôles vétérinaires

L'histoire

L'homme teste l'endurance des chevaux depuis des millénaires et l'origine de ce sport est militaire. Ainsi, la cavalerie américaine organisait autrefois des raids dans des régions inhospitalières. Ils visaient à mettre à l'épreuve la qualité des chevaux et leur gestion dans l'effort. Au Royaume-Uni, l'Arab Horse Society mena des tests de 1920 à 1922, pour les Arabes, les Anglo-Arabes et les croisés Arabes. Les chevaux devaient porter 82,5 kg sur 480 km, ce qui nécessitait de parcourir 96 km par jour, 5 jours consécutifs. C'est dans la seconde moitié du XXe siècle que ce sport connut un réel essor. Ainsi, la Golden Horseshoe Ride et le Summer Solstice (160 km) sont devenus les deux compétitions les plus populaires du Royaume-Uni.

La principale course australienne, la Tom Quilty Gold Cup, fondée en 1966, fut baptisée en l'honneur de son sponsor. Elle se déroule sur une journée et 160 km à travers les terrains accidentés de la région de Blue Mountain, en Nouvelle-Galles-du-Sud.

Les raids d'endurance se déroulent souvent dans des paysages magnifiques. C'est un bon moyen de découvrir certaines régions par ailleurs inaccessibles.

Aux États-Unis, la Tevis Cup porte le nom de l'ancien président de la fameuse Wells Fargo Company. Ce raid d'un jour, long de 160 km, part de Lake Tahoe et traverse la Sierra Nevada pour se terminer à Auburn, en Californie.

L'endurance de nos jours

Créée par les pionniers de l'Ouest américain et les cavaliers du Pony Express, l'endurance à cheval n'est pas un sport nouveau, mais une discipline équestre assez récente qui connaît un développement spectaculaire. Les règles varient d'un pays à l'autre. Il existe des raids de 32 ou 40 km, et jusqu'à 160 km sur une journée. Les chevaux ne passant pas les contrôles vétérinaires obligatoires sont disqualifiés.

Ces courses de fond en pleine nature doivent se faire dans le respect de l'animal et nécessitent donc des connaissances étendues du cheval. Le cavalier entraînant un cheval d'endurance partage sa vie et doit pouvoir évaluer à tout moment sa forme physique et psychologique.

En France, les premières épreuves se courent sur 20, 30, 40 km... jusqu'aux épreuves nationales de 130 km, à la plus longue, celle de Florac, en Lozère : 160 km sur une journée. En outre, des championnats de France sont organisés chaque année dans trois régions différentes.

L'entraînement

Au niveau des centres équestres, la plupart des chevaux en bonne condition générale sont capables de boucler une randonnée longue distance (jusqu'à 50 km), sur une journée, sans entraînement particulier. Pour aller plus loin dans la performance, l'entraînement doit être progressif.

L'entraînement a pour but d'améliorer l'action du cheval et ses capacités sportives. On peut le décomposer en trois étapes. La mise en condition d'un cheval éduqué vise à acquérir l'aptitude à la compétition, au point de vue musculaire, digestif et métabolique. L'endurance métabolique est la capacité du cheval à soutenir l'effort sans souffrir. Il faut environ deux ans de préparation pour l'acquérir. Enfin, s'ajoute la résistance, qui, alliée de l'endurance métabolique, est la capacité du cheval à aller vite.

En début de saison, l'entraînement consiste à travailler au galop, pour améliorer l'action, puis, pour travailler la résistance, à faire une séance mensuelle de durée croissante, pouvant aller jusqu'à 3 heures sans interruption. Entre les séances de galop, le travail consiste en récupération, entretien (trotting) et stretching. Il n'est pas nécessaire, même en haut niveau, de monter tous les jours. Un jour sur deux est suffisant, voire moins pour les longues distances, si le cheval vit dehors et peut donc bouger librement.

Ces deux Arabes profitent du parcours qui longe la mer pour se rafraîchir. La race domine la discipline grâce à sa légendaire endurance.

En matière d'alimentation, un cheval bien préparé a tous ses muscles entraînés, y compris le tube digestif. Il faut éviter cependant les régimes trop riches en protéines et en glucides et ne rien changer à l'alimentation du cheval avant la course. En revanche, pendant la course, il aura besoin d'une alimentation riche et assimilable à volonté.

Les contrôles vétérinaires

Ils sont obligatoires avant, pendant et après la course. Le vétérinaire vérifie la température, les rythmes respiratoires et cardiaques et s'assure que le cheval ne souffre d'aucune boiterie, blessure ou plaie de harnachement. Ainsi, le pouls du cheval est pris avant et après l'avoir fait trotter. C'est un bon test pour mettre en évidence sa fatigue. Le couple cheval/cavalier bénéficie aussi de l'assistance d'une équipe lors des haltes. Elle se charge des boissons, des électrolytes si le cheval en a besoin, de la douche pour le rafraîchir et de la préparation aux inspections vétérinaires.

Les chevaux d'endurance

Beaucoup de chevaux d'endurance sont des Arabes ou des croisés Arabes, mais les modèles sont assez divers. Ils partagent cependant des similitudes : dos un peu long et peu musclé, encolure plutôt courte, jarrets assez droits, action rectiligne, horizontale et décontractée.

La chasse à courre

Si la tradition de la chasse se perd dans la nuit des temps et remonte à l'aube de l'humanité, la chasse à courre avec une meute de chiens est née en France à l'époque gauloise. La pratique fut exportée au Royaume-Uni au XIe siècle, par Guillaume le Conquérant. Au Moyen Âge et à la Renaissance, la vénerie était la distraction favorite des rois, des nobles et des seigneurs. C'est sous François Ier que cette pratique se transforma en art de vivre séduisant la noblesse française.

En bref
- ✓ Les chevaux de chasse
- ✓ Les types de chasses
- ✓ La vénerie dans le monde
- ✓ Les conventions

Dans les régions rurales de Grande-Bretagne et d'Irlande, le passage d'un équipage est un spectacle traditionnel commun en hiver. Depuis l'interdiction de la courre sur les animaux sauvages, les chasseurs se sont tournés vers le drag, qui consiste à lancer la meute sur une piste (trail) artificielle faite à l'avance.

Les chevaux de chasse

La plupart des chevaux et poneys dotés d'une bonne conformation, courageux, dociles et bien entraînés peuvent servir à la chasse. Tout dépend du poids qu'ils portent, du niveau des cavaliers et du terrain. En France, où les chasses se déroulent en forêt, les chevaux sont souvent des Trotteurs réformés, des Selle français ou des Cobs normands. Au Royaume-Uni, les hunters sont classés en trois catégories : léger, moyen et lourd, selon la corpulence du cavalier. Des Pur-Sang et des chevaux près du sang sont aussi utilisés, en particulier pour les chasses rapides.

La vénerie

En France, les principaux gibiers traqués lors des chasses à courre avec meute sont le cerf, le chevreuil, le sanglier, le renard (grande vénerie), le lièvre et le lapin (petite vénerie, qui se pratique souvent à pied). Ce mode de chasse est pratiqué sur tous les continents, mais la France offre des conditions particulièrement favorables, les espaces boisés étant plus vastes que partout ailleurs en Europe et le climat tempéré permettant une longue période de chasse. Les traditions de la vénerie y forment une véritable culture ; la trompe de chasse en étant l'emblème le plus caractéristique.

Les équipages sont privés et les membres, appelés boutons, versent une cotisation annuelle. Chaque équipage a son maître d'équipage et son piqueux (qui conduit les chiens à la chasse), ou son valet de chien (qui entretient une meute de chiens courants). Avant la chasse, l'équipage doit obtenir le droit de passage sur les propriétés privées.

Au Royaume-Uni, en l'absence de grandes zones forestières, la chasse au renard était la plus populaire. Plus rapide, elle nécessitait de sauter de nombreux obstacles naturels en terrain découvert. Désormais, depuis l'interdiction de la chasse à courre avec des chiens, les équipages britanniques se sont tournés vers des pratiques moins meurtrières, le *drag*, sorte de « chasse à la trace » (voir pages 170-171).

Une autre tradition de la vénerie est la tenue du cavalier, qui doit être impeccable. Elle comprend une redingote aux couleurs de l'équipage, une cravate de chasse, un gilet, une toque ou un lampion pour les dames et des bottes d'équitation.

La chasse à courre dans le monde

La vénerie à cheval ou à pied est encore pratiquée dans de nombreux pays, malgré une forte opposition des sociétés de protection des animaux qui considèrent cette tradition comme cruelle et anachronique. En son temps, Oscar Wilde décrivait d'ailleurs la vénerie en ces termes : « L'innommable acharné à poursuivre l'immangeable. » Les protecteurs de la faune ont gagné une bataille en parvenant à rendre illégale la chasse à courre au Royaume-Uni, mais la polémique continue de faire rage dans d'autres pays.

Aux États-Unis, la vénerie ancre ses racines dans les riches États de la côte Est. Au XVIIe siècle, les colons britanniques y implantèrent leurs traditions ancestrales. La plupart des meutes chassent le renard gris et le renard roux d'Europe, qui y a été importé. Dans certains États de l'Ouest, comme en Arizona, les équipages chassent le coyote. Le Pur-Sang est le cheval de chasse par excellence dans le Maryland et en Virginie, État où ce sport connaît une grande popularité. En effet, les chasses, rapides, se déroulent dans des paysages ouverts de prairies.

En Australie et en Nouvelle-Zélande, les Pur-Sang et les chevaux près du sang sont aussi prisés pour la chasse au kangourou. En l'absence de renards, en Nouvelle-Zélande, les équipages chassent le lièvre. Les cavaliers y sautent d'énormes clôtures en barbelés qui feraient frissonner d'horreur les cavaliers des autres pays.

En France, la vénerie est un art cynégétique reposant sur des traditions ancestrales. Elle se déroule avec des chiens courants chassant en meute.

L'attelage

Un peu partout dans le monde, des attelages et des voitures hippomobiles de toutes sortes ont été le principal moyen de transport pendant des siècles. Depuis la Rome et la Grèce antiques et leurs célèbres et dangereuses courses de chars, l'attelage est aussi devenu un sport, un loisir et une industrie très florissante.

En bref
- ✓ L'histoire
- ✓ Les compétitions
- ✓ Attelages à un, deux ou quatre chevaux
- ✓ Un sport international
- ✓ Les chevaux d'attelage

L'histoire

Dans les pays européens, l'attelage connut son âge d'or entre 1750 et 1850. À cette époque, les nouvelles voies de communication permirent le développement de services de diligences rapides, de malles-poste et de transports publics urbains et de marchandises. Au XIXe siècle et au début du XXe, la révolution industrielle et l'accroissement démographique engendrèrent un besoin croissant en chevaux pour le transport des personnes et des marchandises. Dans les grandes villes d'Europe, les voitures hippomobiles rivalisaient de luxe et d'élégance. Cependant, l'avènement de la mécanisation et des engins motorisés sonna bientôt le glas de l'attelage. Une poignée d'enthousiastes se chargèrent de sauvegarder les traditions des véhicules hippomobiles et l'art de mener des chevaux. À la fin du XIXe siècle, les compétitions d'attelage étaient très répandues en Europe continentale et au Royaume-Uni. En France, sous l'impulsion de l'Association française d'attelage et d'autres associations régionales, l'attelage connut un regain d'intérêt dans les années 1970. Des compétitions furent organisées et les meneurs récompensés par des brevets de qualification.

Pour la reprise de dressage, l'équipage (voiture, chevaux, meneur et passagers) est tenu d'être impeccable. Il doit aussi démontrer sa précision et son agilité.

Les compétitions

Dans les années 1960, les compétitions d'attelage acquirent de la popularité dans toute l'Europe. En 1969, le prince Philip, duc d'Édimbourg, alors président de la Fédération équestre internationale, jeta les bases du premier règlement des concours complets d'attelage, basé sur les règles des concours complets classiques sur trois jours.

Un concours complet d'attelage comporte trois compétitions différentes :

- La phase A est une reprise de dressage.
- La phase B est un marathon de 25 km en terrains variés et à différentes allures, dont la dernière section (10 km) est la plus rude. L'équipage doit négocier huit obstacles naturels et artificiels contre la montre : gués, rampes, chicanes, dévers, virages, à aborder dans un ordre précis.
- La phase C est une épreuve de maniabilité, équivalant à l'épreuve de saut d'obstacles. Les attelages doivent

Mener un attelage à quatre lors d'une épreuve de cross-country requiert un grand savoir-faire et des chevaux calmes et parfaitement éduqués.

passer entre des portes matérialisées par des quilles orange surmontées d'une balle. Faire tomber une balle ou dépasser le temps imparti donne lieu à des pénalités.

L'équipage qui remporte la compétition est celui qui totalise le moins de points de pénalité.

Le premier Championnat européen d'attelage à quatre chevaux fut organisé à Budapest, en Hongrie, en 1971. Il fut suivi de près par le premier Championnat du monde de Munster, en Allemagne, en 1972.

À l'origine, les concours complets d'attelage étaient réservés aux équipages à quatre chevaux. Avec la popularité croissante de ce sport, il fut ouvert aux attelages à quatre poneys, puis à ceux en paire, en tandem (chevaux attelés l'un derrière l'autre) et simple (un seul cheval ou poney).

Le sport moderne

Des concours complets d'attelage sont organisés dans le monde entier. Des championnats internationaux d'attelage à quatre se déroulent deux fois par an, ainsi que des championnats d'attelage en paire et, en Europe, des championnats d'attelage réservés aux poneys.

Il existe aussi des concours d'élégance où les attelages passent devant un jury chargé de noter la présentation et la conduite du meneur. Les chevaux aux allures relevées, comme les Hackneys britanniques, sont très appréciés. Avant l'avènement du saut d'obstacles, ces compétitions constituaient le moment fort des manifestations équestres en Europe comme en Amérique.

Les chevaux d'attelage à travers les âges

Dans l'Antiquité, les chevaux utilisés pour les courses de chars, où rapidité et agilité étaient des qualités indispensables, étaient de petits équidés de type oriental et Arabe. Des pièces de monnaie gravées, montrant de petits Chevaux de la Caspienne attelés à des chars ont été retrouvées sur des sites archéologiques de l'ancienne Mésopotamie (régions de l'Iran et de l'Irak actuelles). À travers les âges, des animaux plus gros, ainsi que des ânes et des bœufs ont été utilisés dans l'industrie, l'agriculture et le transport en Asie et en Europe.

De nos jours, de nombreuses races de chevaux et de poneys servent sous le harnais. Cependant, en compétition de haut niveau, les races de sang chaud sont les plus prisées. L'Angleterre a toujours été par tradition un pays d'élevage de carrossiers. Autrefois, le Norfolk Roadster, capable de couvrir des kilomètres d'un trot rapide, a connu son heure de gloire. Son sang coule dans les veines de nombreux chevaux d'attelage modernes ayant de bonnes aptitudes au trot.

Aux XIXe et XXe siècles, le Yorkshire Coach Horse (croisement entre le Bai de Cleveland et le Pur-Sang) était le carrossier par excellence. Le duc d'Édimbourg s'est d'ailleurs employé à faire revivre la race. Passionné d'attelage, il conduit des poneys Fell ; les poneys natifs britanniques se prêtant parfaitement à l'attelage à un cheval, en paire ou à quatre.

En Europe continentale, diverses races indigènes ont servi sous le harnais. On peut citer le Haflinger autrichien, toujours utilisé de nos jours, le Nonius hongrois, qui a du sang de Norfolk Roadster, et le Kladruber tchécoslovaque, qui fut un carrossier prestigieux, ainsi que le Frederiksborg danois. Le Lipizzan hongrois, le fameux cheval de l'École espagnole de Vienne, figure également parmi les plus réputés.

LA SANTÉ

Savoir estimer la santé de votre cheval et lui prodiguer les premiers soins en cas d'urgence est une partie essentielle des connaissances que vous devez acquérir en tant que propriétaire. Le meilleur moyen pour que votre cheval reste en bonne condition physique est, bien entendu, de vous en occuper correctement en toutes circonstances, c'est-à-dire de bien le nourrir, lui offrir de bonnes conditions de vie, le panser et le sortir régulièrement, le vermifuger, le faire vacciner, parer et/ou ferrer et lui faire inspecter les dents par un dentiste équin au moins une fois par an. Cependant, même avec les meilleurs soins, il peut toujours arriver qu'un cheval tombe malade ou se blesse, et il vous faudra déterminer à quel moment demander l'aide du vétérinaire.

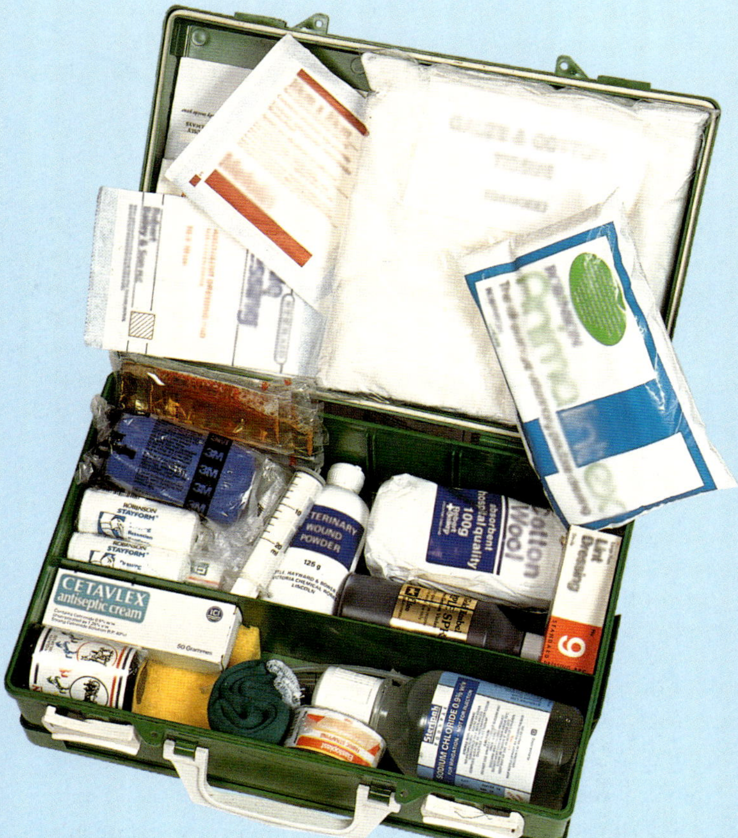

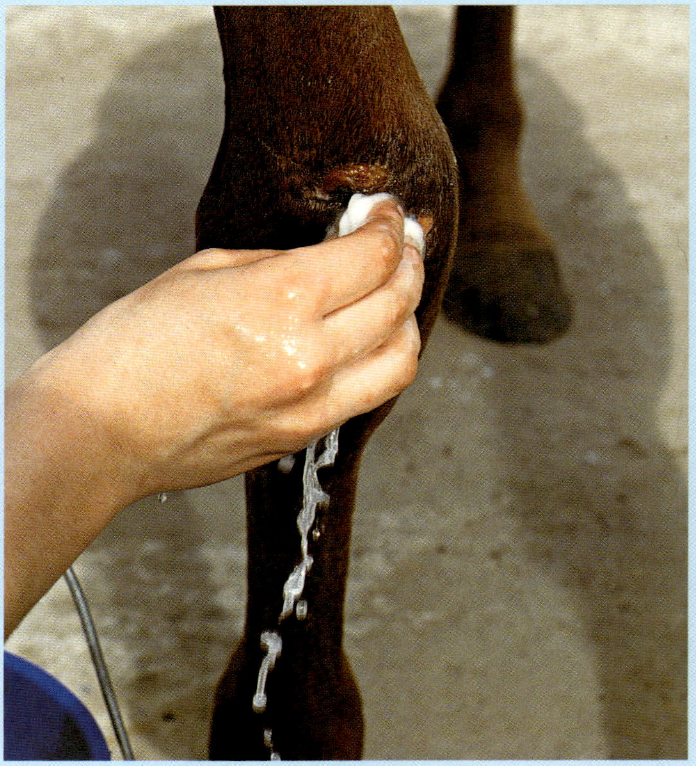

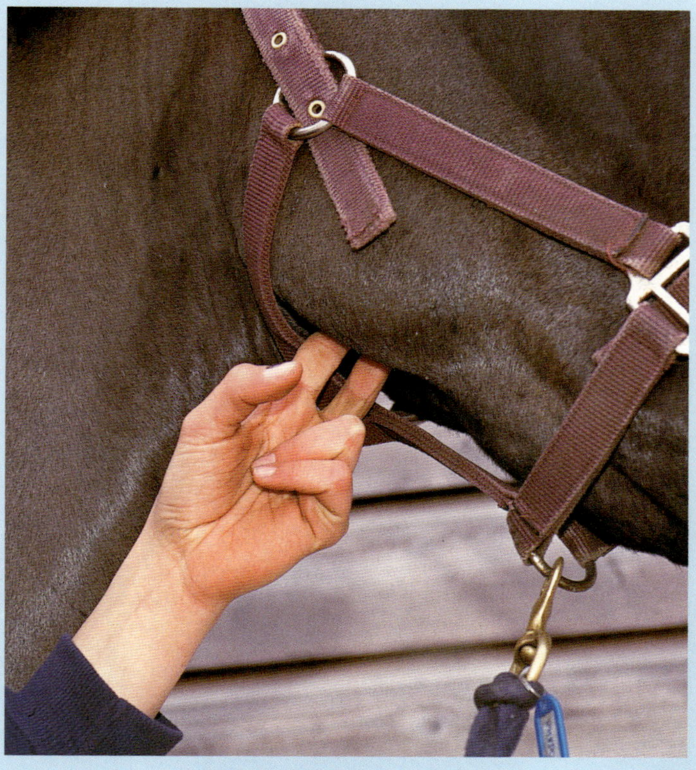

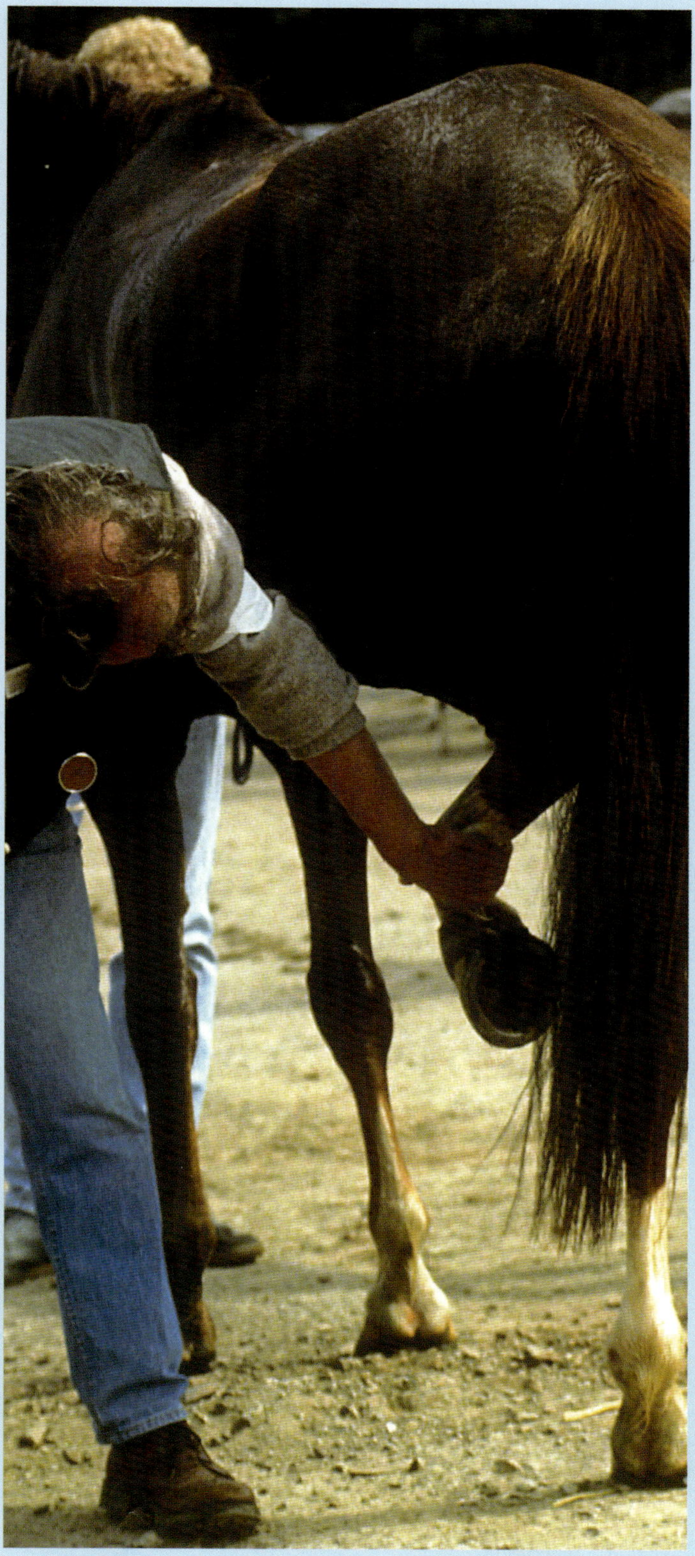

Bonne santé, maladies et blessures

L'observation régulière de votre cheval peut vous permettre de surveiller sa santé. Si toutes les maladies ou blessures ne sont pas évidentes à diagnostiquer, un changement de comportement doit vous alerter. Apprenez à reconnaître les signes de bonne santé et ceux indiquant une affection ou une souffrance, de façon à pouvoir agir sans perdre de temps. Néanmoins, si votre cheval est bien traité, vacciné et vermifugé, vous ne devriez pas rencontrer trop de problèmes.

En bref
- ✓ Les signes de bonne santé
- ✓ Détecter un problème
- ✓ Les signes vitaux
- ✓ Les blessures
- ✓ Les boiteries

Les signes de bonne santé

- Un cheval en bonne santé est alerte et s'intéresse à son environnement.
- Ses oreilles sont dressées et dirigées vers ce qui retient son attention. Lorsqu'il somnole, elles peuvent néanmoins être penchées sur les côtés.
- Ses yeux doivent être vifs, clairs et bien ouverts, sans sécrétion, rougeur ou gonflement. Il ne doit pas chercher à les frotter ou à les fermer continuellement.
- Sa robe doit être luisante et en parfait état, même s'il vit dehors. La peau doit être dépourvue de zones enflées, de blessures, d'égratignures, d'écorchures, de croûtes ou de plaques de démangeaison que le cheval chercherait à mordre ou à gratter pour se soulager. Avec la paume de la main, vous devez facilement pouvoir la faire bouger au niveau des côtes.
- Les poils ne doivent pas être ternes, rêches ou hérissés, bien que le pelage d'hiver puisse donner cette impression.
- L'action doit être fluide, déliée et naturelle, avec des foulées régulières. Le cheval ne doit pas avoir du mal à se déplacer. Il doit pouvoir brouter, bouger la tête et l'encolure librement, ainsi que se coucher, se rouler et se relever sans difficulté.
- Il doit s'alimenter et boire normalement. Un cheval qui refuse de manger doit éveiller votre attention (sachant que la nourriture que vous lui donnez est de bonne qualité), de même qu'un cheval qui boit trop peu ou trop. Observez votre cheval régulièrement pour vous assurer qu'il boit et mange normalement et sans difficulté.
- Un cheval évacue de 10 à 12 crottins par 24 heures. S'il est à l'herbe, les crottins seront plus verts et moins fermes que s'il est à l'écurie, où ils sont constitués de boules kaki de la taille d'une pomme qui se brisent en tombant au sol. L'urine peut être claire ou opaque, mais doit rester jaune. Toute variation de couleur peut trahir une maladie.

Pour prendre le pouls de votre cheval, appuyez deux doigts sur l'artère qui passe au niveau de sa mâchoire. Le pouls est l'un des signes vitaux du cheval.

• Chez un cheval au repos, la respiration doit être silencieuse et difficile à détecter. Un léger jetage humide des naseaux est normal, mais si celui-ci devient épais et visqueux et prend une couleur jaune ou verte, c'est l'indication d'une infection. Un saignement de nez est toujours un signe alarmant.

• Après une roulade, le cheval doit se secouer. S'il ne le fait pas, c'est sans doute qu'il souffre de douleurs abdominales, symptômes de coliques.

• Pendant et après le travail, transpirer est normal. En revanche, un cheval au repos qui transpire fait sans doute de l'hyperthermie et a de la fièvre. C'est aussi l'indication d'une affection ou de douleurs. Des sueurs froides trahissent un choc ou l'épuisement.

Les signes d'un désordre ou d'une maladie

Un de ces symptômes chez votre cheval doit vous alerter :

• tête baissée, oreilles pendantes, il a l'air misérable ;
• il n'a pas d'énergie ;
• il s'isole des autres chevaux ;
• il ne s'intéresse plus à son environnement ;
• sa robe est terne et/ou hérissée.

Il peut être malade. Prenez sa température, son pouls et vérifiez sa respiration. S'il était dehors, rentrez-le au chaud à l'écurie, sur une litière abondante. Mettez-lui une couverture et appelez le vétérinaire.

Les blessures

Si les blessures de la peau – coupures, égratignures, plaies – sont évidentes, les atteintes internes modérées des muscles, des tendons ou des ligaments peuvent passer inaperçues.

Les **blessures** ouvertes sont parfois impressionnantes, car elles peuvent saigner abondamment. À moins que la plaie ne soit vraiment superficielle, auquel cas vous pourrez la soigner vous-même (voir pages 182-183), appelez le vétérinaire. Il pourra, le cas échéant, recoudre la blessure et administrer des antibiotiques.

Une **boiterie** signale une souffrance. Pour détecter une boiterie d'un antérieur, faites trotter votre cheval sur un terrain dur. Il redressera la tête davantage au moment où il prendra appui sur le membre douloureux que sur le membre sain. Au contraire, s'il boite d'un postérieur, sa tête s'abaissera un peu plus au contact du membre douloureux avec le sol. La hanche correspondant au membre atteint restera légèrement plus haute que l'autre.

Les signes vitaux

Voici quelques indications générales vous permettant d'estimer l'état de santé de votre cheval :

Température : chez un cheval adulte au repos qui n'a pas été soumis à un exercice, ni n'a galopé dans sa pâture, elle est de 37,5 à 38,5 °C. Chez le poulain, elle est de 38,5 °C.

Pouls/fréquence cardiaque : 32 à 45 battements par minute chez un cheval adulte au repos.

Fréquence respiratoire : 7 à 15 par minute. Davantage chez les petits poneys.

Déshydratation : vérifiez en appuyant votre pouce contre la gencive pour créer une zone pâle. La couleur (le sang) doit revenir en deux secondes. Chez un cheval déshydraté, la gencive est sèche et poisseuse. Vous pouvez aussi pincer la peau au niveau de l'épaule. Elle doit revenir en place presque instantanément, sinon votre cheval est déshydraté (voir aussi pages 68-69).

Bruits intestinaux : écoutez les flancs de votre cheval pour vous habituer aux bruits intestinaux normaux. Une absence de bruits ou des bruits excessifs peuvent être l'indication de coliques.

Un cheval en bonne santé s'intéresse à son environnement. Ses yeux sont vifs et ses oreilles, mobiles, dirigées vers ce qui captive son attention.

Les soins d'urgence

L'aspect le plus important dans une intervention de premiers soins sur un cheval est la sécurité. Vous ne devez prendre aucun risque, ni mettre quelqu'un en danger. Le plus placide des chevaux peut se comporter d'une façon imprévisible s'il souffre, car il ne comprend pas ce qui lui arrive. Avant d'examiner un cheval blessé, assurez-vous qu'il est maîtrisé et immobilisé par une personne compétente. Tentez de le calmer et ne le laissez pas seul, à moins que vous n'ayez pas le choix.

En bref

- ✓ Que faire en cas de blessure
- ✓ Traiter les brûlures
- ✓ Les morsures et les piqûres d'insectes
- ✓ Les problèmes de pieds et de membres
- ✓ Les dangers de la déshydratation
- ✓ En cas d'urgence : le vétérinaire

Que faire en cas de blessure

- Appelez le vétérinaire si la blessure est profonde. Juste après l'accident, les cellules autour de la plaie meurent. Après quelques heures, le vétérinaire devra retailler la peau et les muscles afin de pouvoir recoudre les tissus sains correctement et prévenir tout risque d'infection.
- Ne mettez pas de crème ou de spray antiseptique sur une plaie qui doit être recousue.
- En cas d'hémorragie, enveloppez un galet plat dans une compresse et appliquez-le sur la plaie pour la comprimer.

Les fractures

Si vous pensez que votre cheval s'est fracturé un membre, gardez-le immobile en attendant le vétérinaire.

Les brûlures

- Lavez la plaie à l'eau froide pendant au moins 10 minutes avec un jet modéré. Ne mettez rien dessus tant qu'un vétérinaire ne l'a pas examinée.
- Si la brûlure est d'origine chimique, demandez conseil à un vétérinaire. Si le produit est sec, tentez de l'éliminer avec une brosse douce. Dans le cas contraire, lavez la zone contaminée à grande eau.
- Certains chevaux ont des ladres, des zones de peau dépigmentées, surtout près du nez. Ils peuvent attraper des coups de soleil. Appliquez une crème solaire, en particulier si votre cheval vit dehors.

Nettoyer une plaie

1 Lavez la plaie doucement avec une compresse et de l'eau tiède légèrement salée (une cuiller à café de sel pour 50 cl d'eau) ou une solution faiblement iodée (Bétadine diluée). Si la plaie est sale, lavez-la avec un jet doux, mais ne retirez pas les débris avec vos doigts ; le vétérinaire le fera.

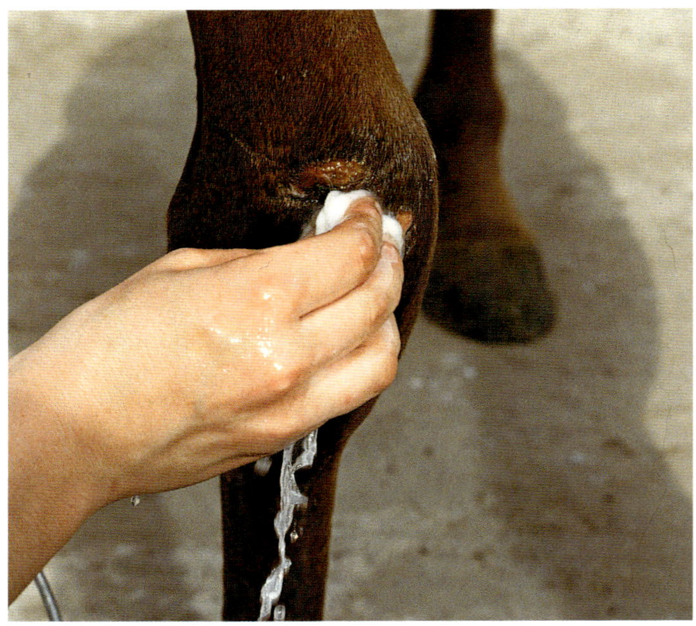

Les soins d'urgence sont à faire en attendant l'arrivée du vétérinaire.

2 Si la plaie est étendue et/ou profonde, appliquez un rembourrage à base de mousse polyuréthane hydrophile (qui absorbe les sécrétions) sous une compresse absorbante et posez un bandage stérile léger en attendant le vétérinaire.
3 Nettoyez une petite blessure comme indiqué ci-dessus et couvrez-la d'un pansement stérile, de deux couches de gaze ou d'une compresse absorbante. Protégez le tout avec un bandage confortable pour minimiser les risques de tuméfaction.

Les morsures et les piqûres d'insectes

Appliquez une compresse froide sur la piqûre. Si elle est douloureuse, le vétérinaire prescrira un anti-inflammatoire.

Objets pénétrants dans le pied

Votre cheval peut marcher sur un objet pointu ou coupant. Laissez-le en place jusqu'à ce que le vétérinaire ait estimé l'angle de pénétration et la profondeur de la blessure. Il retirera l'objet et désinfectera la plaie. Non traitée, une telle blessure peut s'infecter et endommager les tissus internes du pied, entraînant une boiterie définitive.

Enflures au niveau des tendons

Tout gonflement dans une région tendineuse, accompagné d'une boiterie, doit être examiné par un vétérinaire.

1 Douchez le membre affecté à l'eau froide pendant 10 minutes ou appliquez une vessie de glace sur de la gaze.

2 Séchez et appliquez une bande de repos pour limiter l'enflure de la zone.

3 Pour soulager le membre blessé, mettez aussi des bandes de repos aux autres membres.

La déshydratation

Par temps chaud ou lors d'un travail intense, le cheval perd beaucoup d'eau par la respiration et la transpiration. Si cette eau n'est pas remplacée, il se déshydrate.

Si les yeux de votre cheval sont ternes et enfoncés dans leurs orbites, qu'il respire rapidement et même halète, qu'il ne transpire pas ni n'urine, ou que ses urines sont foncées et ses crottins secs, c'est qu'il ne s'hydrate pas bien.

1 Donnez immédiatement de l'eau en abondance, tiède de préférence et additionnée d'électrolytes ou de sel, à raison de 30 g par 5 litres.

2 S'il refuse de boire, appelez tout de suite le vétérinaire.

3 Il lui faudra un traitement jusqu'à ce qu'il soit réhydraté. En cas de diarrhées, cela peut prendre quelques jours.

Les cas d'extrême urgence

Certains problèmes requièrent l'intervention urgente d'un vétérinaire (voir aussi pages 184-185).

- Affaissement subit, prostration ;
- obstruction de l'œsophage par des fragments d'aliments ;
- coliques ;
- détresse respiratoire ;
- accident dans un camion ou un van ;
- accidents dans la pâture, la cour ou l'écurie.

La trousse de premiers secours

Gardez toujours votre trousse de premiers soins à portée de main dans l'écurie et emportez-la quand vous transportez votre cheval. Remplacez les produits périmés immédiatement. Une trousse de premiers secours doit contenir :

- des ciseaux à bouts ronds
- des pansements stériles non adhésifs
- des bandes élastiques adhésives et des bandes de crêpe
- des compresses de coton et de gaze
- de la bande adhésive imperméable
- du sel
- de la Bétadine en solution
- des compresses de mousse polyuréthane hydrophile ou du gel cicatrisant à l'aloe vera
- une crème antiseptique
- un spray antiseptique
- un thermomètre
- des cataplasmes

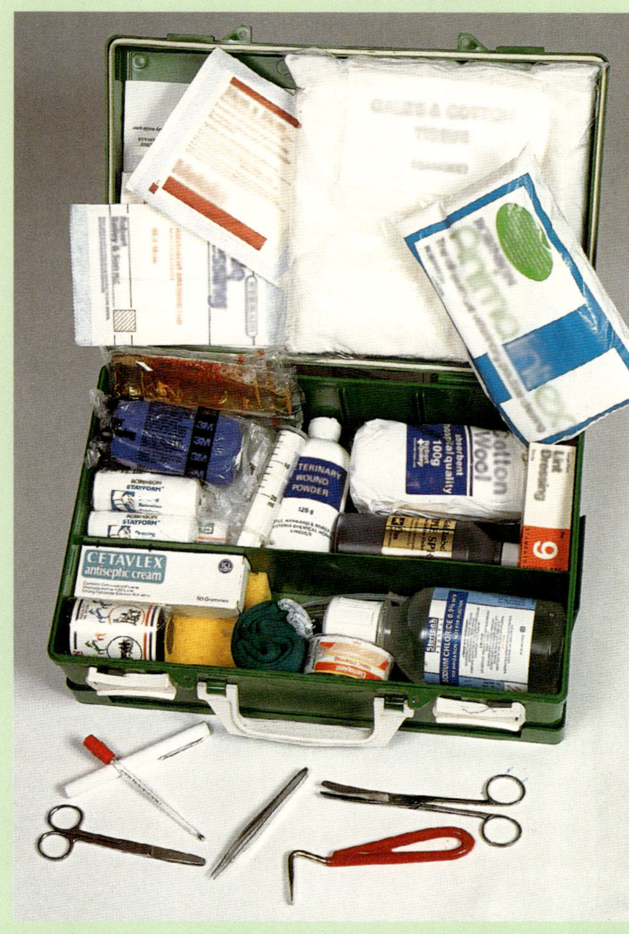

Tous les centres équestres doivent disposer d'une trousse de premiers secours complète, contenant des produits non périmés. Votre vétérinaire pourra vous conseiller pour composer la vôtre.

Infections communes et vaccinations

Nos chevaux domestiqués sont affligés de nombreuses maladies dont ne souffrent pas les chevaux sauvages. Et, puisqu'ils dépendent entièrement de nous, il est normal que nous nous préoccupions de leur bien-être. La santé de votre cheval est donc sous votre responsabilité. S'il est en pension, l'établissement aura besoin de votre accord pour faire venir le vétérinaire. Si vous le gardez chez vous, vous devrez acquérir quelques connaissances en médecine vétérinaire équine.

En bref

- ✓ La locomotion
- ✓ Les problèmes respiratoires
- ✓ Le cœur et la circulation
- ✓ Les dents et les problèmes digestifs
- ✓ La peau
- ✓ Les vaccinations

La locomotion

Le pied est souvent le siège de boiterie. La rigidité du sabot corné peut engendrer des souffrances lorsque les tissus internes sensibles subissent une pression, tel un abcès. Si un caillou pénètre la sole et cause une infection, une poche de pus se forme. Le vétérinaire doit localiser l'abcès et percer un trou afin de libérer la pression et soulager l'animal.

La maladie naviculaire, ou syndrome podo-trochléaire, affecte l'os naviculaire (petit sésamoïde) et les tissus qui l'entourent. Elle résulte de causes diverses : travail répété en terrain dur, mauvaise alimentation, mauvaise ferrure pouvant accentuer une mauvaise circulation du sang, facteur génétique. Le cheval boite. Une amélioration peut être apportée par une ferrure orthopédique et des vasodilatateurs.

La fourbure est l'inflammation des tissus du pied qui perturbe l'irrigation sanguine. La principale cause est l'excès, d'herbe luxuriante du printemps ou d'aliments concentrés. Elle peut aussi être due à la prise de certains médicaments et antibiotiques, ou à une mauvaise délivrance du placenta chez une jument qui vient de pouliner.

Les pieds ne sont plus irrigués correctement et les tissus délicats de l'intérieur des sabots meurent, ce qui est très douloureux. La structure du pied peut être définitivement endommagée. Il faut mettre l'animal à la diète, au repos, de préférence sur une litière épaisse de sciure de bois, avec une ferrure orthopédique soutenant la fourchette et un traitement médical pour faire baisser la pression sanguine.

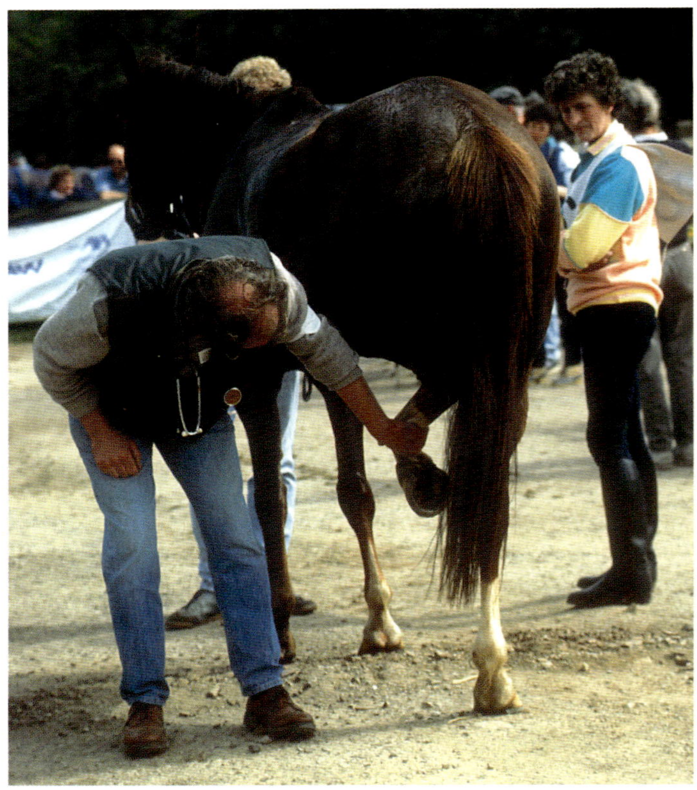

Un contrôle régulier de votre cheval par un vétérinaire est le meilleur moyen de le maintenir en bonne santé.

Les problèmes respiratoires

Si les campagnes de vaccinations obligatoires ont réduit l'incidence des épidémies provoquées par le virus de la **grippe équine**, les infections respiratoires demeurent nombreuses.

Les herpèsvirus équins (EHV1 et EHV4), responsables de la rhinopneumonie équine, ne provoquent pas des symptômes aussi sévères que ceux de la grippe. Cependant, ils sont plus répandus. Le EHV1, le plus virulent, est cause d'avortements chez les juments et peut engendrer la paralysie des membres postérieurs dans les cas les plus graves.

La gourme est une infection bactérienne contagieuse des voies respiratoires comparable à la diphtérie humaine. Elle frappe surtout les chevaux de moins de 5 ans. Certains pays ont développé des vaccins.

La bronchite chronique est l'équivalent de l'asthme chez l'homme. C'est le résultat d'une réaction allergique aux poussières et aux moisissures contenues dans le foin et la litière. Les bronchioles se contractent et produisent du mucus, rendant la respiration difficile. La forme aiguë, appelée emphysème pulmonaire, est irréversible. Pour soulager le cheval, il faut le mettre à l'air libre et lui administrer un traitement médical.

Le cœur et la circulation

Les troubles du rythme cardiaque, des anomalies du mode de succession des contractions des chambres du cœur, sont assez fréquents chez les chevaux. Appelés arythmies, ou dysrythmies, ils disparaissent souvent à l'exercice et n'influent pas sur les capacités sportives. Le diagnostic peut être établi par une électrocardiographie. Il existe aussi d'autres affections cardiaques beaucoup plus graves et pouvant menacer la carrière sportive d'un cheval.

Les larves de grands strongles (*Strongylus vulgaris*), des vers rouges, migrent dans le système artériel avant de s'installer dans les vaisseaux irriguant le gros intestin, puis dans l'intestin où elles poursuivent leur développement. Une infestation massive se manifeste par des coliques et de graves lésions artérielles. Un bon programme de déparasitage à l'ivermectine est essentiel.

Les dents et la digestion

Les tables dentaires du cheval ne s'usent pas régulièrement et il en résulte des aspérités sur les bords des molaires, appelées surdents. Les surdents doivent être rasées pour que le cheval puisse mâcher et s'alimenter. Faites examiner les dents de votre cheval par un dentiste équin au moins une fois par an (voir aussi page 188-189).

Les coliques sont des douleurs abdominales aiguës. Leurs origines sont diverses : infestation parasitaire, blocage du transit, gaz dus à la fermentation de certains aliments, déplacement d'organe. Le cheval transpire, il se roule et essaie de se frapper le ventre. Toujours très graves, les coliques requièrent l'intervention immédiate d'un vétérinaire.

Les problèmes de peau

La dermatophilose, ou gale de boue, est une infection de la peau qui est exposée en permanence à l'humidité. La peau devient alors sensible aux germes. Les lésions siègent souvent au bas des membres où elles se manifestent sous forme de crevasses et de croûtes. Non traitées, elles peuvent entraîner une septicémie. Pour limiter ou éviter la dermatophilose, gardez les membres de votre cheval secs et propres. S'il a des lésions, désinfectez-les en retirant les croûtes, puis séchez avant d'appliquer une crème antibiotique.

La dermite estivale est une réaction allergique à la salive de moucherons piqueurs (*Culicoides*) dont la prolifération court de la fin de l'hiver à la fin de l'automne. Le cheval ressent des démangeaisons le long de l'encolure, du dos et de la queue et se frotte jusqu'à mettre sa peau à vif.

Le vétérinaire peut prescrire un traitement anti-inflammatoire ou antihistaminique, mais le meilleur moyen de lutter contre cette allergie reste d'éviter les piqûres en protégeant le cheval. Mettez-lui une chemise anti-insectes, utilisez des insectifuges, de la lavande ou de l'ail. Une autre solution consiste à mettre l'animal à l'abri à l'aube et au crépuscule, quand les moucherons sont les plus actifs.

Vaccinations

La vaccination est destinée à protéger le cheval de certaines maladies infectieuses.

Les vaccins actifs contiennent des virus vivants, modifiés afin de ne pas déclencher de maladies, mais capables de stimuler une immunité. Ils peuvent néanmoins provoquer des symptômes atténués de la maladie.

Les vaccins inactivés sont fabriqués à partir d'organismes ou parties d'organismes tués et ne présentent aucun risque.

Selon les régions, les maladies sont différentes. Votre vétérinaire est le mieux placé pour vous informer sur les vaccins obligatoires dans la vôtre. Si vous voyagez avec votre cheval à l'étranger, faites-lui faire les vaccins spécifiques. Là encore, votre vétérinaire pourra vous conseiller.

Généralement, en France, les vaccins les plus courants sont la grippe et le tétanos (qui peuvent être administrés combinés). Il est aussi recommandé de vacciner les chevaux, en particulier les juments mises à la reproduction, contre la rhinopneumonie. La rage et la grippe sont obligatoires pour les chevaux participant à des concours.

Les soins aux pieds et la ferrure

On a coutume de dire : « Pas de pied, pas de cheval ! » Ce qui résume l'importance de la santé des pieds du cheval pour que vous puissiez le faire travailler. Le parage des sabots doit commencer dès son plus jeune âge (à partir de 3 mois, voire plut tôt si nécessaire). Un maréchal-ferrant compétent pourra ainsi rectifier très tôt un défaut d'aplomb chez un poulain, qui aurait pu avoir de fâcheuses conséquences pour sa vie adulte.

En bref

- ✓ Les chevaux non ferrés
- ✓ La ferrure à chaud et à froid
- ✓ Les types de fers
- ✓ Comment retirer un fer branlant

Les chevaux non ferrés

Tous les chevaux et poneys, quelle que soit leur activité, doivent avoir les pieds parés par un maréchal-ferrant toutes les cinq à six semaines. En effet, la corne, à l'instar de nos ongles, pousse continuellement et a besoin d'être égalisée pour que les aplombs du cheval demeurent corrects. Les chevaux ayant une corne dure et des pieds bien conformés peuvent se passer de ferrure à condition qu'ils ne travaillent pas en terrain dur ou accidenté. En terrain souple, leur corne ne s'usera pas excessivement.

Les chevaux ferrés

Pour garder de bons sabots et travailler confortablement, la plupart des chevaux doivent être ferrés. La ferrure doit être renouvelée toutes les quatre à six semaines, en fonction de la saison (la corne pousse plus vite au printemps et en été). Même si la ferrure n'est pas usée, il faut la retirer pour parer les pieds, c'est-à-dire rogner l'excédant de corne.

La ferrure

Avant de ferrer un cheval, un bon maréchal examinera ses aplombs. On appelle aplombs la disposition et la position des membres par rapport au sol. En parant les pieds et en posant les fers, il pourra rectifier, si nécessaire, tout défaut afin que l'action du cheval soit la plus efficace possible. Si le cheval avait déjà une ferrure, son usure sera révélatrice de la façon dont il se déplace.

Il existe deux méthodes de ferrage : à chaud et à froid.

Le ferrage à chaud : après avoir paré le sabot, le maréchal chauffe le fer au rouge dans un four, puis le martèle pour lui donner la forme du pied. Il le pose ensuite encore rouge sur la corne. Les zones brûlées révèlent les inégalités qui ont besoin d'être rectifiées. Finalement, il cloue le fer refroidi sur le sabot. La corne étant insensible, le cheval ne ressent aucune douleur.

Le ferrage à froid : le maréchal cloue un fer déjà forgé sur le pied paré. Il peut faire de petites rectifications, mais l'ajustement final ne sera pas aussi précis que pour un fer posé à chaud. Mieux vaut toutefois un cheval ferré à froid correctement qu'un cheval mal ferré à chaud.

Une méthode mixte : intéressante si le cheval redoute le grésillement et l'odeur de corne brûlée. Le fer est essayé froid, chauffé pour faire les rectifications, puis refroidi à nouveau avant d'être réessayé, jusqu'à ce qu'il soit ajusté.

Certains maréchaux brûlent excessivement la corne pour « incruster » le fer. Cela sèche la corne qui gonfle à nouveau à l'humidité. Le fer deviendra légèrement trop juste et inconfortable pour le cheval. Voyez avec votre maréchal quelle est la meilleure méthode pour votre cheval.

Les crampons

De nombreux cavaliers, en particulier pour galoper et sauter des obstacles, font mettre à leurs chevaux des fers percés de trous spéciaux dans lesquels ils peuvent visser des crampons. Les crampons sont des sortes de gros clous qui évitent aux pieds de déraper en terrain humide ou gelé. Ils sont retirés quand le cheval ne travaille pas pour ne pas modifier ses aplombs, et les trous sont obturés avec du coton ou des bouchons spéciaux afin que la saleté ne s'y incruste pas.

Comment retirer un fer branlant ou tordu

Si votre cheval tord un de ses fers ou que vous vous apercevez qu'un de ses fers est branlant, il faut le retirer pour éviter qu'il ne se blesse en attendant le maréchal.

1 Levez le pied du cheval et coincez-le entre vos genoux. Ouvrez les rivets avec un burin et un maillet, puis coupez-les avec les tricoises, comme vous avez souvent vu votre maréchal-ferrant le faire.

2 Décollez le fer doucement avec les tricoises, en commençant par les talons et en remontant vers la pince.

3 Finalement, attrapez le fer avec les tricoises au niveau de la pince et arrachez-le en tirant vers l'arrière pour ne pas fendre ou casser la corne.

Ce pied est correctement ferré. Le fer a été forgé pour s'ajuster au pied et non le contraire. Les rivets sont bien alignés le long de la paroi.

Le bâti immobilise le pied au moyen de sangles et permet au maréchal-ferrant de travailler sans peine.

Les types de fers

• Les fers polyvalents normaux sont forgés en acier doux.

• Il existe des fers synthétiques que l'on colle sur les pieds. Ils sont réservés aux chevaux dont la corne est friable ou dont les pieds, douloureux, ne supportent pas les clous.

• Il existe des fers orthopédiques qui corrigent les problèmes d'aplomb ou soulagent des pieds endommagés.

• Toutes sortes de tailles sont disponibles en fonction de la taille de l'animal.

• En course, les Pur-Sang portent des fers légers en aluminium.

• Les fers les plus pratiques sont les fers à gorge (rainurés). La gorge allège le fer et lui donne une meilleure adhérence.

Les dents et les parasites intestinaux

Les soins dentaires et le contrôle des parasites internes et externes sont deux aspects essentiels de la santé, du bien-être et de l'état physique de votre cheval en général. Consultez votre vétérinaire ; s'il ne pratique pas la dentisterie équine lui-même, il pourra vous conseiller un spécialiste. Il vous proposera aussi un programme d'administration de vermifuge pour éliminer les parasites internes qui peuvent être à l'origine d'une perte de poids et de graves troubles.

En bref
- ✓ Les soins dentaires
- ✓ Les problèmes de dents
- ✓ Les signes à ne pas négliger
- ✓ L'importance des vermifugations
- ✓ Le programme de vermifugation
- ✓ L'élimination des crottins

Les soins dentaires

Demandez l'intervention d'un dentiste équin au moins une fois par an pour les chevaux adultes et deux fois pour les poulains et les chevaux âgés. Si votre vétérinaire est aussi dentiste, vous pourrez certainement combiner la visite annuelle du check-up et du rappel de vaccination de votre cheval avec l'inspection de sa denture.

Le mode d'alimentation du cheval

Chez le cheval, la mâchoire supérieure est plus large que la mâchoire inférieure. En conséquence, lorsqu'il mastique, les bords extérieurs des molaires du haut et les bords intérieurs de celles du bas ne s'usent pas régulièrement. Il en résulte des aspérités coupantes pouvant blesser l'intérieur des joues et la langue et rendant l'ingestion d'aliments douloureuse.

Ces pointes, appelées surdents, se forment aussi parfois sur les bords arrière des deux dernières molaires du bas, dans le fond de la bouche, et sur les bords avant des deux premières molaires supérieures. Lorsque le cheval broute, la tête au sol, sa mâchoire inférieure bouge légèrement vers l'avant de façon que les bords avant et arrière des molaires du fond s'arasent régulièrement. Quand il lève la tête, sa mâchoire recule et les molaires ne se superposent pas correctement. Cela explique pourquoi un cheval qui mange la tête levée, dans un filet à foin, a plus de chance d'avoir des surdents.

Raser les surdents

Les surdents doivent impérativement être rasées. Le dentiste équin ou le vétérinaire les lime avec une râpe spé-

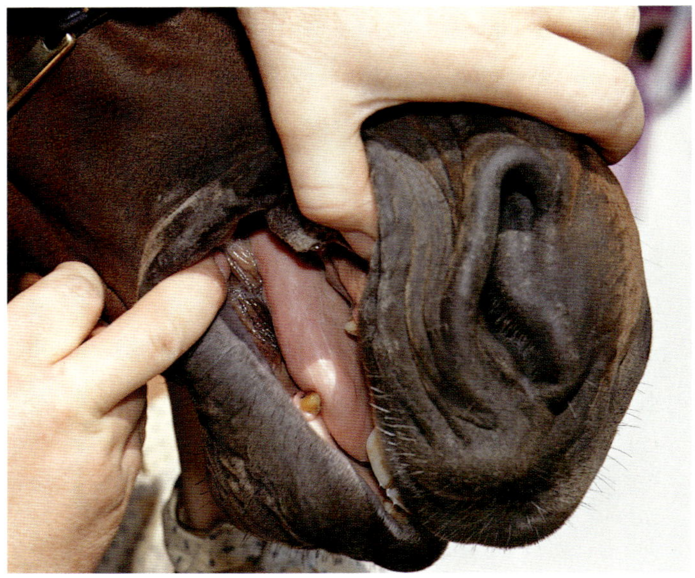

Vérifier les dents d'un cheval peut être dangereux. Mieux vaut demander à votre vétérinaire de le faire plutôt que de vous retrouver avec un doigt écrasé !

Les signes de problèmes dentaires

- Le cheval mâche lentement et délibérément.
- Il peut faire des mouvements bizarres de la tête pendant qu'il mange.
- Des aliments à moitié mâchés tombent de sa bouche.
- Les crottins peuvent contenir des aliments non mâchés.
- Lorsqu'il est monté, il peut secouer la tête, tirer ou se montrer récalcitrant en tentant d'échapper à l'action du mors.
- S'il ne parvient plus à s'alimenter correctement, il peut perdre du poids.

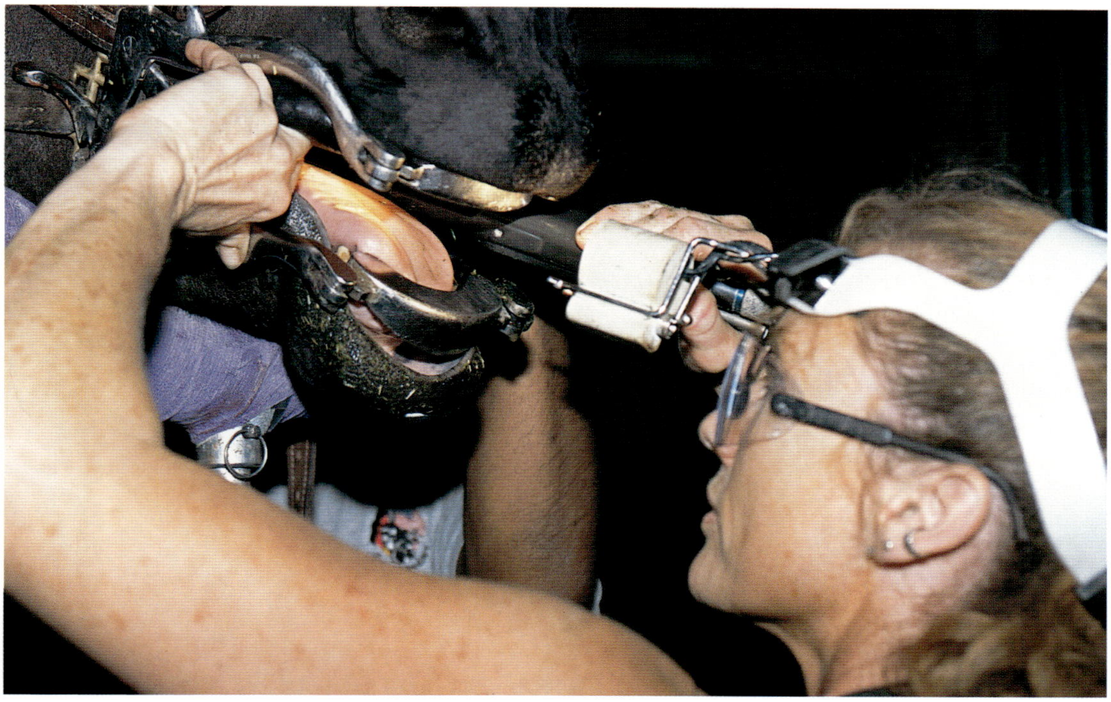

Avant de raser les surdents, le dentiste équin ajuste avec soin le pas-d'âne pour que le cheval ne puisse pas refermer la bouche. Curieusement, la plupart supportent cet attirail inconfortable avec flegme.

ciale appelée pas-d'âne, de façon à araser correctement les tables dentaires. Certains chevaux, trop nerveux, ou dont la bouche est douloureuse, auront besoin d'un sédatif léger que le vétérinaire pourra administrer.

Les vers et les parasites

Il existe toutes sortes de parasites intestinaux dont les cycles de vie sont légèrement différents. Les plus courants sont les ascaris, des gros vers ronds, les strongles et les oxyures. Les chevaux ingèrent les œufs en broutant dans une pâture contaminée et les larves se développent dans le système digestif ou d'autres organes, pouvant occasionner des dégâts importants s'ils ne sont pas éliminés.

Les gastérophiles sont de grosses mouches assez courantes dans nos campagnes en été. Elles pondent de minuscules œufs jaunes dans les poils des chevaux, surtout au niveau des épaules et des membres. Les chevaux les ingèrent en se léchant. Les larves migrent vers l'estomac et s'incrustent dans la paroi. Une infestation massive de gastérophiles peut entraîner de graves perturbations digestives.

Combattre les parasites

Si vous avez un doute sur l'état parasitaire de votre cheval, ramassez un peu de crottin et faites faire une coproscopie, ou comptage des œufs, par votre vétérinaire ou un laboratoire vétérinaire. La quantité d'œufs et le type de vers ainsi connus vous permettront d'établir un programme annuel de vermifugation et de savoir quel vermifuge administrer, et quand, pour une efficacité optimale.

Une bonne gestion des pâtures permet aussi de réduire les infestations parasitaires. Dans l'idéal, il faudrait ramasser les crottins tous les deux jours et diviser la pâture afin de permettre aux parcelles de se reposer et se régénérer à tour de rôle.

Tous les vermifuges n'ayant pas la même action, il ne faut donc pas hésiter à en changer régulièrement sur conseil de votre vétérinaire. Certains sont aussi plus actifs sur certains parasites à des périodes précises de l'année. N'hésitez donc pas à demander conseil avant d'établir un planning cohérent.

En règle générale, il faut vermifuger les chevaux au moins quatre fois par an.

Un problème douloureux

Les problèmes de dents sont parfois à l'origine d'un mauvais comportement sous la selle. Un cheval considéré comme une « carne » par certains peut simplement être un animal qui souffre !

INDEX

CRÉDITS PHOTOGRAPHIQUES

Ardea 8 bas gauche, 11 bas gauche, 13 haut ; /Liz Bomford 14 ; /John Daniels 5 haut gauche, 31, 50, 167, 187 bas ; /Jean-Marc La Roque 16 ; /M. Warson 40.
Bob Langrish 2-3, 5 haut droite, 5 bas gauche, 7 bas, 8 haut, 9 haut, 9 bas, 10, 13 bas droite, 15 centre droite, 15 bas gauche, 17, 19 haut droite, 21, 23 haut gauche, 23 haut droite, 29 haut droite, 29 bas gauche, 39 haut droite, 39 centre droite, 45 haut gauche, 56, 61 haut gauche, 65, 68, 69, 78, 79, 87, 105, 108 bas droite, 130, 132, 133, 138, 139, 147, 154 haut droite, 154 bas droite, 154 bas gauche, 155 haut, 155 bas, 156, 157, 158, 160, 161, 162, 163, 164, 165 haut, 165 bas, 168, 170, 171, 172, 173, 174, 175, 176, 177, 178 bas droite, 179 bas gauche, 182, 187 haut gauche, 188, 189.
Houghton's Horses /Kit Houghton 7 haut, 19 bas gauche, 37, 41, 64, 75, 91, 97, 159, 166, 169, 179 droite, 184.
Octopus Publishing Group Limited /Vincent Oliver 1, 6 bas gauche, 22 haut gauche, 32, 33, 38, 42, 45 bas gauche, 47 bas, 57, 62, 76, 77, 81 haut gauche, 81 centre gauche, 81 haut droite, 81 centre droite ; /Bob Atkins 106, 107 haut gauche ; /Equestrian Photographic Services Ltd 99 ; /Kit Houghton 6 haut droite, 22 bas, 30, 43, 44 bas droite, 49 haut, 49 bas, 55, 60 haut droite, 60 bas droite, 61 haut droite, 61 bas, 63, 66, 67, 70, 71 gauche, 71 droite, 73 haut, 73 centre, 88 gauche, 88 centre droite, 88 bas droite, 96, 101 haut droite, 101 haut gauche, 101 centre gauche, 101 centre droite, 101 bas gauche, 102, 104, 107 bas droite, 108 bas gauche, 109 haut gauche, 113, 115, 136, 141, 150, 178 bas gauche, 179 haut gauche, 181, 183 ; /Alyson M. Kyles 48 ; /Bob Langrish 5 centre gauche, 5 bas droite, 5 bas centre droite, 5 haut centre droite, 8 bas droite, 11 haut droite, 20, 44 haut droite, 44 bas gauche, 45 droite, 46, 51, 52, 53, 54, 58, 59, 60 gauche, 82, 83 haut gauche, 83 haut droite, 83 bas gauche, 84 gauche, 84 droite, 85, 86, 90, 92, 93 gauche, 93 droite, 94 haut gauche, 94 bas droite, 98, 103, 108 haut, 109 droite, 109 bas droite, 111 gauche, 111 droite, 112, 114, 117 haut gauche, 117 haut droite, 117 bas droite, 117 bas gauche, 118 haut gauche, 118 haut droite, 118 bas droite, 118 bas gauche, 120, 121, 122 gauche, 122 droite, 123 gauche, 123 droite, 124 gauche, 124 droite, 126 gauche, 126 droite, 127 gauche, 127 droite, 128, 129, 131, 134, 135, 137, 140, 142, 143 gauche, 143 droite, 143 centre, 144, 145, 146, 148, 149, 151, 152, 153, 178 haut gauche, 180 ; /John Rigby 47 haut.